Fritz Stiegler

Valentina

Roman

BRUNNEN
Verlag Giessen · Basel

Der besseren Lesbarkeit halber wurde darauf verzichtet, die Reden der Bauern in fränkischer Mundart wiederzugeben. Als Signal für ihre besondere Sprache sind einzelne Wörter, vor allem die Verben, charakteristisch verkürzt.

MIX
Papier aus verantwortungsvollen Quellen
FSC® C014496

2. Auflage 2012

www.brunnen-verlag.de
Agentur und Erstlektorat: Marion Voigt
Lektorat: Eva-Maria Busch
Umschlaggestaltung: Sabine Schweda
Satz: Die Feder GmbH, Wetzlar
Herstellung: GGP Media GmbH, Pößneck
ISBN 978-3-7655-1237-7

Den Opfern des „Arbeitserziehungslagers“ Langenzenn
und denjenigen, die nicht weggesehen haben.

Die Zeitzeugin

September 2010

Eine halbe Stunde Verspätung zeigte die Anzeigetafel für den Flug Kiew–Nürnberg an. Der Rentner und die junge Pfarrerin saßen in der Halle des Flughafens und vertrieben sich die Wartezeit bei einem Cappuccino. Sie gehörten zu einem Arbeitskreis, der die verschwiegenen und verdrängten Geschehnisse im „Arbeitserziehungslager" Langenzenn aufarbeiten und für die Opfer ein Mahnmal schaffen wollte.

Die beiden waren aufgeregt, denn sie erwarteten eine Frau, die vor siebenundsechzig Jahren mit dem Viehwaggon nach Deutschland deportiert worden war. Nun bezahlte ihr das Institut für Sozialwissenschaftliche Forschung, Bildung und Beratung in Nürnberg den Flug, um sie nach so langer Zeit als Zeitzeugin zu hören. Man wusste nichts von ihr außer dem, was sie in einem langen Brief erzählt hatte.

Die Aufregung der Wartenden wuchs, nachdem das Flugzeug gelandet war und die ersten Fluggäste durch die Passkontrolle drängten. Eine schlanke, weißhaarige Frau stand am Schalter der Fluglinie und kramte in ihrer Handtasche. Von den beiden Trageriemen gehalten lag die Jacke ihres grauen Hosenanzuges auf der Reisetasche zwischen ihren Beinen. Die weiße Bluse war tief ausgeschnitten, ein silbernes Kettchen mit einem Kreuz schimmerte an ihrem Hals. In den kurz geschnittenen Haaren steckte eine Sonnenbrille.

„Das ist sie", sagte der Mann.

„Nein", widersprach die Pfarrerin, „die ist zu jung. Unsere Frau ist steinalt, die läuft nicht kerzengerade. Die trägt gewiss nicht Hosenanzug und Sonnenbrille."

Sie waren verblüfft, als die Frau auf sie zukam und in akzentfreiem Deutsch fragte: „Entschuldigung, kennen Sie Langenzenn?“

„Ja, und Sie sind Valentina Bosek aus Dnpr… Entschuldigung, ich kann das nicht aussprechen.“

Valentina lächelte. Ihre Augen glänzten, die schmale Unterlippe schob sich hinter die obere Zahnreihe. Ihre sehnige Hand winkte verlegen ab. „Ach je“, meinte sie etwas verlegen. „Hab Äbiernbobbäli auch nie sagen können. Ich weiß noch, dass der Bub auf dem Hof, wo man mich versteckte … Sie kennen meine Geschichte?“

Die beiden nickten. „… haben Ihre Briefe gelesen, Frau Bosek.“

„Sie wissen, was Äbiernbobbäli sind?“

Die beiden schüttelten den Kopf.

„Die kleinen Kartoffeln, die daumengroßen. Tagelang haben wir im Erdreich nach ihnen gewühlt.“

Der Rentner nahm ihr die Reisetasche ab, dann gingen sie zum Auto. Die beiden Frauen setzten sich auf die Rückbank.

„Ihr Land hat sich verändert“, sagte die alte Dame. „Hab nur noch Trümmer in Erinnerung.“

Die Unterhaltung geriet während der Fahrt ins Stocken. Valentinas Augen wanderten hin und her, der Glanz in ihnen verriet Erstaunen.

Am Rathaus wurde sie vom Bürgermeister, vom katholischen Pfarrer und von den anderen Mitgliedern des Arbeitskreises erwartet. Im Foyer gab es einen kurzen Empfang, Begrüßungsreden wurden gehalten, der Metzger servierte Bratwürste mit Sauerkraut, die örtlichen Pressevertreter fotografierten und notierten.

Noch am selben Abend begleitete die Gruppe ihren Gast zum Standort des ehemaligen Straflagers.

Ein frischer Wind blies ihnen ins Gesicht, als sie aus den Autos stiegen. Die Bäume begannen schon ihre Blätter abzuwerfen, das Laub raschelte, tanzte im Wind. Valentina ging zum Gedenkstein, überflog die Gravur auf der Stahltafel, dann lief sie ein Stück die Straße hoch. Sie tastete sich an den Rand der Böschung heran, während sich die Gruppe im Hintergrund hielt und fast ehrfürchtig schwieg.

Lange verharrte sie still. Die Frau blickte hinunter in eine Grube, groß wie ein Fußballfeld, von steilen Hängen gesäumt. Gras und Brennnesseln überwucherten einen Teil des Bodens. An der Nordseite trennte ein niederer Zaun das Areal von einem Industrielager ab. Gegen das Ufer eines kleinen Baggersees, auf der Südseite des ehemaligen Lagers, trieben zarte Wellenkämme.

Die Menschen im Hintergrund hatten Tränen, zumindest Emotionen erwartet, doch Valentinas Augen waren trocken, als sie zurückkehrte. „Viele Jahre sind vergangen“, sagte sie leise. „Nichts ist mehr so, wie es war. Aber hier“, sie deutete auf ihre Stirn, „hier ist nichts vergessen …“

„Lasst sie tanzen!“

1. September 1944

Das Licht der aufgehenden Sonne verdrängte die Dämmerung. Der wolkenlose Himmel verkündete einen schönen Tag, obwohl böiger Wind die Kiefern auf der steilen Anhöhe gegenüber hin und her wogen ließ. Er strömte herunter ins Tal, verteilte den Rauch des mächtigen Feuers über das gesamte Gelände des Arbeitserziehungslagers Langenzenn, fuhr hinein in die Baracken, die Wachhäuschen, die Unterkünfte für die Wärter. Beißender Qualm kroch in jeden Winkel, jede Ritze.

Mit jeder Ladung Stroh, die die Häftlinge aus den Unterkünften schafften und ins Feuer kippten, schoss eine weitere zischende Rauchsäule in die Höhe. Glühende Halme und Asche verteilten sich in der Luft. Wie ein Schleier lag der durchdringende Geruch menschlicher Exkremente über dem Lager.

Die Sorge, Fleckfieber könnte sich erneut ausbreiten, hatte die Lagerleitung veranlasst, die Einstreu in den Männerbaracken verbrennen zu lassen. Aufgeregte Aufseher überwachten das Geschehen, während sich das heimische Wachpersonal in die Mannschaftsunterkunft zurückgezogen hatte. Die Angst, sich selbst anzustecken, beunruhigte die Posten. Ausnahmsweise durften die Häftlinge in ihren Behausungen bleiben.

Auch in der Frauenbaracke warteten die Sträflinge hustend und mit tränenden Augen auf den Pfiff zum Appell. Reglos erduldeten sie den Rauch. Die Gefangenen verharrten in der Stille, gespannt auf das, was sie erwartete.

Nur die beiden Schwalben, seit einer Woche mit der Reparatur ihres Nestes über der Eingangstüre beschäftigt, interessierten sich nicht für den Rauch. Unentwegt sammelten sie auf den umliegenden Äckern Reste von Stroh und Heu, tauchten sie in eine der Pfützen neben dem hohen Stacheldrahtzaun und klebten die braune Masse Stück für Stück an den hervorstehenden Balken des Barackendachs. Baustein für Baustein wuchs das Nest zu einem wabenförmigen Kunstwerk heran. Es war bereits der zweite Versuch.

Nastasia, die kräftige ukrainische Aufseherin mit der tiefen Stimme, dem sonnengegerbten Gesicht und den lockigen schwarzen Haaren, hatte das unfertige Geflecht schon einmal mit dem Gummiknüppel abgeschlagen, als sie merkte, dass sich die Frauen an dem Treiben der emsigen Tiere erfreuten. Nach zwei gezielten Schlägen lag es zerbrochen am Boden, nur ein wenig zerfranstes Gewebe blieb am morschen Holz kleben. Die Schwalben aber begannen ihr Werk von Neuem.

Einige Häftlinge beobachteten die Vögel schon seit Längerem. Spätabends, wenn sie erschöpft von der Arbeit zurückkamen, freuten sie sich über das Schwalbenpärchen, über ihren unermüdlichen Eifer. Sie berieten untereinander, ob das Nest je fertig sein würde, und sie sorgten sich, ob die Tiere genug Material fänden oder ob die Pfützen wohl in der Sonne vertrockneten.

Der Rauch hatte sich verzogen. Lagerkommandant Bär, ein breitschultriger, stämmiger Untersturmführer, öffnete die Tür seiner Stube. Gähnend machte er mit seinen blank geputzten Stiefeln einen Schritt hinaus auf die schmale Veranda, kratzte sich am Kinn und strich mit der anderen Hand über die streng zur Seite gekämmten schwarzen Haare.

Tiefe Furchen durchzogen seine Stirn. Bär schien unzufrieden und missmutig. Unentschlossen verweilte er an der Schwelle und ließ seinen Blick schweifen.

Alles war ruhig. Zwei Posten mit angeleinten Hunden liefen den hohen Zaun entlang, der den Innenbereich, die Häftlingsbaracken, Appellplätze, Latrinen und Sanitärräume von dem Außenlager, dem Mannschaftsheim, der Verwaltung und den neu errichteten Werkstätten trennte.

Der Kommandant sah durch die offene Tür auf die Wanduhr über seinem mahagonifarbenen Schreibtisch. Sechs Uhr in der Früh.

Einige Male atmete er tief durch, dann stopfte er das gerippte Unterhemd in die Hose und fummelte den am Boden schleifenden Hosenträger an den Knopf. Hemd und Uniformjacke hingen zerknittert über der Stuhllehne. Auf dem Tisch stand eine offene Cognacflasche, eine leere lag am Boden. Bär wankte ein wenig, als er zurück in den kleinen Raum ging. Er stützte sich auf der Stuhllehne ab und gähnte erneut.

Die riesige schwarze Dogge neben dem Kanonenofen stand auf und schmiegte sich mit eingezogenem Stummelschwanz zwischen Bärs Beine. „Brav, Fritz", lobte sie der Kommandant. „Brauchst dich nicht fürchten, ist kein Jud im Raum."

Bär streichelte den Hund am Hals, dann schnappte er sich die fast ausgetrunkene Flasche und schüttete den Rest auf einen Zug in sich hinein. Prustend warf er sie in die Ecke, wo sie mit einem lauten Knall zerbarst und die Scherben in alle Richtungen sprangen. Ängstlich legte der Hund die Ohren an und winselte.

Der Kommandant ging einen Schritt zur Seite, zog mit dem linken Fuß auf und versetzte dem Tier einen kräftigen Tritt in die Flanke. Jaulend verkroch sich die Dogge unter den Schreibtisch, die Augen auf Bär fixiert, der zornig brüllte: „Feiger Köter, sollst keine Angst haben. Ein deutscher Hund hat keine Angst, verstanden!" Bär sah dem Tier eine Weile drohend in die Augen, dann setzte er sich auf den Stuhl, verschränkte die Arme auf dem Tisch und legte die Stirn in die Hände.

Es klopfte. Der stellvertretende Lagerkommandant stand an der kurzen Bohlentreppe und schlug die Hacken zusammen. Den hageren Körper durchgestreckt, riss er den Arm hoch. Seine Kappe hatte er tief in die Stirn gezogen. Das rötliche Gesicht war eingerahmt von borstigen Koteletten. Seine Uniformjacke hing, zugeknöpft bis zum Hals, wie ein nasser Sack an der schmalen Brust.

„Heil Hitler", grüßte Kriminalsekretär Mägerlein mit belegter Stimme.

Bär ging einige Schritte auf ihn zu und holte tief Luft: „Heil Hitler! Was ist los, warum dauert das so lange?"

Achselzuckend schwieg der Stellvertreter, die Augen auf die zerbrochene Flasche gerichtet.

„Ist bereits sechs nach, was ist los, Mann, warum rührt sich nichts?"

„Das Fleckfieber, Untersturmführer. Die Leute haben das Stroh verbrannt."

„Ach so", murmelte Bär erstaunt. „Das heißt aber noch lange nicht, dass das faule Pack liegen bleiben darf. Antreten, lasst sie tanzen! Was ist? Na los!"

Mägerlein überlegte: „Muss das sein? In den Innenbereich? Die Drecksarbeit erledigen doch sonst die Kapos?"

„Kriminalsekretär", sagte Bär, „auch die Kapos brauchen hin und wieder einen Tritt in den Arsch."

Mägerlein zupfte an der Kotelette. „Aber die Fabrik …"

„Fabrik, Fabrik, wenn ich das schon hör!", brauste Bär auf. „Sieh dir dieses Pack an. Ostarbeiter, Untermenschen. Das sind Ratten. Die sind keinen Pfifferling wert. Mensch, Kriminalsekretär. Wir sind ein Arbeitserziehungslager, ein A – E – L." Jeden einzelnen Buchstaben wiederholte der Kommandant laut und deutlich. „Das Vaterland gebietet uns, diese Schmarotzer zu erziehen ... als Hilfsarbeiter für das Tausendjährige Reich ... ihnen Zucht und Ordnung beizubringen. Es ist uns eine Ehre, unsere Pflicht."

Mägerlein hörte ihm eine Weile geduldig zu, dann wagte er zu widersprechen: „Erziehen? Die sollen was Sinnvolles tun. Die Fabrikbesitzer klagen, dass die Leut nichts leisten und nur gescheit arbeiten, wenn die Aufseher mit der Peitsche danebenstehen und auf sie einschlagen."

„Mägerlein", der Kommandant klopfte dem Stellvertreter kameradschaftlich auf die Schulter. „Gerade deswegen müssen wir sie erziehen. Weißt, die vom Osten sind grundsätzlich faul. Die brauchen das, die wollen ‚tanzen', und dann geht die Arbeit wie von selbst, wie geschmiert geht sie dann."

Der Stellvertreter verzog keine Miene und setzte seinen Fuß auf die oberste Stufe. „Wie lange sollen sie tanzen?", fragte er, ohne sich umzudrehen.

Bär grinste. „Bis sie's können, Mägerlein, bis sie's können." Dann schloss er die Tür.

Schweigend stieg der Kriminalsekretär die Treppe hinab und kramte die schwarze Trillerpfeife aus der Hosentasche.

Kommandant Bär legte gemächlich den Uniformrock an und korrigierte seine Haltung. Entspannt blickte er in den Blechspiegel, der über der weißen Waschschüssel hing. Er lächelte und schien zufrieden mit sich und dem, was um ihn herum passierte.

Im Innenbereich scharte Mägerlein die Hundeführer und Kapos um sich. Seine Ansprache war kurz. „Heil Hitler!", befahl er. „Lasst sie tanzen vor der Mahlzeit, damit sie Appetit kriegen. Danach an die Arbeit."

Routiniert folgten die Aufseher der Anweisung. Sie schwärmten in die dreigeteilten Lagerblöcke und wunderten sich, dass sich ihnen der stellvertretende Lagerkommandant und die deutschen Hundeführer anschlossen.

Den fünfzig weiblichen Gefangenen, die in der westlichen Baracke eingepfercht waren, wurden die Hundeführer Wagner und Weber als Aufsicht zugeteilt, unterstützt von Nastasia und zwei weiteren Ostarbeiterinnen, die der Kommandant getreu seinem Leitspruch als Kapos ausgewählt hatte: „Es ist viel leichter, schlechte Menschen zu finden, als gute. In meinem Betrieb brauche ich die schlechtesten und härtesten für diese Aufgabe."

Als die ersten Sonnenstrahlen über das flache Dach der Männerbaracke blitzten, blendeten sie die aufgereihten Häftlinge. Reglos standen die Frauen vor ihren Peinigern und warteten auf ein Zeichen. Es war nie vorhersehbar, was folgte. Es gab keine Regeln.

Lagerkommandant Bär erschien unerwartet am Tor und ging mit der Dogge an der Leine über den Platz zu den Hundeführern, gefolgt von Mägerlein, der sich unweit von Bär postierte. Mit einem schwarzen zugeknöpften Ledermantel, der weit über die Knie reichte und die Uniform verdeckte, platzierte sich Bär reglos mit am Rücken verschränkten Händen vor den erstarrten Gefangenen, die mit zerrissener, notdürftig geflickter Kleidung vor ihm standen, die Augen auf den Boden gerichtet.

Der Kommandant ging zwei Schritte vor, schlug die Hacken zusammen und streckte den rechten Arm von sich. „Heil Hitler." Unverzüglich erwiderte die Wachmannschaft den Gruß, ebenso die Sträflinge.

Mit dem Oberkörper leicht nach vorn gebeugt, begann der Kommandant, die Reihe zu inspizieren. Schritt für Schritt ging er von Frau zu Frau, hielt an, ging weiter und blickte einer nach der anderen ins Gesicht. Keine wagte aufzusehen.

Vor einer zierlichen Ukrainerin blieb er stehen. Sie trug eine geflickte graue Strickjacke, zugeknöpft bis zum Hals, über einem schmutzigen Rock. Die bis zu den Knien reichenden braunen Wollstrümpfe steckten in tadellosen Halbschuhen. Sie wirkte trotz ihrer kurz geschnittenen, dunklen Haare nicht so verwahrlost wie die anderen. Die junge Frau rührte sich keinen Zentimeter, als der Kommandant vor ihr verweilte. Verkrampft blickte sie auf den Boden. Nur sein rasselnder Atem war zu hören, wenn ihm die Luft aus den Nasenflügeln strömte.

Plötzlich sah sie auf. Neugierig wie ein kleines Kind blickte sie ihm in die Augen und ließ nicht mehr los.

Bär räusperte sich. Die Frau sah zur Seite, doch er kam immer näher. Sie spürte seinen Atem auf ihrer Haut. Der Dunst aus Schnaps und verbrauchter Luft schwappte ihr entgegen. Steif stand sie vor ihm und rührte sich nicht.

Bär trat zwei Schritte zurück, nahm seine Hand aus der Hosentasche, richtete die Schirmmütze und sagte mit dröhnender Stimme: „Arbeiterinnen! Freut euch. Ihr habt die Ehre, unserem deutschen Vaterland zu dienen. Erst durch Müh und Arbeit für das Reich bekommt euer Leben einen Sinn, seid dankbar dafür."

Eine kleine Geste reichte. Nastasia und die beiden anderen Aufseherinnen zogen ihre Knüppel aus den Schlaufen und trieben die Frauen zu einem Kreis. Nastasia gab das Kommando: „Laufen! Halt! Liegestütze, damit ihr wach werdet! Und nun Kniebeugen und wieder laufen! Schneller! Noch schneller! Halt! Und zwanzig Liegestütze und spurten!"

Die ersten wankten. Peitschen knallten.

„Los, schneller! Noch schneller! Halt! Und jetzt rückwärts und schneller!" Einige Frauen begannen zu stolpern und rissen die anderen mit sich.

Bär grinste und scherzte mit Wagner und Weber, deren Hunde die aufkeimende Unruhe spürten und knurrten.

Eine ältere Frau sackte wie eine Puppe auf die Knie. Den Kopf zwischen die angewinkelten Beine gepresst, hielt sie die Hände schützend über ihren Nacken und murmelte leise ein Gebet.

„Soll ich ihr helfen?", fragte Weber belustigt.

Bär sah ihn fragend an. „Wenn du willst."

Weber bückte sich zu seinem Hund und öffnete die Leine. „Komm, hilf ihr, fass!" Der Köter rannte los und verbiss sich im Bein der am Boden kauernden Frau. Mit einem Stofffetzen im Maul rannte er zurück zu seinem Herrn und legte ihn zu seinen Füßen. Die Leine schnappte wieder zu, während sich die Frau aufrichtete. Mit gekrümmtem Rücken reihte sie sich ein in den Kreis und humpelte den anderen hinterher.

Mägerlein schlenderte nachdenklich zu Bär, dabei sprach er langsam und leise, ohne ihn anzusehen: „Die Gefangenen werden das nicht aushalten, Untersturmführer."

Bärs Lächeln gefror, mit seinem Stiefel kratzte er im staubigen Lehmboden. „Wenn sie's nicht aushalten", meinte er trocken, „kommen andere, ganz einfach. Gibt genug, Mägerlein."

Der Stellvertreter zupfte verlegen an seiner rechten Kotelette. „Aber die Fabrik ... und ein Teil soll auf die Felder ..."

„Kriminalsekretär!", belehrte ihn Bär. „Das sind Minderwertige, Untermenschen. Mensch, Mägerlein, ich wiederhole mich, die haben Glück, dass sie dem Tausendjährigen Reich dienen dürfen."

Der zweite Kommandant schwieg und starrte nachdenklich zu Weber hinüber. Der Köter lag artig bei seinem Herrn.

Bär hob den gestreckten Zeigefinger. „Es reicht!", brüllte er. „Sie sollen schließlich noch was arbeiten."

Lässig, die Hände in den Hosentaschen vergraben, ging der Kommandant an den geschundenen Frauen vorbei dem Ausgang zu. Erst nachdem er den Innenbereich durch den von einer Torhüterin bewachten Eingang verlassen hatte und hinter der Tür seiner Stube neben dem Wachhäuschen verschwunden war, befahl Mägerlein: „Jetzt fresst euer Zeug. Dann gehts in die Fabrik. Und schafft endlich die Köter weg."

Wagner fragte: „Sollen wir den Weibern noch eine Lektion erteilen? Sie haben noch eine halbe Stunde bis zur Arbeit."

„Nein", entgegnete ihm Mägerlein mit fester Stimme. „Das mach ich schon selber. Schaut lieber, ob die drüben ihr Stroh sauber verbrannt haben."

„Heil Hitler." Mit festem Schritt marschierten Wagner und Weber mit ihren Hunden zum Ausgang. Sie waren fast gleich groß, blond, breitschultrig, Mitte dreißig. Beide mit glänzenden Schaftstiefeln, aufgeplusterten Hosen, eng geschnittenen Uniformjacken und weit in die Stirn gezogenen Schirmmützen.

Mägerlein sah ihnen nach. „Könnten Zwillinge sein. Passen gut zusammen, die zwei Drecksäcke." Er verließ den inneren Sicherheitsbereich und ging zum Mannschaftsheim.

„Simon und Steigleder zu mir."

Mit kurzen, schnellen Schritten kam Simon aus der Hütte. Korrekt schlug der glatzköpfige schmächtige Mann die Hacken zusammen und wartete auf Anweisung. Die kleinen Augen blickten unruhig zu Mägerlein. Die Nickelbrille verlieh ihm das Aussehen eines strengen Schulmeisters mit seiner stets gepflegten Uniform und blitzblanken Stiefeln, während diejenigen von Steigleder, dem Hünen, der sich neben Simon postierte, braune Dreckspritzer zeigten.

Steigleder war Bauer und bewirtschaftete einen kleinen Hof. Der Ortsgruppenführer hatte ihm den Posten im Lager verschafft, nachdem Steigleder einige Jahre an der Front gekämpft hatte. Bis zu einer schweren Verletzung. Dorthin zurückkehren? Lieber hätte er sich erschossen.

„Steigleder!“, raunzte ihn Mägerlein an, nachdem er den Mann eingehend gemustert hatte. „Dein Hosenstall …“ Steigleder drehte sich zum Wachhäuschen, er hatte nicht begriffen. „Steigleder!“, wiederholte der Stellvertreter. Ungeduldig deutete er auf den klaffenden Schlitz an Steigleders Hose, aus dem ein Zipfel seines Hemdes hing. „Was sollen die Weiber denken, so wie du herumläufst?“

Verlegen schob der Posten das Hemd durch den Spalt, schloss umständlich die Knöpfe und wartete auf Anweisung. Die Röte in seinem Gesicht hielt sich hartnäckig.

Mägerlein sah zu den Frauen. Ungeduldig ging er einige Schritte auf und ab.

„Wir haben nicht viel Zeit, in der Fabrik warten sie schon. Steigleder! Zwanzig Mann kommen zum Ziegelverladen. Fünf Leute braucht die Gerberei.“

„Welche?“

Mägerlein schnaubte. „Such dir welche aus, die nicht gleich das Kotzen anfangen. Die Aufseherinnen dazu, die können gleich mithelfen. Sind auch nichts Besseres. Und du, Simon.“ Sichtlich genervt nahm der Stellvertreter die Mütze ab und streifte mit den Händen durch die lichten Haare. „Weißt, wo Gonnersdorf liegt?“

Simon nickte: „War schon öfter in Cadolzburg, da kommt man durch.“

„Sechs Weiber werden gebraucht“, befahl Mägerlein. „Geschickte Hände zur Kartoffelernte.“

„Mit dem Lastwagen?“

„Ihr lauft. Müssen sparsam umgehen mit dem Sprit.“

Simon brummte leise und hob die Hand wie ein Schuljunge. „Wie heißen die Leute im Dorf?“

„Froschauer, glaub ich, die findest schon. Sonst noch was?"

Simon schüttelte den Kopf. „Ich weiß schon, wo ich hinmuss", dann stellte er seinen Karabiner auf den Boden.

Eine Aufseherin führte die ausgewählten Erntehelferinnen durch das Tor. In Zweierreihen stellten sie sich vor Simon auf.

Neben der jungen Ukrainerin stand vorn eine Frau mit einem hellblauen Kopftuch. Das ausgemergelte Gesicht war gerötet, der hervortretende Kiefer ständig in Bewegung, ihre Zähne knirschten.

Die braunen Augen der großen, älteren Frau in der zweiten Reihe steckten in tiefen Höhlen, scharfe Falten zogen sich über die Stirn. Die dünnen Arme hingen schlaff herab. Sie war schon länger als die üblichen zwei Monate im Lager. Unter dem zerrissenen Kittel trug sie einen dreckigen Rock, darunter eine viel zu weite, nur noch aus Fetzen bestehende Stoffhose. Eine klaffende Wunde an der Wade blutete, ihr Strumpf war schon rot gefärbt.

Ein Fuß der Frau neben ihr war nur mit Stofffetzen umwickelt, die Enden mit Knoten fest verzurrt. Ihr braunes Kopftuch hatte sie um den anderen Fuß geschlungen, damit sie nicht barfuß laufen musste.

Neben einem Mädchen mit jungenhaftem Gesicht hielt sich ein älteres Mütterchen in gebückter Haltung gerade noch auf den Beinen. Ihre hellwachen blauen Augen waren ständig in Bewegung, doch sie wirkte erschöpft, die Beine zitterten, und je mehr sie es zu unterdrücken suchte, desto schlimmer wurde es. Unter keinen Umständen wollte sie im Lager bleiben.

Simon schüttelte den Kopf, er schämte sich. Was sollten die Leute denken, wenn er mit diesen zerlumpten Gestalten daherkam?

Die Frauen mühten sich, das vorgegebene Tempo einzuhalten, das ihnen Simon mit beherzten Schritten vorgab. Erst als der Posten merkte, dass die Alte nicht mithalten konnte, zügelte er seine Geschwindigkeit. Ärgerlich presste er die Lippen aufeinander, seine buschigen Augenbrauen zogen sich zusammen, aber er sagte nichts.

Zügig erreichten sie den Außenbereich. Das junge Mädchen drehte sich um. Neugierig musterte die Fünfzehnjährige die Umrisse. Deutlich erkannte sie drei Baracken, getrennt durch große Appellplätze, umschlossen von einem hohen Zaun. Dahinter konnte sie die Unterkunft für das Wachpersonal und die Kommandantenstube sehen, neben der Küche mit den drei Rauchrohren. Hinter der Frauenbaracke stand eine wuchtige Trafostation und an allen vier Seiten hinter dem niedrigen Stacheldrahtzaun erkannte sie die überdachten Wachtürme, die aussahen wie mächtige Hochsitze. Weit außerhalb standen einzelne Häuser im Rohbau, sogenannte Behelfsheime für die Vorgesetzten, und noch weiter weg erhob sich die große Backsteinfabrik mit ihren riesigen, Rauch speienden Schloten.

Der Abstand zwischen den Frauen hatte sich vergrößert. Simon drehte sich um und sah die Heranwachsende, die wie im Traum in die Tongrube hinüberstarrte.

Der viel zu große blaue Arbeitskittel reichte ihr fast bis zu den Knöcheln. Schuhe besaß sie keine. Die dicken Strümpfe waren mit Erde verklebt und zerlöchert. Es war egal, von welcher Seite sie angezogen wurden.

„Schau bloß, dass du herkommst, sonst schieß ich!“, brüllte Simon, das Gewehr im Anschlag.

Mit erhobenen Händen, schreiend und flehend kam die Kleine gerannt und kniete sich vor ihm hin. Ihre Lippen zitterten. Simon trat einen Schritt zurück und legte das Gewehr über die Schulter. „Passt schon, Kind, kannst ja nichts dafür, bist ja noch so jung.“

Schweigend marschierten sie weiter durch eine ausgeschwemmte Hohlgasse, deren mit hohem Gras bewachsene Böschung in eine dichte Hecke überging.

Die nachfolgenden Äcker waren klein und verwinkelt. Umgeknickte Stoppeln ragten aus der nackten Erde. Die Gräser am Wegrand trugen an der sonnenabgewandten Seite noch immer frischen Tau, während die abgemähten Wiesen im Waldschatten, mit zahlreichen Spinnennetzen überzogen, beim Licht der ersten Sonnenstrahlen in allen erdenklichen Farben glitzerten.

Nach kurzer Zeit erreichten sie einen Kiefernwald, am Rand von einzelnen Eichen unterbrochen, deren weit ausladende Äste fast den Boden berührten. Vögel zwitscherten, heruntergefallene Nadeln machten den Pfad angenehm weich, eine Wohltat für die in der Lehmgrube geschundenen Füße.

Der Waldweg endete wiederum an einer dichten Hecke. Eine weiträumig offene Landschaft mit Wiesen und größeren Äckern lag vor ihnen. Zahlreiche mit Feldsteinen befestigte Wege kreuzten sich und führten, gesäumt von niedrigen Gehölzen, zu den verschiedenen Grundstücken. Weit im Süden erkannten sie einen bewaldeten Höhenrücken.

Zwischen mächtigen Baumkronen ragten nun steile Dächer immer weiter hervor, je näher die Gruppe an den von Pappeln und Erlen gesäumten Wiesengrund kam.

Die Alte musste niesen. Schon eine Weile zog sie ihren Schleim kräftig nach oben und mühte sich vergeblich, dieses Geräusch zu unterdrücken: „Hatschi."

„Nastrowje", sagte Simon und drehte sich grinsend um.

Als die Leute das Dorf erreichten, kamen sie an einer Mühle vorbei und überquerten auf einer alten Sandsteinbrücke den Bach.

Stattliche Höfe mit breiten Toren und hohen Steinpforten

reihten sich auf beiden Seiten der geschotterten Straße aneinander. Hunde an langen Ketten bellten und bewachten die Haustüren. Sandsteingiebel, zierliche Gauben auf den steilen Dächern, verwittertes Fachwerk an Scheunen und Ställen kamen zum Vorschein. An allen freien Plätzen standen Bäume. Apfelbäume, Birnbäume, Nussbäume, große Linden und Eichen mitten in den Höfen und Gärten. Ein schönes, ein reiches, ein freundliches Dorf. Die Gefangenen staunten.

Ansonsten wirkte der Ort wie ausgestorben, die Menschen schafften noch in den Ställen oder holten Grünfutter für die Kühe. Nur eine Bäuerin in bestem Alter wartete am Anwesen unterhalb des Milchhauses. Sie trug ein weißes Kopftuch über ihrem dunklen Schopf. Das am Hals aufgeknöpfte Kleid gewährte einen tiefen Einblick in ihre Oberweite. Die nagelneue dunkelblaue Schürze reichte fast bis zum Boden. Nur ihre ausgetretenen Gummistiefel zeugten von der harten Arbeit. Neben ihr stand schweigend die Altsitzerin, eine hagere Frau, die bald wieder im Haus verschwand.

„So, Froschauerin. Wir sind da. Hast lange warten müssen?“, fragte Simon.

„Ich bin doch so froh, dass ihr kommt.“ Die Bäuerin schlug die Hände zusammen. „Mein Mann ist in Russland, der eine Sohn ist schon vor drei Jahrn in Frankreich gfalln, der andere ist bei der Hitlerjugend droben in der Burg und der Knecht taugt eh nicht mehr für die schwere Arbeit. Und unsere Kartoffeln …“

Simon hatte verstanden. „Wo ist denn dein Acker, und hast auch genug Werkzeug?“

„Na freilich, von der Nachbarin hab ich noch einige Körb, und Säcke habn wir selber genug. Ach je“, seufzte sie, „es ist ja alles so schlimm.“ Dann hetzte sie über den Hof am Misthaufen vorbei in die Scheune, die an den kleinen Kuhstall angebaut war, und zog einen alten Leiterwagen heraus, voll beladen mit leeren Säcken und einem Dutzend Weidenkörben.

Wie gebannt lauschten die Zwangsarbeiterinnen dem Gespräch. Ihre Augen richteten sich immer wieder zur Schwarzhaarigen, der Einzigen unter ihnen, die etwas verstand von dem, was die zwei redeten.

Die Ukrainerin jedoch blieb stumm, neugierig musterte sie den Hof. Der Kuhstall grenzte unmittelbar an das Sandsteinhaus mit seinen zahlreichen Sprossenfenstern, vergitterte Öffnungen unterbrachen die großen Quader, am Wetterbrett unter der Dachrinne hingen etliche Schwalbennester. Schrilles Gezwitscher der Jungvögel, die ihre Hälse streckten und begierig auf Nahrung warteten. Schwalbeneltern, die elegant auf den Neständern landeten und ihre Jungen mit Nahrung versorgten. Friedliches Treiben mitten im Krieg.

Das Stalltor war weit offen, der Raum dahinter prall gefüllt mit Grünfutter. Kühe konnte sie nicht erkennen, nur das Rasseln der Ketten verriet ihre Anwesenheit. An der Ecke duckte sich der Schweinestall neben die Scheune. Durch die Gittertür grunzte ein fettes Prachtexemplar. Ein Holzzaun mit verwitterten Brettern grenzte den Hof zur Straße hin ab.

Von Weitem näherte sich ein Geräusch. „Dock dock dock …“ Ein grau lackierter Traktor mit großen Reifen und gestutzten Kotflügeln tuckerte den Dorfberg herunter, einen gummibereiften Wagen am Zugmaul ziehend. Auf dem blechernen Sitz saß der Bauer, einen Strohhut auf dem Kopf. Auf dem Futterhaufen im Hänger lagen zwei Frauen mit Rechen und Gabeln in den Händen. Eine dicke mit kräftigen Oberarmen und eine dürre mit zerzausten roten Haaren, die im Fahrtwind durcheinanderwirbelten.

Ohne Regung fuhren die Leute an der Gruppe vorbei und bogen gegenüber in den schmalen, mit Granitsteinen gepflasterten Hof ein. Lautstarkes Brüllen von Kühen, Ochsen und Kälbern drang aus dem Gebäude hinter dem Haus. Es hörte erst auf, als der Bauer den Motor abstellte.

Der Arbeitstrupp folgte nun der Bäuerin, die mit ihrem Leiterwagen den Dorfberg hinaufeilte. Am Ende der Steigung stand das Wirtshaus, verdeckt von einer uralten Kastanie, deren Äste bis weit in den Hof reichten. Ein großes Schild hing über der Eingangstür: Zur grünen Au.

Simon konnte kaum mithalten. Die Alte aus der Gruppe verlor nach kurzer Zeit den Anschluss und humpelte verzweifelt hinterher. Simon ließ die Bäuerin laufen und wartete.

Einen halben Kilometer nach der Ortschaft bog die Frau in einen holprigen, ungepflegten Weg ein. Im Schatten einer Eiche vor ihrem Feld, auf drei Seiten von Kiefernwald umgeben, blieb sie stehen. Die Arme in die Hüfte gestemmt, wartete die Froschauerin ungeduldig auf die Helferinnen.

Der alte Knecht mühte sich bereits auf dem Acker. Mithilfe eines abgemagerten Ochsen als Zugtier förderte er mit dem Kartoffelroder die begehrten Knollen aus der Erde. Knirschend durchschnitt die breite Schar das Erdreich und beförderte die braune Masse zu einem rotierenden Rechen, der Kartoffeln und Erde trennte und zur Seite schleuderte. Wie Steine im Flussbett lagen sie nun weit verstreut auf dem Acker. Große und kleine Kartoffeln, runzlige, verfaulte, schorfige, giftgrüne und reife, zwischen verdorrtem Kraut und unzähligen Erdklumpen.

Mit kurzen Schritten lief der Knecht hinter der Maschine her. Seine blaue Schürze reichte bis zu den Knien und verdeckte die Manchesterhose, deren weit geschnittener Bund, von strammen Hosenträgern bis zum Nabel hinaufgezogen, am mageren Körper baumelte. Der rundliche Kopf wirkte auf den schmalen Schultern und dem sehnigen Hals wie aufgesetzt, als hätte er ein eigenes Gewinde und ließe sich beliebig oft im Kreis drehen.

Aufmerksam war der grauhaarige Mann darauf bedacht, vorn den Ochsen und den Roder, seitlich die Kartoffeln und zugleich den Weg nicht aus den Augen zu lassen, außerdem aber nach feindlichen Tieffliegern Ausschau zu halten, die jetzt auch hier immer öfter ihre Bahnen zogen. Unablässig schimpfte er mit dem braunweiß gescheckten Zugochsen, der mehr auf den Beeten als zwischen den Reihen herumtrampelte.

„Krüppel, damischer!", fluchte er mit schriller, dünner Stimme. „Schau dassd richtig läufst. Gradaus, du Depp, ja bist denn bsoffn?" Immer wieder drohte er mit dem Ochsenziemer, schlug aber nie zu. Bei der Rast am Vorgewende hatte der Ochse Schaum vor dem Maul und auch dem Knecht lief ein dünnes Rinnsal aus dem Mund, so sehr hatten sich beide aufgeregt.

„Die Leut sind gleich da", rief ihm die Bäuerin zu, doch längst hatte er die Gruppe am Weg erblickt. Geschickt wendete der alte Mann das Gespann und setzte es in der nächsten Reihe wieder ein. Mit hochrotem Kopf schwang er die Zügel und redete zu dem Tier: „Was willst denn mit denen, die sind ja noch dürrer wie du, hopp, weiter, du Krüppel, du damischer."

Kaum waren die Frauen angekommen, drückte die Bäuerin jeder einen Korb in die Hand. Sie deutete bestimmt auf die Kartoffeln zwischen dürrem Kraut und aufgeworfener Erde. Die Zwangsarbeiterinnen verstanden. Mit großem Eifer machten sie sich an die Arbeit. Eine Knolle nach der anderen flog in den Korb.

„Halt, halt!", rief die Bäuerin aufgeregt. „Nicht gut, nicht gut machen."

Die Frauen blickten sie unsicher an, während Simon nur

mit den Achseln zuckte. Dann bückte sie sich selbst und stellte zwei Körbe vor sich hin. „Dieser Korb“, erklärte sie umständlich, „große Kartoffel.“ Mit den Händen formte sie eine Kugel, mit dem Zeigefinger deutete sie auf ihren Mund. „Kloß machen, gut essen“, dabei rieb sie sich mit der Hand über den fülligen Bauch.

„Anderer Korb, Äbiernbobbäli – kleine Kartoffel.“ Sie deutete auf eine kleine Knolle am Boden, hielt sich schließlich beide Hände mit gespreizten Fingern an die Ohren und grunzte laut. „Äbiernbobbäli für Schwein, ja?“

Willig begannen die Frauen aufs Neue, gebückt, die Beine durchgestreckt, wie die Bäuerin es vormachte. Sie sammelten emsig die Knollen und warfen die großen in den einen Korb, die kleinen in den anderen. Der Rücken schmerzte mit der Zeit, die Beine fingen an zu zittern und vor den Augen tanzten bald schwarze Flecken. Erschöpft sanken zuerst die Älteren auf die Knie, später ließen bei den anderen die Kraft nach, nur das Mädchen hielt etwas länger durch, dann gab es ebenfalls auf.

Die Frauen mühten sich, so gut sie noch konnten, doch der Boden war rau und klumpig. Halb kniend, halb sitzend schoben sie sich vorwärts. Viele Kartoffeln waren von loser Erde bedeckt und mussten mit bloßen Händen ausgegraben werden.

Wie ein Luchs achtete die Bäuerin darauf, dass auch die kleinsten Knollen aufgelesen wurden, immer wieder kontrollierte sie das abgeerntete Feld. Im Grunde ging es ihr zu langsam, trotzdem war sie zufrieden. Viele langsame Hände schafften mehr als wenige flinke. Keine einzige Zurechtweisung kam ihr über die Lippen. Der erbärmliche Zustand der Frauen blieb ihr nicht verborgen und wenn sie nicht viel kosteten, rentierten sie sich allemal.

Geschickt leerte die Bäuerin die vollen Körbe in die mitgebrachten Säcke, die sie mit einer festen Schnur verschloss und sorgfältig in einer Reihe abstellte.

Simon kauerte unterdessen auf einem alten Hochsitz am Waldrand. Jäger hatten ihn vor langer Zeit zwischen zwei Kiefern aufgestellt, das Holz war morsch und verfault, einige Sprossen, die zum Sitzbock hinaufführten, fehlten. Doch jähe Müdigkeit und der Gedanke, bequem zu sitzen und die Gruppe von oben zu beobachten, waren stärker gewesen als seine Vorsicht.

Das Gewehr lag auf seinen angewinkelten Beinen, immer wieder fielen ihm die Augen zu. Erschrocken strich er sich mit den Fingern über die Stirn. Die Vorstellung, eine der Zwangsarbeiterinnen könnte versuchen zu fliehen, bereitete ihm trotz der wohligen Wärme eine Gänsehaut. Freilich war es unmenschlich, was sie im Lager ertragen mussten, dachte Simon, aber eine Flucht würde er niemals dulden, er würde sofort schießen, dessen war er sich sicher. Schließlich hatten die Weiber was ausgefressen, sonst wären sie ja nicht hier, oder?

Die Uniformjacke wurde dem Posten zu warm, doch er traute sich nicht, sie auszuziehen. Was sollten die Frauen denken, wenn er hemdsärmelig auf sie aufpasste. Steigleder kam ihm in den Sinn. Der hätte sich schon längst das Hemd runtergerissen und die Hose womöglich auch noch. Aber Steigleder hatte keinen Sinn für Ordnung, er war doch nur ein stinkender Bauer.

Weit entfernt schlug die Kirchenglocke in Rossendorf das zehnte Mal. Eine kräftige Frau eilte in Gonnersdorf über die Straße, direkt auf den Hof der alten Froschauerin zu, als diese das hölzerne Tor von außen verschließen wollte. „Guten Morgen, Nachbarin, hast es recht notwendig, gell?“

Erschrocken drehte sich die Alte um. Ihre spärlich gewachsenen Augenbrauen hoben sich, als sie die redselige Marie Heubeck erblickte, die in einem knielangen, rot-weiß gepunkteten Kleid und einer braunen Schürze über die Straße kam. Sie trippelte leicht und drehte auffällig die Füße nach innen. Die große Brust schwang beim Gehen und die Arme halfen dem fülligen Körper, schneller vorwärtszukommen. Das weiße Kopftuch war weit nach hinten gebunden, die rundliche Stirn von der Sonne gegerbt, ihre braunen Augen glänzten vor Aufregung.

„Ich hab schon gsehn, dass ihr Helfer habt“, rief sie. „Aber die Weiberleut können ja vor Elend nicht mal grad stehn!“

„Aber arbeitn sollns gut können“, verteidigte sich die Alte. „Das hat der Bürgermeister gmeint, als er sie uns vermittelt hat. Weißt, die sind vom Lager aus Langenzenn.“

Marie runzelte die Stirn. „Was, in Langenzenn gibts ein Lager? Das hör ich zum ersten Mal. Die sind ja halb verhungert.“

„Ich weiß schon“, sagte die Alte mit aufgerissenen Augen. „Aber der Posten hat zu meiner Frieda gsagt: ‚Zu essn braucht ihr nix machn, die habn im Lager genug. Außerdem ist es verbotn‘, hat er gsagt. Aber man kann doch nicht den ganzen Tag arbeitn und nix essn!“

„Da hast recht“, sagte die Nachbarin. „Das wär eine Sünd, wenn die nix kriegn tätn, und alles, was den Bonzen einfällt, muss man sich nicht gfalln lassn.“

Die Sorgenfalten der alten Froschauerin wurden noch tiefer, umständlich versuchte sie, sich am Rücken zu kratzen, kam aber nur bis zum Hals. Dann lehnte sie sich an die Steinsäule, an der das Tor befestigt war, und rieb sich an ihr. „Aber ich weiß gar nicht, wie ich das Mittagessen fertigbringen soll, und das Laufen geht doch auch nimmer so gut!“, jammerte sie. Erwartungsvoll sah sie die Nachbarin an. Schließlich war das Verhältnis zu den Heubecks so gut wie zu keinem anderen im Dorf.

„Ich helf dir doch gern“, beruhigte sie die Heubeckin. „Und ich fahrs dir dann auch hinaus. Ists recht?“

Schlag zwölf Uhr erreichte Marie den Kartoffelacker. Das alte Leiterwägelchen mit den Speichenrädern und den Sprossenwänden war voll beladen mit dampfenden Töpfen, emaillierten Kannen und blechernen Tellern. Hastig breitete sie eine Decke im Schatten der Eiche aus und stellte die dampfenden Klöße, das aufgeschnittene Brot, dazu zwei Dutzend gekochte Eier und einen großen Krug mit Pfefferminztee auf den Boden. Dann winkte sie der Bäuerin und den Zwangsarbeiterinnen, die sich unschlüssig erhoben und der Froschauerin folgten.

Der Ochse graste bereits gierig am Wegrand. Die ausgehängten Leinen hinter sich herziehend, machte er keine Anstalten fortzulaufen, zu sehr folgte er dem Knecht aufs Wort. Der aber genierte sich und setzte sich neben dem Tier ins Gras, weit weg von den anderen. Später brachte ihm die Froschauerin das Essen.

Schweigend stellten sich die Sträflinge in einer Reihe auf und rührten sich nicht. „Essen!“ Die Bäuerin deutete immerfort auf ihren Mund und dann auf die Klöße: „Du essen.“

Erst als sie mit der flachen Hand auf ihren Bauch tätschelte, kniete sich das Mädchen auf die Decke, nahm den Teller in die Hand, den ihr die Heubeckin reichte, und fasste mit dem Schöpflöffel einen Kloß. Sie nahm sich eine Scheibe Brot, eine Kartoffel und ein Ei und versuchte, den Kloß zu zerteilen, bis sie ihn schließlich in die Hand nahm und davon abbiss wie von einem Stück Kuchen. Das Besteck beachtete sie nicht. Die anderen machten es ihr nach und schlangen das Essen hinunter, die wachsamen Augen immer wieder auf den Posten gerichtet, der unbeweglich am Hochstand hockte.

Die Bäuerin schüttelte ungläubig den Kopf. In kurzer Zeit hatten die Frauen fast alles verzehrt. Sie lief hinüber zum Hochsitz und fragte den Posten, ob er auch Hunger habe.

Barsch antwortete Simon: „Vesper hab ich selber dabei, aber was zu trinken kannst mir bringen, Bäuerin. Die Bagaasch braucht ihr nicht mästen wie die Säue, die sollen was arbeiten“, entgegnete er schroff. „Ich hab sie nicht zum Fressen rübergebracht. Um sechs ist Feierabend, dassd es weißt, Bäuerin.“ Simon holte noch einmal tief Luft und streckte seinen Oberkörper durch. „Was ihr heut schafft, das habt ihr. Morgen habens eine andere Arbeit, also bring was zu trinken.“

Die Heubeckin aber hatte das verletzte Bein der alten Frau entdeckt. Immer wieder dachte sie an das blutdurchtränkte, von Erde verkrustete Tuch, mit dem es notdürftig umwickelt war. Das schmerzverzerrte Gesicht der Älteren, die ausgezehrten Leiber all der anderen, dürr wie Vogelscheuchen, ausgemergelt, bis auf die hübsche Dunkelhaarige. All das brachte sie zum Nachdenken.

Sie nahm die Kanne mit dem letzten Rest Tee und marschierte entschlossen zu Simon, der bereits vom Sitz herabgeklettert war. Gereizt nahm er die Kanne und schüttelte sie hin und her. „Da ist ja fast nichts mehr drin.“

Die Heubeckin stemmte die Hände in die Hüfte. Ihr Ton klang scharf, ihre Augen blickten Simon furchtlos an. „Ich hab bloß mal fragn wolln, ob die Leut bei euch nix zum Essen kriegn. Die schaun ja aus wie das Elend selber.“

„Kümmer dich um deinen eignen Dreck, Frau.“ Simon war ungehalten. „Du kannst gleich mitkommen, wenn du willst. Tät es dir aber nicht raten.“

„Ich hab zu Haus genug Arbeit“, konterte sie energisch. „Dem Herrgott gfällt es bestimmt nicht, so wie die beieinander sind“, meinte sie hartnäckig, „und die eine braucht einen Doktor, der Haxen schaut ja schlimm aus.“

Simon rang um Fassung. „Wenn du jetzt nicht dein Maul hältst auf der Stell“, drohte er, „werd ich Meldung machen. Dann wirst schon schaun.“

Sie drehte sich um, griff an der Eiche nach der Deichsel des Leiterwägelchens und zog es den holprigen Weg entlang hinter sich her. Ihre Nächstenliebe ließ sie sich nicht verbieten, ihr Maul jedoch, so wie es ihr der Posten geraten hatte, wollte sie halten ...

Nachmittags ging den Frauen die Arbeit nur schwer von der Hand. Mit ungewohnt vollem Magen, von Blähungen behindert, entkräftet, mit schmerzendem Rücken und geschundenen Knien füllten sie die Körbe nur langsam. Immer öfter bückte sich die Froschauerin selbst und half beim Einsammeln.

Was sollte sie klagen! Sah sie doch, wie sehr sich die Frauen mühten, wie sehr sie unter der Last des Korbes stöhnten, den sie vor sich herschoben, oder der Last des Körpers, der auf den kantigen Erdklumpen irgendwie vorwärtskommen musste. Andererseits sah sie den großen Acker, die vielen Kartoffeln, die bereitlagen, die vielen Reihen, die der Knecht noch roden wollte – und sie sah das Wenige, was in Säcke gefüllt, aufgereiht am Acker stand.

Zu ihrer Überraschung kam Marie Heubeck kurze Zeit später auf dem Fahrrad keuchend und prustend den Feldweg entlanggeradelt. Mit einer Hand hielt sie den Lenker, in der anderen einen Korb. Zielstrebig marschierte sie über die Furchen zu der Frau mit der verletzten Wade. Den Posten am Waldrand, der einige Schritte auf das Feld zuging und drohend das Gewehr in den Händen hielt, würdigte sie keines Blickes.

Verunsichert wehrte sich die Verletzte: „Njet, njet." Immer wieder schaute sie ängstlich zum Wald.

„Brauchst keine Angst habn", sprach die Nachbarin leise mit derselben sanften Stimme, mit der sie ihre erschrockenen Kühe beruhigte, wenn sie es nötig hatten. „Ich will dir doch bloß helfn."

Schließlich gab die Frau nach, setzte sich auf den Boden und streckte stöhnend das kranke Bein aus.

Die Heubeckin erschrak, als sie den verklebten Stofffetzen von der Wade gelöst hatte. Altes, zerrissenes Fleisch klaffte ihr entgegen, braunrotes Wundwasser tropfte auf den Boden. Weniger tiefe Kratzer gingen nahtlos über in die gesunde Haut. Sie schüttelte immer wieder den Kopf, während sie die Wunde mit einem Lappen reinigte.

Die Frau zischte leise und biss die Zähne zusammen, als Marie vorsichtig hochprozentigen Klaren auf das verletzte Fleisch tupfte. „Gleich habn wirs." Sie wusste genau, wie sehr der Schnaps auf einer offenen Wunde brannte. Dann umwickelte sie das Bein mit einem weißen Leinentuch.

„Grad, als wenn du es glernt hättst. Bist schon eine gute Haut, Marie", lobte die Froschauerin.

„Passt schon." Kurz angebunden ergriff Marie die Hand der kranken Frau und half ihr auf die Beine. Die Zwangsarbeiterin verzog keine Miene, nur einen kurzen Moment sah sie der Deutschen in die Augen, kaum verständlich murmelte sie: „Balschoje spassiba, spassiba."

Vom Posten unbemerkt zog Marie im Vorbeigehen ein altes Paar Kinderschuhe aus dem Korb und ließ es neben dem jungen Mädchen auf den Boden fallen. Dann eilte sie über die Beete zu ihrem Fahrrad und fuhr zurück zum Hof.

An der Einfahrt zur Straße ins Dorf kam ihr die alte Froschauerin entgegen. „Danke Marie, für die Hilf", rief sie ihr von Weitem zu. Die Heubeckin nickte nur kurz, schon war sie hinter der Hecke verschwunden, die die geschotterte Straße bis ins Dorf begleitete.

Wiederholt zog Simon seine Uhr aus der Tasche, ungehalten ging er auf und ab und starrte auf das Feld, das nicht einmal zur Hälfte abgeerntet war. Die Sonne war längst hinter den hohen Kiefern verschwunden, es begann schon zu dämmern.

Entschlossen ging er zur Bäuerin und hielt ihr seine Uhr unter die Nase. „So, Frau, jetzt ist Schluss."

Die Froschauerin sah ihn entsetzt an. „Aber …"

„Nix aber, wir müssen noch zurück. Für heut reichts." Er steckte zwei Finger in den Mund und pfiff. Die Frauen gehorchten wie Hunde. Aufgereiht standen sie vor ihm und warteten auf das Kommando.

„Dankschön", rief ihnen die Froschauerin hinterher, nachdem sich der Posten mit einem strammen „Heil Hitler" verabschiedet hatte.

Der Knecht zog den Abend über mit dem alten Ochsen noch seine Runden und rodete einige Reihen für den morgigen Tag. Immer wieder hörte man seine Stimme: „Krüppel, damischer, schau dassd weiterkommst, hopp, Krüppel, du damischer …"

Schweigend marschierten die Zwangsarbeiterinnen den Dorfberg hinab. Am Milchhäuschen in der Dorfmitte stand eine Handvoll Kinder, die den kleinen Trupp beäugte, als käme er aus einer anderen Welt.

Überall in den Ställen arbeiteten wieder die Leute, Kühe brüllten, Schweine grunzten, ein Traktor tuckerte im Hinterhof und das Wasser plätscherte im kleinen Bach, als sie die Brücke überquerten.

Die Sonne war längst untergegangen. Gespenstisch reckten sich die Kronen der alten Eichen in den Himmel, ab und zu schrie ein Käuzchen, als sie den weichen Waldweg zurückgingen. Sonst war es still, nur das gequälte Atmen der Frauen störte die Idylle.

Kurz vor dem Städtchen hörten sie lautes Hundegebell, schrille Stimmen, Kommandos und jämmerliches Geschrei. Immer wieder ertönten die Trillerpfeifen.

Den Frauen klopfte das Herz, ihre Blicke verrieten nichts als Sorgen und Angst.

„Halt!“ Simon stoppte. „Kurze Pause, ihr könnt euch hinsetzen.“

Die Frauen kauerten sich aneinander, einige fröstelten leicht, nur das Mädchen schien ein wenig zu lächeln, immer wieder strich sie mit den Händen über das weiche Leder ihrer Schuhe.

Der halbe Mond stieg langsam im Osten auf. Die Dämmerung war nun vollständig in Dunkelheit übergegangen, nur ein flacher Streifen am Horizont war noch übrig vom vergangenen Tag.

Hastig stand Simon auf, klopfte sich den Hosenboden ab und ging langsam weiter, die Frauen folgten ihm.

Am Haupttor meldete er sich beim Posten. Eine Aufseherin eilte aus der Wachbaracke und führte den Arbeitstrupp über den menschenleeren Hof zur Unterkunft. Verbrauchte Luft strömte den Frauen entgegen. Der Geruch von Schweiß und anderen Hinterlassenschaften quälte die Nasen. Kein Wort war zu hören, nur lautes Atmen, verzweifeltes Stöhnen und hartnäckiger Husten.

Valentina

5. September 1944

Eine gewaltige Staubwolke verteilte sich in der Scheune, als ein Büschel nach dem anderen durch die Heuluke fiel und auf dem Wagen landete. Es roch durchdringend nach Fäulnis. Die Bäuerin, die das verdorbene Heu auf der Plattform stapelte, hustete immer wieder.

Der Bauer über ihr schimpfte die ganze Zeit, während er zusammen mit François, dem schmächtigen französischen Kriegsgefangenen, den alle Franz nannten, das verdichtete Futter aus dem Stoß zerrte und durch die Öffnung warf.

„Kieseldonnerwetter, hab doch gleich gsagt, dass das Heu noch nicht passt hat. Das hast jetzt davon. Kieseldonnerwetter noch mal …"

„Adam", rief die Bäuerin nach oben. „Reiß dich zusammen. Der Herrgott hörts nicht gern, wenn du die ganze Zeit fluchst."

Schweißperlen standen dem Bauern auf der Stirn. Sein Gesicht war verschmutzt, die geröteten Augen tränten, immer wieder rieb er sich mit den verdreckten Fingern die Lider. Die fleischige Nase war an den Löchern schwarz, der schmale Oberlippenbart hing voll Staub. Das blau-weiße kragenlose Baumwollhemd war unter den Achseln und den breiten Hosenträgern klitschnass. Immer wieder nahm der Bauer den Strohhut ab und kratzte sich die lichter werdenden blonden Haare. Nur noch wenige Gabeln, dann war das Gröbste geschafft. Das zu nass eingebrachte Heu hatte sich erhitzt und hätte fast zu brennen begonnen, wäre Franz, der täglich das Heu aus dem Stock zerrte, nicht so aufmerksam gewesen.

Noch vor Morgengrauen wollten die Bauersleute die übel riechende Ladung auf das abgeerntete Feld schaffen, unbemerkt von der Nachbarschaft, die noch in den Ställen arbeitete.

Eilig zwängte sich die Bäuerin auf den Beifahrersitz des Bulldogs. Adam steuerte das Gespann durch die enge Hofeinfahrt auf die Dorfstraße. Es knirschte heftig, als er den großen Gang einlegte. Kopfschüttelnd stand der alte Denzler an der Stalltür. Schadenfroh blickte er den beiden hinterher.

Weit oben, fast an der Waldgrenze, bog Adam in den Mühlacker ein. Er wählte den kleinsten Gang, während Marie das verdorbene Heu von der Plattform gabelte. Nach einer Weile hielt er an, zu zweit verteilten sie die groben Haufen auf den Stoppeln. Sein Ärger hatte sich noch immer nicht gelegt. „Kieseldonnerwetter“, fluchte er leise.

Die Worte blieben ihm im Hals stecken, als er eine wankende Gestalt entdeckte, die vom Waldrand über die Straße lief, über die Stoppeln hetzte, stolperte, sich mühevoll erhob, abermals stolperte. Sie rannte jetzt auf ihn zu, sackte vor ihm auf die Knie und versuchte zu reden, brachte aber nur einige krächzende Töne hervor. Schließlich begann sie hemmungslos zu weinen: „Bitte, bitte, helfen!“

Wie erstarrt verharrte Adam vor der zerlumpten, schwarzhaarigen Frau mit dem sanften Gesicht, den flehenden grünen Augen und den schmalen Lippen. Ratlos blickte er zu Marie, die herangeeilt war und längst begriffen hatte.

„Gell, kommst aus dem Lager, bist auf und davon, und jetzt weißt nicht, wo du hinsollst?“

Die Fremde nickte und deutete zum Wald: „Gestapo, Gestapo, bitte helfen. Viele Hund.“

Marie richtete sich auf und blickte ängstlich auf den Wald. „Ich seh nichts, und du, Adam?“

Der Bauer schüttelte den Kopf. Grimmig starrte er Marie an, dann fluchte er wieder leise.

„Wir müssn ihr helfn, Adam“, meinte sie entschlossen.

„Nein, auf gar kein Fall, Marie, das kannst doch nicht machn, Donnerwetter. Das bringt uns alle nach Dachau.“

Die Bäuerin überlegte eine Weile, abwechselnd blickte sie zum Waldrand, dann musterte sie wieder das wimmernde Häufchen Elend, das noch immer am Boden kauerte. „Sie ist vom Lager, Adam.“

„Welches Lager?“, giftete er.

„Langenzenn. Sie war letzte Woche bei den Nachbarn mit dabei.“

„Schicks weiter, das ist gfährlich, Frau.“

Ohne auf ihren Mann zu achten, half sie der Fremden auf und zerrte sie zum Wagen: „Na los, schick dich, hopp hinauf.“

Die Fremde hatte begriffen. Flink kletterte sie auf den Hänger und legte sich auf die Plattform. Sofort fing die Bäuerin an, sie mit verdorbenem Heu zuzudecken. Schnell verschwand der schmächtige Körper unter den Halmen.

„Und jetzt?“ Mit rotem Kopf lehnte sich Adam an den Bulldogreifen, die Heugabel drehte er um die eigene Achse mit einem Zinken auf seinem Schuh, dann griff er fest zu und schlug mit der Gabel wutentbrannt auf die Wagendeichsel. Ein lautes Krachen. Der Stiel brach berstend entzwei. Marie duckte sich hinter den Hänger, sie fürchtete seinen Jähzorn.

„Du musst doch einen Schlag habn“, platzte es aus ihm heraus.

„Adam“, meinte die Bäuerin beschwichtigend, während sie sich nach der kaputten Gabel bückte, „wir dürfen sie nicht fortschickn.“

Der Bauer hatte sich ein wenig beruhigt. Das Blut in seinem

Schädel schwoll langsam ab. „Auf gar keinen Fall, Marie“, sagte er. „Das geht nicht. So schnell schaust nicht, dann schaffns uns fort.“

Die Frau zögerte. „Adam, das ist eine Sünd, wenn du nicht magst. Siehst nicht, wie sie beieinander ist?“

Missmutig schwang sich Adam auf den Bulldog, Marie kletterte auf den Beifahrersitz. Mit der halben Ladung fuhren sie wieder zurück.

Als sie in die Hofeinfahrt biegen wollten, kam Denzler einige Schritte auf den Bulldog zu. Seine Glatze glänzte in der Sonne, seine Stimme klang wie die einer zeternden Frau, hoch und schrill. Meist redete er furchtbar laut und es schmerzte in den Ohren, hörte man ihm länger zu. Mit den Händen in den Hosentaschen brüllte er gegen den Motor an: „Weißt, was mich interessiern tät? Warum nehmt ihr eigentlich euer faules Heu wieder mit heim?“

Adam wusste keine Antwort, aber die Bäuerin drehte sich ungelenkig um: „Weißt“, sagte sie, „der Gabelstiel ist abbrochn.“

Denzler schüttelte den Kopf und ging zurück zu seiner Frau, die neugierig neben der Stalltür horchte. Dann drehte er sich noch mal kurz um. „Eine zweite Gabel habt ihr nicht, gell?“

Marie und Adam blickten einander schweigend an, dann fuhren sie hinein in den Hof.

Auch die alte Müllerin stand nun kopfschüttelnd am Straßenrand: „Die alten Angeber“, grummelte sie. „Fahrn ihrn Mist bloß zum Angeben spaziern mit ihrem stinkenden Bulldog.“

Der alte Denzler ging noch eine Weile im Hof auf und ab, den Blick immer wieder auf das Nachbaranwesen gerichtet.

Während die Bäuerin das Tor verschloss, blickte sich Adam

um. „Du hast sie doch unbedingt mitnehmen wolln, also lass dir jetzt auch was Gscheits einfalln."

Marie räumte das Heu mit bloßen Händen zur Seite. „Kannst mich hörn?", flüsterte sie. Gebannt starrte das Ehepaar auf den Körper, der sich aus der faulig riechenden Wolke aus Staub und Dreck langsam aufrichtete. Zwei Augen starrten die beiden fragend an.

„Oje, oje." Marie schlug die Hände über dem Kopf zusammen, als sich die Frau den gröbsten Schmutz aus den Kleidern klopfte und hilflos vor ihr kauerte. Adam wandte sich ab. Er hatte mit der Sache nichts zu tun. „Ich rat dir bloß", drohte er der Bäuerin, „versteck sie irgendwo im Heuboden und halt ja dein Mundwerk, gell. Ich muss jetzt weiter. Hab keine Zeit, den ganzen Tag dumm herumzustehn." Dann zwängte er sich durch das Scheunentor ins Freie.

Marie ärgerte sich nicht, sie kannte ihren Mann. Er war ein Hitzkopf, aufbrausend und grantig, doch kurz darauf wieder sanft wie ein Lamm. Dann machte er meist, was sie wollte. Sie nahm ihn so, wie er war, und der liebe Gott würde sich schon was dabei gedacht haben, als er ihn erschaffen hatte.

„Brauchst keine Angst mehr habn", beruhigte Marie die Frau, obwohl es ihr selbst fast den Magen umstülpte, so aufgeregt war sie. Dann ergriff sie die Hand der Fremden und führte sie die Treppe hoch auf den Heuboden, der reichlich gefüllt war mit Futter für den Winter. Die mächtigen Balken, Dachlatten und Sparren waren fingerdick überzogen mit Staub und Spinnweben.

Marie erklomm bereits den Heustock und winkte der Frau zu. Keuchend wühlten sie sich zu zwei eng stehenden Balken auf der anderen Seite.

Marie deutete auf einen schmalen Durchgang: „Dort drinnen erwischt dich keiner. Ich bring dir später was zu essn und was Frisches zum Anziehn." Die Bäuerin sah sie eine Weile prüfend an: „Sag, kannst mich überhaupt verstehn?"

Die Fremde nickte.

„Wer bist denn?"

„Valentina, ich Valentina."

„Die Valentina ..." Eilends kletterte Marie den Stock hinunter und polterte über die Holztreppe. Unten lehnte sie ihren Kopf an die Sandsteinmauer und atmete tief durch. Es dauerte, bis sich die Gedanken ordneten. Zweifel kamen in ihr auf. War es die richtige Entscheidung gewesen? Erst jetzt wurde ihr bewusst, in welche Gefahr sie sich und die Familie brachte. Aber es gab kein Zurück mehr. Mit den Händen schlug sie gegen die Wand, so verzweifelt war sie.

Valentina fürchtete sich. Umgeben von unzähligen getrockneten Grashalmen saß sie in einer kleinen Höhle, in der sie kaum gerade liegen und aufrecht stehen konnte. Im Versteck war es düster, nur durch die Fugen eines ausgewaschenen Backsteines drang schwaches Licht. Valentina setzte sich, zog langsam die Beine an den Körper, legte die Arme auf die angewinkelten Knie und senkte den Kopf in ihre Hände. Dann schloss sie die Augen: War das schon die Rettung? Ihr schien, als befände sie sich in einer anderen Welt. Alles war so schnell gegangen, alles war so unglaublich. Der letzte Tag, die Flucht, der Wagen, der Disput unter den Eheleuten. War es Wirklichkeit? Hatte der Herrgott seine Hand im Spiel?

Unten im Hof rupfte die Bäuerin ein Huhn. Das Tier war schon einige Tage krank. Ehe es irgendwann verendete, hatte sie ihm den Kopf abgehackt. Die greise Schwiegermutter legte Scheitholz in den Herd und stellte einen großen emaillierten Topf, halb gefüllt mit Wasser, auf die Platte. Die zierliche Frau, die ihre schneeweißen Haare stets unter einem Kopftuch versteckte, war noch ziemlich rüstig. Sie half im Haushalt, im Gegensatz zur Schwiegertochter redete sie nur das Nötigste. Wenn sie sich ärgerte, gingen ihr die Leute besser aus dem Weg.

„Mutter“, sprach Marie kurz angebunden mit bebender Stimme, während sie das Huhn öffnete und die Innereien herausholte: „Die vordere Kuh wird bald kalbn und bei der Olga dauerts auch nimmer lang.“

„Hmm“, brummte die Alte, während sie einige Scheite nachlegte.

Marie sah ihr zu und holte tief Luft. Die listigen Augen fixierten die Alte. „Ist bloß gut“, sagte sie, „dass der Franz da ist. Aber es ist schon schad, dass unser Knecht in den Krieg gmüsst hat. Viel Arbeit bleibt liegn.“

„Musst halt früher aufstehn“, erwiderte die Altsitzerin barsch.

Marie legte das Huhn ins siedende Wasser. „Adam meint, dass wir noch eine Magd brauchn könntn ...“

„Hmm.“ Das Feuer knisterte und das Wasser blubberte, Bläschen tanzten im Topf.

„Unsere Magd ist langsam und bockig.“

„Da hast recht.“ Nun erhob sich die Alte. „Alle jungen Dinger sind langsam und bockig. Wenn die bloß halb so viel arbeitn müsstn wie wir früher, dann ...“ Schweigend schlurfte sie hinaus.

Marie sah ihr kurz nach, dann holte sie frische Kleidung, eine warme Decke und schnitt vom Brotlaib zwei dicke Scheiben ab, die sie mit Butter bestrich. In die kleine Kanne schüttete sie einen halben Liter Milch und packte alles in den Weidenkorb.

„Adam“, rief sie hinaus in den Hof. Schon stand er in der Küche. Eine gekochte Henne aß er für sein Leben gern. „Bringst den Korb rüber in den Heuboden, dann wird gessn.“

„Deinen Korb kannst selber hinaufschaffn.“

„Also gut, mach ichs selber. Aber das Huhn schmeckt dann nicht mehr gut, wenn es zu lange kocht.“

Widerwillig stapfte er mit dem Korb in der Hand durch den Stall und von dort über den Hof in die Scheune. Er fürchtete die neugierigen Blicke der Nachbarschaft. Immer wieder drehte er sich nach allen Seiten, kontrollierte die Straße, den Hof. Erst als er sich sicher wähnte, öffnete er das große Tor einen Spalt und zwängte sich ins Innere.

Valentina erschrak sich fast zu Tode, als der Bauer durch die schmale Öffnung schlüpfte. Kreidebleich stand sie an der Wand, die Augen fest geschlossen.

„Brauchst keine Angst habn, ich mach doch nichts.“ Eilig drückte er ihr den Korb in die Hand, drehte sich um und zwängte sich wieder hinaus.

Die Familie saß bereits um den großen Eichentisch, als der Bauer in die Küche kam. Das Huhn teilte die Bäuerin gerecht auf und behielt etwas für ihre drei Buben zurück, die bis zum Nachmittag in der Schule waren. Nur der halbe Liter Dünnbier, den die Magd fast täglich in der kleinen Wirtschaft holte, zählte zu den Privilegien des Bauern.

Nach dem Essen räumte Marie das Geschirr weg. Adam ging über den Hof, die ledernen Schnürschuhe klapperten auf dem Kopfsteinpflaster wie Pferdehufe. Die Wut auf seine Frau flammte immer wieder auf. Mit einem kräftigen Ruck öffnete er das Scheunentor und dann stand er vor ihm – sein Bulldog, sein majestätischer Lanz, sein König aus Stahl und Blech.

Adam erfreute sich an den Rundungen der Motorhaube, den Kotflügeln, die die großen Hinterräder ansatzweise überdeckten, er sah die runden Schweinwerfer und den fächerartigen Kühlergrill. Alles passte zusammen, alles harmonierte und funktionierte wie etwas Lebendiges. Mit Leichtigkeit schwang er sich auf den starren Sitz. Die stabile Feder zog sich unter der Last zusammen.

Adam drückte die Kupplung und legte den Rückwärtsgang ein, dann probierte er die anderen Schaltwege. Leichtgängig rastete der Hebel in die vorgesehene Stellung. Er griff das Lenkrad mit beiden Händen und drehte. Schwerfällig bewegten sich die Vorderräder. Dann dachte er an den Gaul, mit dem er sich früher ärgern musste, und es machte ihn zufrieden, dass er der Einzige war, der einzige fortschrittliche Bauer im Dorf, der mit einem Bulldog arbeitete.

Adam aber wusste: Die anderen waren neidisch und wenn ihm etwas misslang, dann freuten sie sich. Er wagte nicht daran zu denken, was passierte, sollte die Ausreißerin bei ihm, einem angesehenen Bauern, entdeckt werden.

Zwei seiner Buben sah er den Hof heraufschlendern. Kaspar, der jüngste, drosch ständig mit dem Fuß auf die Grasbüschel zwischen den Granitsteinen. Den Ärmel seiner Jacke hielt er fest in der Hand, der Rest schleifte am Boden nach. Schweigend marschierten die blonden Burschen nebeneinander her. Der älteste, der einen Kopf größere Bruder, hatte seine Hände in den Hosentaschen der aufgeplusterten Hose vergraben. Vor dem Hintereingang blieben sie stehen und drehten sich kurz um, dann verschwanden beide im Haus.

Etwas später kam Martin, der mittlere Sohn. Bedächtig und ungelenk wie ein Greis quälte er sich durch das offene Gartentor in den Hof. Das Geländer zum Vordereingang mit beiden Händen fest umklammernd, zog er sich Stufe für Stufe die Treppe hoch, dabei hing dem schwarzhaarigen Lockenkopf das karierte Hemd wie ein Lumpen aus der viel zu großen Hose, die nur durch die breiten Träger am Körper Halt fand.

Mit der Faust klopfte er an die verschlossene Haustür.

Durch das halb offene Scheunentor sah Adam die Bäuerin die Hände über dem Kopf zusammenschlagen, dann kramte er seine Taschenuhr heraus. Die Zeit wollte nicht vergehen, außerdem dachte er an die Fremde, deren Anwesenheit ihm seine Frau eingebrockt hatte mit ihrer dummen Gutmütigkeit. „Die wird sich noch wundern", sprach er leise zu sich. Aber was sollte er machen, nun war sie da.

Nachdenklich schlenderte Adam hinunter in die Werkstatt, holte seine Haue vom Haken, schwang den Holzstiel über den Rücken und marschierte den Feldweg am Bach entlang zum Kartoffelacker. „Wenn die Ausreißerin am Feld keiner gsehn hat, dürft es niemand erfahrn." Adam wusste nur eins: dass die Fremde in ihrem Versteck bleiben musste, bis der verdammte Krieg zu Ende war. Alles andere ging ihn nichts an.

Noch vor der großen Holunderhecke bog er auf einen ausgetretenen Pfad ab, der ihn entlang einem breiten Graben direkt zum Hintereingang des Wirtshauses führte. Zwei Hauen lehnten bereits an der Sandsteinwand. Er ging hinein in den schmalen, dunklen Hausgang. Laute Stimmen und Gelächter schallten ihm entgegen, als er die Tür in die Wirtsstube öffnete. Gut war es jetzt, fast wie früher vor dem erbärmlichen Krieg.

Die Bäuerin führte den Dreizehnjährigen behutsam auf die Eckbank in der Küche. „Was ist denn, Martin?", fragte die Mutter erschrocken. „Bist krank?" Sie stellte das aufgewärmte Essen auf den Tisch und räumte die zwei Teller ab. Die beiden Brüder hatten längst aufgegessen und halfen bei der Feldarbeit.

„Passt schon", antwortete der Bub mürrisch.

„Dir fehlt doch was!", hakte sie nach. „Was ist, mir kannst es doch sagn?"

„Scheiß Fähnlein, ich glaub, ich kann heut nicht auf den Acker.“

Sorgenvoll stand Marie neben dem Jungen. Nicht das erste Mal kam einer ihrer Söhne halb kaputt von der Jungschar zurück. Der fünfzehnjährige Hans hatte sich erst neulich den Fuß verstaucht, als sie nachts in eine Grube springen mussten. Kriegsspiele nannten sie diese Übungen. Kriegsvorbereitung war damit gemeint. Und jetzt wieder der Martin. Zornig ging die Bäuerin in die Futterkammer und schnitt das Heu mit der Halmschneidemaschine zu kleinen Schnipseln.

Nach einer Weile wurde es dem Jungen in der Küche langweilig. Er schaute sich um und humpelte zur guten Stube hinüber. Nur Vaters Schreibtisch neben dem mit grünen Fliesen vertäfelten Kachelofen war für ihn interessant. Auf seiner polierten Oberfläche stand der Volksempfänger, ein viereckiger Kasten mit einem runden Lautsprecher in der Mitte. Kein Gerät, der Bulldog ausgenommen, strahlte so viel Faszination aus und zog ihn so magisch an wie dieser sprechende Wunderapparat, dem ein paar Knöpfe reichten, um zu funktionieren.

Hastig legte Martin den Schalter um. Eine Stimme zwang ihn zum Zuhören. Propaganda dröhnte aus dem Äther, Frontberichte, Meldungen über siegreiche Luftgefechte. Neugierig drehte er am Knopf. Rauschen, Piepsen, undefinierbare Töne, dann endlich – Musik, verbotene Amimusik, Negermusik. Martin lauschte gebannt. Fremdartige Töne hallten in der Stube. Gern hätte er etwas lauter gestellt, doch Martin wusste genau, es war zu gefährlich.

Oben in der Burg hatte der Fähnleinführer gedroht, dass Leute, die den Feindsender abhörten, erschossen würden, und mit viel Glück schickte man sie nur nach Dachau.

Mit dem Ohr am Lautsprecher hörte er hingerissen zu. Die

fremden Töne, der ungewohnte Rhythmus faszinierten ihn, vor allem aber die Meldungen. Die Nachrichten des Sprechers saugte er hungrig auf und gab das Gehörte an die Mutter weiter. Vater brauchte nichts davon zu wissen. Gewiss würde er die Stube absperren. Doch jetzt hörte er wieder, wie der Amerikaner in deutscher Sprache das Gegenteil von dem verbreitete, was der heimische Sender zu sagen hatte. Sprachen die Deutschen von Frontbegradigung oder Zurücknahme der Front aus taktischen Gründen, redete die Stimme Amerikas von vernichtenden Niederlagen und dem baldigen Ende des Krieges.

Wem sollte man glauben? Der Lehrer äußerte sich nicht, der Pfarrer noch weniger. Vater sprach nicht darüber, alles musste man ihm aus der Nase ziehen.

Wie gebannt saß Martin vor dem Kasten, das eine Ohr am Lautsprecher, das andere passte auf.

„Und, was gibts Neues?“ Plötzlich stand Mutter im Wohnzimmer.

Martin erschrak und schaltete das Gerät aus. „Immer das Gleiche“, stammelte er. „Die Amis sind in Frankreich und der Krieg ist bald vorbei.“

„So, so.“ Fest schloss sie die Tür und setzte sich auf das Sofa, Stallluft verbreitete sich im Raum. „Was habns denn mit dir gmacht, Bub?“

Martin besann sich eine Weile. Stockend sprach er. „Die spinnen“, schimpfte er. „Dreimal habn wir den Heidenberg rauf und runter rennen müssen, dann habn wir unten in der Wiese beim Gabsteigersweiher erschießn geübt. Diejenigen, die aufgebn habn, warn die Juden und die andern die Guten. Ich war immer ein Jud, obwohl ich den Heidenberg gschafft hab.“

Die Mutter sagte schließlich: „Martin, die Männer, die das

ausheckn, sind Lumpen. Geh deinen gradn Weg, so wies der Herrgott sehn will, gell."

Der Bub zuckte ungläubig mit den Schultern.

Nach einer kurzen Pause holte sie tief Luft. Ihre Stirn wirkte seltsam runzlig. „Noch was", sprach sie mit stockender Stimme. Martin spürte die Unruhe in ihr.

„Wir haben eine im Heuboden."

„Was im Heuboden?"

„Eine Flüchtlingsfrau." Die Mutter begann zu weinen. „Mir wärs recht, wenn du dich ein wenig um sie kümmern tätst … Und kein Wort, verstehst?"

Martin sah die Mutter fragend an: „Was soll ich?"

„Ich bitt dich", mahnte sie ihn noch mal, „verrat keinem davon, auch nicht deinen Brüdern, gell. Es ist schlimm, aber wir könnens nicht mehr ändern." Dann stand sie auf und ging schluchzend auf den Kartoffelacker.

Es war schon später Nachmittag, als Martin das Haus verließ. Die Sonne versteckte sich bereits hinter der mächtigen Scheune, er fröstelte. Die Hände in den Taschen vergraben, balancierte er das dicke Brett hinauf auf den Misthaufen. Es war seine Aufgabe, täglich die groben Haufen vom Morgen zu verteilen und aufzustapeln. Ein penibel geschichteter Misthaufen war das Kennzeichen eines guten Bauern, daran wurde er gemessen.

Als ihn die Ochsen im Stall auf der anderen Hofseite durch das offene Tor erkannten, fingen sie an zu brüllen. Die Futterzeit nahte. Die Neugier aber lockte den Buben auf den Heuboden. Er wusste genau, wo die Frau sich befand. Früher hatte auch er sich manchmal dort versteckt, genau wie seine Brüder und die Dorfkinder. Die Stelle war kaum einsehbar und schwer zu erreichen, einfach perfekt.

Leise quälte er sich die Stiege hinauf und erklomm den

Heustoß, dann wühlte er sich auf den Eingang zu und lauschte eine Weile. Kein Laut, kein Lebenszeichen. Nichts, nur das Gebrüll der Ochsen schallte herüber. Er kehrte in den Hof zurück und erledigte seine Pflichten, gewissenhaft wie immer, nur die Beine schmerzten.

Dichter Tabakqualm hielt sich hartnäckig unter der niedrigen Bretterdecke der Wirtsstube. An der weiß gestrichenen Wand hingen Geweihe von Reh und Hirsch, ausgestopfte Marder, Fasanen, Elstern und in der Mitte der Kopf einer Wildsau mit Furcht einflößenden Hauern. Von den vier Tischen war nur einer besetzt.

Adam saß auf der Eckbank mit dem Rücken zum Kachelofen. Rechts neben ihm mischte Denzler die Karten und verteilte sie geschickt im Uhrzeigersinn. Zwei Siebener, die Herz Sau und den Eichel Unter ordnete Adam nach der Reihe.

Adolf Großmann verzog das kantige Gesicht, als er sein Blatt erhielt. Längst schon wollte der stämmige Bauer nach Hause, einige Male hatte er seinen frisch gewaschenen blauen Kittel in der Hand, ständig jammerte er über die viele Arbeit und das schöne Wetter, das es auszunutzen galt. Doch jedes Mal nahm er die Karten mit seinen schwieligen Händen in Empfang, ärgerte sich, freute sich, war schadenfroh, verlor und gewann wie die anderen auch.

Der Vierte in der Runde wohnte in der Stadt. Anfangs kam er mit dem Automobil, mit einem Dienstfahrtschild an der Heckscheibe. Das Fahrzeug stellte er aus Angst vor Tieffliegern in die Wirtshausscheune. In letzter Zeit, seit sich die Angriffe häuften, strampelte er mit dem Fahrrad nach Gonnersdorf. Rudi hieß er, ein dunkelhaariger, besserer Herr in feinem Zwirn mit einer auffälligen Narbe auf der Stirn und ständig einer Zigarette zwischen den Lippen. Er war ein guter

Bekannter der Wirtsleute. Jahrelang kam er schon zur Kartenrunde. Denzler hatte mehr als einmal nach seiner Herkunft gefragt, auch Adam erkundigte sich bei der Wirtin. Doch die Frau des Ortsbauernführers, die stets ein Ohr für die Sorgen und Erzählungen der anderen hatte, plauderte so gut wie nie über Privates. Den feinen Stadtmenschen selbst zu fragen trauten sich die Bauern nicht. Sie gaben sich damit zufrieden, dass er ordentlich spielte und nicht laufend gewann.

Ab und zu schaute die Wirtin den Bauern ins Blatt. Neugierig saß sie dann neben Adam auf der Bank. Sie diskutierte, sie erzählte und vor allem hörte sie gern zu. Die Bauern schütteten ihr immer wieder das Herz aus und die kräftige Frau mit der üppigen Lockenpracht wusste meistens Rat. Die Schwarzhaarige war eine gute Seele, und Adam zog es nicht nur der Kartenrunden wegen ins Wirtshaus.

„Was ich schon längst fragn wollt“, meinte sie plötzlich. „Sind die aus dem Lager noch mal zur Froschauerin kommen?“

Großmann, der gerade die Karten mischte, zuckte mit den Schultern.

Adam schwieg, seine Augen starrten auf das Hirschgeweih, nur Denzler antwortete: „Die brechn doch schon zusammen, bevor sie mit dem Arbeiten anfangn. Durchs Stallfenster hab ich sie kurz gsehn, als sie das Dorf rauf sind. Das hat mir schon greicht. Außerdem sinds lauter Kriminelle, sagen die Leut – ganz Gfährliche.“

„So habns aber nicht ausgschaut“, meinte die Wirtin. „Wo ist denn das Lager überhaupt?“

„Gleich neben der oberen Fabrik, ein Stück von der Straße weg.“

Adam unterbrach das Gespräch und legte den Eichel Siebener auf den Tisch. „Spiel mit der Eichel Sau. Was dagegen?“

Die anderen drei sortierten ihre Karten und nickten Adam zu.

Es war bald Fütterzeit, als Großmann und Denzler nach Hause gingen. Auch Adam war auf dem Sprung, da zog ihn Rudi auf die Seite. „Du, hör mal, Adam“, sprach er so leise, dass ihn der Bauer kaum verstand. „Meinst ... wärs vielleicht möglich ... wären es große Umständ, wenn ich meine Möbel“, Rudi räusperte sich, „bei euch eine Weile unterstellen dürft? Weißt, ich hab mir gedacht, vielleicht habt ihr noch ein kleines Plätzchen in eurer Scheune. Weißt, bevor dass sie kaputt gebombt werden. Wär schad um die guten alten Stücke. Hab schon die Wirtsleut gefragt. Aber die haben keinen Platz. Was meinst, Adam?“

Adam sah ihn zuerst entrüstet an, dann besann er sich. „Na ja, ein kleines Eck hab ich schon, bringst halt dein Zeug vorbei.“

Rudi fuhr sich mit den Fingern durch die Haare, sein mühsames Lächeln gefror. „Adam“, meinte er verlegen. „Weißt, ich hab bloß ein Auto und einen Schubkarren und die Möbel sind groß und sperrig. Adam, wär schön, wenn du sie mit deinem Bulldog fahren könntest.“

Obwohl er überhaupt nicht wollte – er hatte daheim genug unterzustellen und so groß war sein Stadel auch nicht –, brachte Adam es nicht fertig, Nein zu sagen. Zu höflich hatte der Stadtfrack ihn gefragt.

„Na ja“, seufzte Adam. „Wenns unbedingt sein muss, hol ichs halt.“ Rudi bedankte sich derart überschwänglich, dass der Bauer fluchtartig durch den schmalen Hinterausgang ins Freie drängte, seine Haue schulterte und den schmalen Wiesengrund entlanglief. Am Bach angelangt bog er nicht ins Dorf ab, sondern marschierte die steinige Hohlgasse hinauf zum Kartoffelacker.

Die Sonne stand schon tief, als Adam aufmerksam den abgeernteten Teil des Feldes betrachtete, dann holte er kräftig aus, trieb die Haue in den Boden und spaltete den braunen Humus eine Handbreit auseinander. Mit den Händen durchwühlte er das Erdreich. Er fand zwei daumengroße Knollen, die er in die Hosentasche steckte. Zufrieden schwang er sein Werkzeug wieder auf die Schulter und marschierte die Hohlgasse zurück. Die Hecke warf bereits lange Schatten auf das angrenzende Feld.

Unter der alten Eiche am nahen Bach war der Boden noch immer aufgewühlt und kahl. Vor einigen Wochen hatte er dort eine weiße Blechtafel vergraben, beschriftet mit großen schwarzen Buchstaben: „Juden sind unser Unglück". Sie stammte von der wuchtigen Erle gleich nach der Bachbrücke am Ortseingang. Marie hatte ihn so lange bedrängt, bis er endlich nachgab. Mitten in der Nacht, nachdem er von einem Feuerwehreinsatz zurückgekehrt war, hatte er das Blech heruntergeschlagen, um es an der Hecke zu vergraben. „Manchmal ist sie nicht ganz gscheit", brummte er, als ihm seine Frau in den Sinn kam. „Juden sind doch so und so keine im Dorf. Und deswegen Kopf und Kragen riskiern …?" Verständnislos schüttelte er den Kopf. Dann erschrak er plötzlich. Was war, wenn im Frühjahr das Heu zur Neige ging und das Versteck für die Fremde nach und nach von den Kühen aufgefressen wurde? Eine heftige Wut überkam ihn wieder. Wut auf sein dummes Weib.

Beide verkniffen sich ihren Zorn, als Adam endlich durch die offene Stalltür hereinkam. Ohne aufzusehen, saß Marie unter einer Kuh auf dem dreibeinigen Melkschemel und presste einen Strahl nach dem anderen in den blechernen Eimer. „Wo warst denn gar so lang, Adam?"

„Am Kartoffelacker war ich."

„Hab dich aber nicht gsehn“, stellte sie augenzwinkernd fest.

„War auf der andern Seite.“ Adam kramte in seiner Hosentasche, holte die kleinen Knollen heraus und hielt sie ihr unter die Nase. „Ihr müsst die Äbiernbobbäli sauberer einsammeln.“

„So, so“, meinte Marie und wandte sich ab. Er nahm die Gabel, holte ein paar kräftige Büschel Gras aus der Futterkammer und warf sie in den Barren. Unruhe kam auf, die Tiere reckten sich nach dem Futter und stießen sich gegenseitig mit ihren spitzen Hörnern.

„Adam, geh mal schnell mit.“ Die Bäuerin gab ihrem Mann ein Zeichen. „Adam, ich verlang nicht viel von dir, aber eins musst mir heut noch machn.“

Misstrauisch sah er ihr in die Augen. „Ich hab wieder einen Korb hergrichtet.“

Adam ahnte, was sie wollte. Energisch schüttelte er den Kopf. „Kommt gar nicht infrage. Einmal langt schon. Kümmer dich selber um die da droben, ich hab nicht gwollt, dass sie kommt.“

Hastig verschloss die Bäuerin die Tür zum Stall, bevor die Magd aufmerksam wurde. Dann setzte sie sich auf die Hafertruhe und ließ den Tränen freien Lauf. Es war zu viel.

Schweigend stand Adam neben ihr, grantig und ablehnend. Aber um des lieben Friedens willen hatte er innerlich längst eingewilligt.

Oben lauschte Valentina wie gebannt. Sie wagte nicht, sich zu rühren, versteinert stand sie in ihrer Höhle. Erst vor Kurzem war eine unbekannte Gestalt in ihrer Nähe gewesen, hatte gelauscht und sich wieder fortgeschlichen. Und nun? Ein Suchtrupp? Konnte sie den Bauersleuten trauen? Und schon wieder diese lähmende Angst. Zuweilen wünschte sie sich ins Lager zurück, dem Ort ihrer schlimmsten Demütigungen. Dort war sie wenigstens nicht allein. Gebannt starrte sie auf die schmale Öffnung.

„Donnerwetter“, schimpfte Adam, als er sich mit einer Lampe in der Hand durch das schmale Loch in die Höhle zwängte. Dann reichte er ihr den Korb.

„Danke“, die Fremde zitterte, ihre Augen waren gerötet, das fahle Gesicht gezeichnet von Heustaub und Tränen. Als sie die Decke herauskramte und zwei Scheiben Brot, eine geräucherte Bratwurst und ein kleines Döschen mit Butter entdeckte, lächelte sie für einen kurzen Moment. Die Züge ihres hübschen Gesichtes entspannten sich und ließen etwas ahnen von früherer Selbstsicherheit.

Trotz ihrer grob gestutzten Haare und der eingefallenen Wangen entging dies auch dem Bauern nicht, obwohl er keinerlei Regung zeigte. „Also, dann geh ich wieder weiter“, er blickte sie nur kurz an, dann entdeckte er einen hervorstehenden Backstein an der Wand, den die Kinder früher herausgezogen hatten, wenn sie Räuber und Gendarm spielten. Nachdenklich drückte er seinen Hut fest auf den Schädel und schlüpfte durch die Öffnung zurück auf den Heustock.

Auf der Treppe blieb Adam kurz stehen und überlegte. Etwas nahm ihn in Beschlag. Die junge Frau. Sie war eine Fremde, eine Dahergelaufene. Und doch kam es ihm vor, als hätte sie sich in seinem Innersten breitgemacht, wie ein Kuckuck im fremden Nest.

Die Sonne war untergegangen. Großmutter verschwand, nachdem sie im Stall fertig waren und gemeinsam zu Abend gegessen hatten, in ihr Bett. Martin quälte sich die Treppenstufen hoch, der Oberschenkel schmerzte. Die beiden Brüder waren längst in der Kammer, während der Franzose gleich nach der Stallarbeit ins Lager nach Rossendorf zurückmusste.

Der Bauer stand noch immer am Milchhaus und plauderte. Er achtete aber auch auf spitzige Bemerkungen. Er passte gut auf, ob die Nachbarn hinter seinem Rücken tuschelten, ob sie vielleicht etwas mitbekommen hatten. Doch es war wie immer.

Besonders im Sommer blieben die Leute oft bis in die Nacht an der Rampe. Die Kinder lauschten den Erzählungen der Alten und die Alten erfreuten sich an der Unbefangenheit der Jugend. Das Milchhaus war Begegnungsstätte für jedermann. Hier wurden Neuigkeiten aufgesogen, Erfahrungen ausgetauscht, Späße gemacht und allerlei Streiche ausgeheckt. Das Milchhaus übte eine magische Anziehungskraft aus. Egal ob jung, ob alt, es war ein Mittelpunkt des dörflichen Zusammenlebens, der Hort des Miteinanders wie auch des Gegeneinanders. Oft diente es als Brutstätte für Missgunst, Neid und Schadenfreude.

Als es dunkel wurde und die Leute sich verzogen hatten, lieferte Adam zu Hause die Kannen ab und ging zum zweiten Mal an diesem Tag ins Wirtshaus, nur wählte er diesmal den kurzen Weg über die Straße.

Marie und die Magd saßen in der Küche und strickten. Anita stopfte die zerrissenen Strümpfe des Bauern. Die Bäuerin hatte sich Schafwolle besorgt, um für den Winter warme Pullover herzustellen. Immer wieder strickte sie eine falsche Masche. Sie war nicht bei der Sache. Voll Sorge dachte sie an die Frau im Heuboden und flehte innerlich um himmlischen Beistand. Der Herr möge sie doch aus dieser misslichen Lage befreien und alle behüten. Sie, ihre Familie und auch die Frau … So wie es jetzt war, konnte es nicht weitergehen, das würden weder sie noch die anderen aushalten.

In ihrer Verzweiflung schlich sie sich aus dem Haus und klopfte bei den Nachbarn an die Haustür. Marie wollte bereits wieder gehen, da hörte sie Schritte.

Die alte Froschauerin öffnete: „Marie. Was willst du denn noch? Ist was passiert?“

„Ist die Frieda da?“

„Ist schon daheim.“ Die alte Frau fasste Marie an der Hand und zog sie in die Küche. Die junge Froschauerin schälte gedämpfte Kartoffeln. Erstaunt blickte sie auf.

„Frieda“, sagte Marie mit stockender Stimme. „Ich muss mit dir redn. Ich weiß nicht mehr ein und aus.“

Frieda legte das Messer auf den Tisch und trocknete die Hände an ihrer Schürze ab. „Du bist ja käsweiß. Was ist denn gschehn, Marie?“

„Die Schwarzhaarige ist ausgrissn.“

„Welche Schwarzhaarige?“

„Du weißt schon. Die wo neulich vom Lager mit dabei war.“

Die junge Froschauerin schluckte, dann schloss sie für einen Moment die Augen. „Und jetzt?“

Marie begann zu weinen, ein paar Mal schnäuzte sie sich in die Schürze. Dann hatte sie sich wieder gefangen. Die alte Froschauerin ließ endlich den Türgriff los und setzte sich neugierig auf die Bank.

„Als ich heut in aller Früh die Hühner füttern wollt, kam sie vom Acker hergrannt.“ Eine kleine Röte stieg Marie in den Kopf. „Die Frau ist auf die Knie gfalln und hat so lang gebettelt, bis ich nicht mehr anders konnt hab.“

„Gell, hast sie versteckt?“, meinte die alte Froschauerin.

Marie nickte, ein wenig erleichtert.

„Hätt ich grad so gmacht. Das warn so fleißige Leut und so dürr.“

„Mutter!“, mahnte die Bäuerin. „Lass sie halt redn.“

„Die war so elendig zugrichtet, die Kleider zerrissn, ihre Augen waren drinnen gsteckt in den Höhlen, dass ich sie fast nicht mehr gsehn hab.“ Marie seufzte. „Die hat mir so leidgetan. Hab einfach nicht anders konnt.“

Für einen Moment war es mucksmäuschenstill in der Küche. Nur das Feuer knisterte im Schürherd. „Marie“, meinte die junge Froschauerin mit fester Stimme. „Weißt aber schon, was denen blüht, die solche Leut – Juden und so – versteckn. Der Großmannsbauer hats erst neulich am Milchhaus gsagt, dass solche gleich nach Dachau kommen. Und du weißt auch, dass es genug gibt, die euch gern eins auswischn tätn. Die meldn so was!“

„Da reicht ein einziges falsches Wort“, fügte die Alte mahnend hinzu. „Schon ghörst der Katz. Oje, oje, macht ihr was zamm.“

„Mutter!“, grad hast noch gsagt, dass du es auch so gmacht hättst.“

„Ich weiß, ich weiß. Oje, oje.“

Marie stützte ratlos das Kinn auf die Hand. Der Küchentisch wackelte und knirschte unter der Last ihrer angewinkelten Arme. Ihr Blick schweifte an das verdunkelte Fenster hin zur Straße. Er streifte das lange Regal an der Wand, dessen Bretter, vollgefüllt mit Geschirr, sich bedrohlich durchbogen. Der Kopf schmerzte. Mit jedem Herzschlag pochte es in ihrer Stirn. „Ich hab nicht anders konnt und der Adam hat so gschimpft.“

„Wo ist sie jetzt?“

Marie überlegte kurz, ob sie das Versteck preisgeben sollte. „Im Heuboden“, meinte sie schließlich. Da findet sie keiner so schnell.“

„Die Nazi findn alles, wenn sie wolln“, widersprach ihr

Frieda. „Du kannst sie nicht ewig dort oben lassn. Irgendwann fällt es auf. Brauchn bloß die Kinder was Falsches sagn oder die Magd zufällig … oder der neugierige Denzler was sehn."

„Der Sauhund, der damische", fiel ihr wieder die Alte ins Wort.

„Hat sie damals einer gsehn, als sie mit dem Posten bei uns am Acker zum Helfen warn?"

Marie zuckte mit den Schultern: „Denzler?"

Frieda runzelte die Stirn. „Der war noch im Stall, Großmann hat Futter geholt, das weiß ich sicher. Der Müller ist nicht neugierig. Aber unser Knecht? Ach, der war so weit weg, der hat sich bestimmt keine gmerkt. Der hat noch nie über jemand andern was gsagt."

Marie überlegte. „Der Ortsbauernführer?"

„Der verpfeift keinen", meinte die Alte, „und seine Frau auch nicht."

Frieda aber dachte schon weiter. „Dein Adam kanns doch mit dem Bürgermeister recht gut?"

Marie nickte. „Meinst wegen der Feuerwehr."

„Wenn ihr eine neue Magd einstelln würdet, das tät am allerwenigsten auffalln. Da tät auch der Bürgermeister nicht gleich was sagn, wenn ihr sie nicht meldet. Und bei den vielen Flüchtlingen, die grad unterwegs sind, und den Hamsterern, die immer mehr werden, kennt sich bald so und so keiner mehr aus."

„Da hab ich auch schon dran dacht", sagte Marie erleichtert. „Hab schon bei der Schwiegermutter ein wenig angspitzt. Nur, wenn die so einfach da ist, fällts ja erst recht auf."

„Soll sie halt dein Bauer holn." Die Alte rieb sich die Hände.

„Wo holn? Dienstboten kommen doch von selbst!"

„Die vom Dorf schon, aber da gibts ja kaum noch welche. Aber wenn sie von der Stadt wär, könnt sie vielleicht der Bauer mit dem Bulldog …"

„Dann weiß aber auch keiner, dass die von der Stadt ist."

Die Zeit verging, das Feuer am Kochherd war längst ausgegangen, die drei Frauen planten noch immer. Plötzlich schlug Frieda mit der Faust auf den Tisch. „Ich habs …"

Es war bereits stockfinster, als Marie die Straße überquerte und mit großen Schritten die Treppe hoch ins Haus huschte. Noch im Flur fiel sie auf die Knie und sprach ein Stoßgebet. „Herr, hilf uns in unserer Not! Lass unsern Plan gelingen. Wenn du uns jetzt nicht hilfst, dann weiß ich nimmer weiter!" Und verzeih, dass ich das mit dem Hühnerstall gsagt hab. Aber alles braucht die Nachbarin auch nicht zu wissen …

Marie machte nun den letzten Rundgang durch Kuhstall, Saustall und Ochsenstall. Sie sah nach den Lampen in der Futterkammer, in den Scheunen. Sie kontrollierte die Verdunkelungen an der Hausfront. Zuletzt schaute sie in den Hühnerstall und prüfte das Türchen, durch welches sich das Federvieh ins Freie zwängte. Marie fürchtete den Fuchs. Vorsichtig nahm sie die Eier aus den Nestern und legte sie in einen kleinen Korb im Futterkasten. Liebevoll streichelte sie einem Huhn über den flauschigen Rücken.

Einigen jungen Tieren wurde die Anwesenheit der Bäuerin zu bedrohlich. In fürchterlicher Angst flatterten sie auf dem hölzernen Lattengestell umher, und je mehr Marie versuchte, sie zu beruhigen, desto panischer nahmen sie unter entsetzlichem Gegacker Reißaus. Als sich auch das zahme Federvieh anstecken ließ, flogen alle Tiere im Dämmerschein der Petroleumlampe wild durcheinander. Sie flatterten auf den Futterschrank, auf den Fenstersims, purzelten herab, versteckten sich in den Nestern, zu zweit, zu dritt in einem, bekamen Platzangst und stürzten auf den Boden. Je mehr Marie mit der Lampe hin und her schwenkte, desto mehr fürchtete die aufgebrachte Hühnerschar um ihr Leben. Erst als Marie kurzerhand durch die Tür schlüpfte, kehrte wieder Ruhe ein.

Aufgewühlt verschwand die Bäuerin im Schlafzimmer, zwischen Küche und guter Stube. Sie schloss die offene Tür des mit Blumen bemalten Schrankes und legte ihre Kleider auf eine Kommode mit einem großen aufgesetzten Spiegel. Das schlichte Doppelbett stand unterhalb des schmalen Fensters zur Straßenseite, das mit einem Pappkarton verdunkelt war. Das Licht der hellblauen Lampe, die wie ein umgekrempelter Hut an der dunklen Bretterdecke hing, erhellte nur schwach die Mitte des Zimmers. Marie schüttelte das grobe Federbett auf, klopfte das Stroh auf der Matratze zurecht und legte sich mit ihrem fülligen Körper in die knirschende Masse. Im Halbschlaf streckte sie ihren Arm in die andere, leere Hälfte des Bettes.

Kurz nach Mitternacht öffnete der Bauer leise die Tür, seinen Kittel und die Leinenhose mit den breiten Hosenträgern ließ er im Hausgang.

„Du stinkst nach Rauch“, wetterte sie, als er sich die Bettdecke übergezogen hatte.

„Und du nach Hühnerstall“, konterte er.

Nach einer Weile fing sie erneut an: „Und, was hast jetzt vor?“

„Was hab ich vor?“, zischte er ungehalten.

„Du weißt schon, die Fremde.“

„Ich weiß gar nichts“, seufzend klopfte er die Federn seines Bettzeugs zurecht, drehte das Kopfkissen auf die andere Seite und sagte: „Die Frau muss fort, die stürzt uns alle noch ins Unglück.“

Bedächtig setzte sich Marie auf und versuchte, Adam zu besänftigen. „Du hast ja recht, aber das kann man doch nicht machn. Wenn sies erwischn, wer weiß, was die mit ihr anstelln!"

„Ist doch nicht unser Problem, soll sie schaun, wo sie unterkommt. Wir müssen doch auch schaun, oder?"

„So kannst doch nicht redn. Hast denn gar kein bisschen Herz? Weißt nicht, was in der Bibel steht? – Hör zu, du musst doch morgen sowieso Diesel holn und die Kartoffeln zu den Leuten bringen. Da könntest doch …"

In all den Jahren hatte sie gelernt, rechtzeitig zu schweigen, um dann zu fordern, wenn es angebracht war. Sie lenkte ihren Gatten wie er seinen Traktor. Sie dominierte ihn durch ihre Gewandtheit und er wollte dominiert sein. Seine Hilflosigkeit verdammte ihn zur Nachgiebigkeit.

„Adam, im Heuboden kanns nicht bleibn."

Der Gatte fiel ihr ins Wort: „Aber sie ist vom Osten, jeder Depp merkt, dass da was nicht stimmt."

„Sie kann gut Deutsch."

„Aber nicht gut genug."

„Den Leuten vom Dorf kann sie aus dem Weg gehn."

„Aber nicht der Magd."

„Die Anita ist strohdumm."

Adam wurde lauter. „Genau diese Strohdummen redn oft dumm daher. Ein falsches Wort gnügt. Und ihre kurzen Haare?"

„Setzt sie halt ein Kopftuch auf. Machst es jetzt, Adam?"

Der Bauer schwieg. Das reichte ihr. Dann schlief sie kurz ein, Adam dagegen wälzte sich unruhig hin und her, irgendwann wälzte er sich nur noch hin. Vorsichtig überquerte er den schmalen Spalt, der die Strohmatratzen trennte. Hoffnungsvoll schmiegte er sich an Maries warmen Körper, doch sie näherte sich mehr und mehr der Bettkante, verließ sie vorsichtig und nahm Reißaus auf die harte Küchenbank nebenan.

Wieder einmal nicht. Seit ihrem dritten Kind wiederholte sich das ständig. Aus Angst vor einer weiteren Schwangerschaft und voller Unsicherheit bei der körperlichen Liebe zwang sich Marie zur Keuschheit, ohne Rücksicht auf ihren Mann.

Eine Stadt in der Ukraine

Auf dem Heuboden war es finster, als Valentina sich durch die schmale Öffnung zwängte. Im Lager hatten sie von der Schweiz erzählt, dort gab es keine Nazis. Man würde sie aufnehmen und nach dem Krieg nach Hause schicken. Träume. Valentina schüttelte den Kopf, hier bekam sie reichlich zu essen, nur dem Bauern traute sie nicht.

Die Umrisse im riesigen Heuboden waren nur schemenhaft zu erkennen. Alles verfloss zu einer Einheit aus Bauwerk und Finsternis, zu einem drohenden Gebilde, das ihr Angst machte. Hastig schlüpfte sie zurück. Ihr Versteck beschränkte sich auf die paar Quadratmeter, auf denen sie nun seit einigen Stunden hauste. Stunden, die ihr wie eine halbe Ewigkeit vorkamen.

Ungeschickt stieß sie an die Milchkanne und schüttete mit ihr den ganzen Korb um. Der Inhalt verteilte sich im losen Heu, das sie nun hastig durchwühlte. Die Kanne war fast ausgelaufen, Wurst und Brot kamen Valentina zwischen die Finger, ein Messer. Vorsichtig strich sie über die Schneide, sie war stumpf, ein Teil des Holzgriffes schien abgebrochen.

Umständlich tastete sie sich an der Wand entlang. Sie spürte den Backstein, den sie mittags schon entdeckt hatte. Er ließ sich ohne Widerstand herausziehen. Ein schwacher Lichtstrahl drang durch den Schlitz und vermischte sich mit der Dunkelheit. Umrisse der Balken zeichneten sich ab.

Mit dem Messer lockerte Valentina weitere Backsteine und zog sie aus dem Verbund. Vorsichtig steckte sie ihren Kopf durch die vergrößerte Öffnung. Geblendet von ungewohnter Helligkeit blinzelte sie. Eine gespenstische Mixtur von Blau und Schwarz, durchtränkt von einzelnen Nebelschwaden, verteilte sich über die Landschaft. Vollmond. Valentina erinnerte sich, er hatte ihr gestern den Weg gewiesen. Bald würde er über das riesige Scheunendach wandern und die Landschaft, die vielen Bäume, den schönen Lindenbaum hinter der Scheune mit seinem Licht verzaubern.

Valentina schöpfte Hoffnung. Zum ersten Mal seit langer Zeit fühlte sie sich geborgen, doch wusste sie genau, es war nur für einen kostbaren Moment. Sie wagte kaum, an den nächsten Morgen zu denken. Trotz Erschöpfung und Müdigkeit konnte sie nicht einschlafen.

Immer wieder blickte Valentina durch die Lücke. Sie dachte an daheim, an ihr Elternhaus, an die Stube, die sie mit ihrer Schwester teilte. An die Stadt, in deren Nähe sie bis zum Sommer 1943 gelebt hatte – Dnjepropetrowsk in der Ukraine …

Kleine baufällige, oft notdürftig reparierte Häuschen aus Holz mit Strohdächern standen eng nebeneinander an der langen, im Sommer staubigen, im Winter knöcheltief morastigen Straße. An die Rückseiten der Häuser schmiegten sich verschachtelte Ställe für ein paar Kühe und Ziegen, durch eine Tür mit dem Wohnraum verbunden wegen der Kälte in den strengen Wintern. Die Hühner, Enten und Gänse lebten meist auf der Straße, badeten im feinen Sand und verschmutzten mit ihren Hinterlassenschaften die Wege. Mit wettergrauen Brettern eingezäunt, fanden sich zur Straßenseite hin Gärtchen für Gemüse und Würzkräuter.

Etwas außerhalb bestellte jede Familie ein winziges Stück Land, das ihnen zur Selbstversorgung überlassen wurde. Die Menschen beugten sich der russischen Regierung, sie gebrauchten die offiziell verordnete Sprache und gehorchten den Kontrollorganen. Zu Hause aber, wenn keiner aufpasste, pflegten sie ihre ukrainischen Wurzeln.

Anfangs hofften die Menschen, dass sich durch die deutschen Besatzer ihre Situation verbessern würde. Viele Männer schlossen sich freiwillig der Wlassow-Armee an, einer russischen Truppe unter deutschem Kommando. Doch schon bald begriff die Bevölkerung, was die Deutschen im Schilde führten.

Soldaten kamen mit Krad und Kübelwagen, mit Panzern und Lastern. Soldaten mit Hakenkreuzen an Ärmeln und Mützen vertrieben die Hühner, Enten und Gänse von der Fahrbahn und hüllten die Ortschaft in Staub. In der Ortsmitte hissten sie ihre rote Reichskriegsfahne mit dem Hakenkreuz. Die Einwohner trieben sie mit Gewehren zusammen. Die Jungen und Kräftigen, die Arbeitsfähigen mit flinken Händen, die Gesunden suchten sich die Besatzer aus, um sie mit Lastern in die große Stadt zu transportieren.

Valentina ließen sie keine Zeit, sich von der Familie zu verabschieden. Auf einen Pritschenwagen gepackt, zwischen fünfzig jungen Leuten, meist Frauen, und einigen Kindern, sah sie ihren Vater das letzte Mal, als er dem Laster hinterherrannte, bis sie ihn aus den Augen verlor.

Dicht gedrängt mit Bündeln oder Körben in der Hand standen, saßen oder lagen die Menschen in Dnjepropetrowsk in einer stickigen Halle und warteten. Grimmige Soldaten mit Gewehren im Anschlag bewachten die Eingänge. Ab und zu fielen Schüsse. Flüchtende wurden erschossen. Am Abend schafften die Deutschen große Kannen mit Malzkaffee herein. Panik kam auf. Geschrei. Wieder krachten Schüsse. Vom Gebälk an der Decke prasselten Holzfasern herunter. Die Leute drückten und schoben, Kaffeekannen stürzten um. Die braune Brühe verteilte sich am Boden. Durstige sammelten Reste mit der hohlen Hand auf oder schlürften den Kaffee von den Brettern. Andere hatten Kleider und Nahrung mitnehmen dürfen, die sie großzügig mit denen teilten, die nichts mehr besaßen. Nun trugen Soldaten Wannen ins Gebäude und füllten sie mit Wasser.

Ein Stück Brot und eine Kartoffel erhielten die Menschen erst am Morgen, bevor die Soldaten sie sortierten wie Vieh, sie auf Laster luden und zum Bahnhof karrten. Dort wartete bereits ein Güterzug. Aufgeregte Soldaten sicherten die Transportwege und trieben die Menschen in die Waggons. Zusammengepfercht wie Rinder, fortgerissen von den Familien, waren alle im Ungewissen darüber, was mit ihnen geschah. Auch dann noch, als die Lok schwarze Wolken durch den Schlot presste und der Zug sich nach Westen in Bewegung setzte.

Valentina kannte nur eine Nachbarin und zwei junge Frauen, die mit ihr in die Schule gingen. Es war schwierig, zu ihnen zu gelangen. Die Menschen standen so dicht zusammen, dass sie kaum umfallen konnten. Ihre Notdurft mussten sie an Ort und Stelle verrichten. Der Gestank nahm zu. Die zwei Meter hohen Seitenwände waren nach oben offen. Ein auf der Bordwand sitzender Soldat bewachte den Waggon mit einem Gewehr in der Hand.

Der Durst wurde immer schlimmer. An den wenigen Bahnhöfen spritzten Männer mit Schläuchen über die Wände. Verzweifelt lechzten die Menschen nach Wasser. Valentina dachte an den Winter, an Frost und Kälte, an die offenen Wagen.

Ein Mädchen mit langen schwarzen Zöpfen weinte, ständig rieb es sich die Lider. Valentina arbeitete sich in seine Nähe vor, legte den Arm um die schmalen Schultern und zog das Kind an ihren Körper. „Wo ist deine Mama?“

Die Kleine sah Valentina verstört an. Die braunen Augen waren rot unterlaufen, immer wieder fing sie an zu schluchzen.

„Wie heißt du denn?“

„Sonja."

„Deine Mama finden wir ganz bestimmt. Und so lange bleibst du bei mir." Sonja beruhigte sich nach und nach, sie wich nicht mehr von Valentinas Seite.

Unaufhaltsam rollte der Zug durch Wälder und Täler, durch weite Landschaften, Städte und Dörfer. An saftigen Wiesen, grasenden Kühen vorbei ratterten die Waggons über die Gleise, während Bauern auf den Feldern arbeiteten und Kühe voll beladene Heuwagen über holprige Wege zogen. Truppen, Panzer, Laster mit Soldaten auf der Ladefläche, Kübelwagen, Kradfahrer kreuzten den Weg der Eisenbahn, aber die Menschen in den Waggons sahen nur den Himmel, die Sterne in der Nacht und die grauen Bretter, die sie einhüllten wie Schafe im Pferch.

Drei Tage waren sie unterwegs, als der Zug in einem kleinen Bahnhof stoppte.

„Neumarkt/Oberpfalz", schrie ein Bahnhofswärter durch das Megafon. Die Wand über der Tür zur Empfangshalle war mit großen fremdartigen Buchstaben bemalt. Neben der Tür hing eine rote Fahne mit einem schwarzen Hakenkreuz auf einem weißen runden Kreis. Sie waren in Deutschland.

Posten trieben die Menschen aus den Waggons und ließen sie antreten. Stundenlang wurde abgezählt und notiert. Schließlich setzte sich der lange Zug in Bewegung, durch das Städtchen an Fachwerkhäusern vorbei erreichten sie nach einer Dreiviertelstunde ein eingezäuntes Lager. Zwischen den Baumkronen waren Wachtürme zu erkennen.

Posten mit Hunden kontrollierten den Haupteingang. Die Leute mussten ihre Personalien angeben und bekamen eine Nummer. Später schleusten Aufseher die Menschen in geflieste Räume, um sie zu desinfizieren und zu entlausen. Nackt, nach Männern und Frauen getrennt, warteten sie dort auf ihre Kleider und wurden schließlich auf verschiedene Baracken verteilt.

Mit Gewalt zogen Posten das Kind von Valentina weg, das sich verzweifelt an ihren Arm krallte und nach Leibeskräften schrie. Schnell schafften sie Sonja in einen Nebenraum. Valentina sah das Mädchen nie wieder.

Schon nach kurzer Zeit gab es Verwendung für die Leute. Valentina schickten sie nach Nürnberg und boten sie am Arbeitsamt feil wie eine Sklavin.

Ein kräftiger, untersetzter Mann in Straßenkleidung stand am Schalter des Nürnberger Arbeitsamtes. Er diskutierte mit der Sekretärin. Seine riesigen Hände wanderten unruhig in den Hosentaschen umher, die sie nur kurz verließen, um den breiten Hut zu richten und ein Dokument zu unterschreiben. Ständig waren sie in Bewegung, ebenso die kleinen rundlichen Augen, die unauffällig die Frauen auf der Holzbank musterten, bevor sie an Valentina hängen blieben.

Die Frau wusste, sie konnte sich nicht wehren.

Der Mann kam langsam auf sie zu. Der breite Mund mit den fleischigen Lippen versuchte zu lächeln. Die Hände verschwanden wieder in den Hosentaschen. Seine Stimme klang warm, er redete langsam und deutlich. „Grüß Gott, kannst mit mir mitkommen." Valentina verstand nicht. Träge schlenderte er zum Ausgang, drehte sich wieder um und winkte ihr zu. Ergeben stand Valentina auf und ging ihm hinterher, folgsam wie ein Hündchen.

Alles war fremd. Die Stadt, die gepflasterte Straße, die wenigen Autos, die über das Kopfsteinpflaster rollten. Die Menschen, die hektisch ihre alltäglichen Pflichten verrichteten. Die hohen Sandsteinhäuser mit den unzähligen Sprossenfenstern, die wie Monumente in die Höhe ragten. Die roten, spitzen Dächer und die markanten Erker, die aus der Dachhaut ragten wie Nasen. Nur die Fahnen erkannte sie wieder. Die Fahnen mit den Hakenkreuzen, die überall aus den Fenstern hingen und sich nach dem Wind richteten.

Valentina zitterte vor Angst, als sie dem Mann in einen von hohen Mauern umgebenen Hinterhof folgte und er sie durch eine quietschende Tür in einen spärlich beleuchteten Raum mit winzigen Sprossenfenstern führte. Eine Werkstatt.

An der Wand hingen fein sortiert verschiedene Hämmer und Zangen. Ein großer Amboss stand in der Mitte, daneben zwei kleine Ambosse mit aufgesetzten Dreifüßen, die Hirschgeweihen ähnelten. Ein großes Regal an der Fensterseite war voll geschichtet mit Schuhen.

Noch nie hatte Valentina so viele Schuhe gesehen. Große und kleine, Kinderschuhe, Arbeitsschuhe, Soldatenstiefel, elegante Pumps, Straßenschuhe in allen Variationen. Neben dem Kanonenofen, dessen Rohr durch die Backsteinwand in den Hof ragte, stand ein bequemer Stuhl mit einer gepolsterten Lehne und einem kleinen Kissen auf der Sitzfläche.

Der Mann deutete auf das Regal: „Ist meine Werkstatt." Valentina nickte höflich. Die Angst schwand. Sie folgte ihm weiter durch den Nebeneingang eine steile Treppe hoch, die in einen schmalen dunklen Flur mündete.

Der Mann nahm die Hand aus der Hosentasche, leise klopfte er an die Tür. „Marga, sind da."

Eine zierliche Frau mit hochgesteckten, weißen Haaren lag auf dem Sofa. Ein Krückstock lehnte an einem kleinen runden Tisch, der nah ans Sofa geschoben war. Die Frau richtete sich auf und musterte Valentina eine Weile. „Ich denk, die passt, Hans", meinte sie schließlich. „Kanns auch ein wenig Deutsch?"

Er schüttelte den Kopf.

Enttäuscht blickte sie auf ihren Fuß. „Weißt", sprach sie zu

Valentina. „Der ist gebrochen. Die Treppe bin ich runtergesegelt“, meinte sie. „Weißt, hab nicht aufgepasst und dann wars geschehn. Halbes Jahr, meint der Doktor. Ganzes halbes Jahr und jetzt stehn wir da.“

„Ach ja“, seufzte ihr Mann und zog ein rundes Stoffstück aus der Tasche. „Den Fetzen hat mir die Frau vom Arbeitsamt mitgegeben.“

Marga fiel ihm ins Wort. „Hab ich schon gehört. Muss aufs Kleid. Ist Pflicht. Ist ein Ostarbeiterzeichen, das tragen alle von dort.“

Mühsam stützte sich die Frau auf ihren Stock, dann zeigte sie Valentina die Küche und einen kleinen fensterlosen Raum mit einem schlichten Bett, mit Schrank und Stuhl. Auf dem Schrank stand eine grün-rote Eisenbahn mit einem mächtigen Schlot und einem Kessel.

„Hier kannst schlafen. Haben nicht mehr Platz“, stöhnte die Frau. „Ist schon schlimm genug, der Krieg, und jetzt auch noch das.“

Zurück in der Stube, kramte sie Papier aus der Kommode und begann zu malen, dazu erklärte sie langsam und deutlich jede Handlung, jeden Arbeitsgang. Sie malte den Küchenschrank auf das Papier und das zugehörige Geschirr. Sie malte, wann es Zeit war zu kochen, zu putzen, zu waschen. Jedes Gerät zeichnete sie, jede Bürste, jeden Eimer, jede Kanne, jeden Faden, jede Nadel, jeden Gebrauchsgegenstand in der Küche. Im Schlafzimmer die Bettdecke, den Nachttopf, die wenigen Vorräte in der Speisekammer, Kartoffeln, ein wenig Mehl, einen halben Laib Brot, ein paar Eier. Bald fand sich alles auf losen Blättern, mit Bleistift gezeichnet, sorgsam aneinandergereiht und abgeheftet in einem grauen Ringbuch.

Im Lauf der Zeit wurden die Zettel durch Worte ersetzt. Marga erklärte der jungen Zwangsarbeiterin einzelne Wörter und schließlich zusammenhängende Sätze. Valentina lernte schnell, ihr Sprachschatz wurde üppiger, die Zeichnungen weniger, bis sie endlich im Schrank verschwanden.

Margas Bein heilte. Sobald sie halbwegs laufen konnte, ging sie zweimal die Woche mit einem geflochtenen Weidenkorb früh aus dem Haus und kehrte spätabends zurück. An den anderen Tagen erledigte sie ihren Haushalt selbst. Valentina schickte sie in die Werkstatt. Eigentlich hätten sie die Arbeitskraft nur für wenige Monate gebraucht, doch Valentina war den beiden ans Herz gewachsen, sie behandelten sie wie eine Tochter. Der Mann zeigte ihr, wie man Schuhe reparierte, der Frau war sie ein willkommener Gesprächspartner. Denn so wenig er sich mit seinen Schuhen unterhielt, so wenig redete Hans mit seiner Frau. Und wenn sie sich etwas zu sagen hatten, dann redete nur sie.

Manchmal brachten Leute ihre Schuhe und holten sie wieder ab. Valentina fiel auf, dass zunehmend Parteimitglieder in der Werkstatt verkehrten, normale Menschen kamen immer seltener, und wenn, dann bezahlten sie ihre Reparatur in Naturalien, mit Schmuck oder mit Kohlen und Holz. Und sie bemerkte, dass die Mahlzeiten, wenn Marga erst abends zurückkehrte, üppiger ausfielen. Dann gab es Eier, ab und zu Milch, gelegentlich sogar frisches Brot. Im Herbst lagen öfter Äpfel auf dem Tisch. Die anderen Tage glichen einander. Kartoffeln, hartes Brot, Suppe und wenig Fleisch.

Marga achtete auf gerechte Portionen. Jeder Schöpflöffel war gleich voll, jede Kartoffel in etwa gleich groß, sogar das Brot teilte sie akkurat auf.

Valentina beklagte sich nicht, sie wurde satt. Trotzdem hätte sie schon etwas mehr vertragen.

Die Fliegerangriffe wurden häufiger und intensiver. Halbe Nächte verbrachte das Ehepaar im Luftschutzkeller. Valentina ließen sie zurück in der Werkstatt. Zwangsarbeiter hatten keinen Zutritt zu den Schutzräumen. Die Einschläge rückten näher, das Elend wurde mit jedem Alarm größer.

Mehrmals täglich kontrollierte der Schuhmacher den Briefkasten am Gehsteig. Bei jedem Wetter, egal ob sich die Schuhe stapelten oder Kunden warteten. Eine innere Uhr trieb ihn den schmalen Weg vor zur Straße. Wenn er von der blechernen Röhre zurückkam, dauerte es eine Weile, bis seine Blicke wieder unbefangen in der Werkstatt umherwanderten, hin zu Valentina, um sie bei der Arbeit zu beobachten.

Bemerkte er einen falschen Stich, eine Sohle, die zu weit nach vorn stand, die unsauber abgeschliffen war, dann wies er sie zurecht, aber er schimpfte nicht. Vielmehr zeigte er Valentina Kniffe und Tricks, denn Schuhe reparieren war seine Passion, und es hatte den Anschein, als gäbe es für ihn nur Schuhe und Stille.

Der Herbst im Jahr 1943 ging vorüber. Es folgten Kälte, rationierte Kohlen und spärliche Lebensmittelzuteilungen. Der Propagandanachrichten überdrüssig geworden, begannen die Leute zu murren. Wohl wagte keiner, den Parolen der Oberen zu widersprechen, aber so manche Fahne an den Hausfassaden verschwand und man hörte hier und da wieder ein „Grüß Gott".

Valentina hatte Heimweh. Sie vermisste ihre Eltern, ihre Geschwister. Sie vermisste ihre Heimat, das Grün hinter den Gärten und sie vermisste die von Hühnern, Gänsen und Enten gescharrten Löcher auf der Straße. Ihre Zeit verbrachte sie in einer dunklen, kühlen Werkstatt, in einem dunklen Hinterhof, eingerahmt von dunklen hohen Hauswänden. Der Ort, an dem sie sich befand, war so dunkel wie die Zeit, in der sie lebte.

Abends, wenn sie nach dem Essen zusammen mit Marga

strickte oder kaputte Strümpfe stopfte, musste Valentina oft von ihrer Heimat erzählen, von diesem unbekannten Land im Osten, von wo im Winter der nadelspitze, bitterkalte Wind kam, der im Sommer jede Regenwolke vertrieb.

Marga wollte so vieles erfahren und Valentina wunderte sich darüber. Bis sie sich traute nachzuhaken: „Warum du immer fragen nach meinem Land?"

Marga lächelte zuerst, dann presste sie ihre schmalen Lippen zusammen und kämpfte mit den Tränen. „Weißt, Valentina, unser Rudolf ist dort drüben schon zwei Jahr. Bei Stalingrad. Ist das weit weg von dir?"

Valentina zuckte mit den Schultern. „Ich denke, ist weit weg. Ganz weit weg. Weißt, Russland großes Land."

„Ein dreiviertel Jahr hat er nicht mehr gschriebn. Und mit jedem Tag, wo wir nichts hörn von ihm, wird mein Mann stiller und trauriger. Und der Hans hat doch früher so gern gredet ..." Für einen Moment glänzten Margas Augen, bis sie zu schluchzen begann. „Jeden Tag schaut er in den Briefkasten, nie ist was drin vom Rudolf. Und von Stalingrad hört man auch nichts Gscheits, oder?"

Ratlos blickte Valentina auf ihr Strickzeug und nahm den Faden wieder auf. Marga strickte ebenso. Eine Weile machten die Nadeln, die sich klimpernd durch die Maschen bohrten, das einzige Geräusch im Raum.

An einem der nächsten Abende fragte Valentina nach der grün-roten Eisenbahn: „Lokomotiv – Rudolf gehören?"

Marga nickte: „Die Lok war sein Lieblingsspielzeug. Einmal im Jahr, am Heiligen Abend, haben wir den Kessel mit Spiritus aufgefüllt und ihn dann angezündet. Was glaubst", Margas Gesicht begann zu strahlen, „wie sich unser Rudolf gefreut hat, wenn der Dampf in kleinen Wölkchen aus dem Schlot kam. Und der Hans erst! Den ganzen Abend haben sie an ihr gebastelt, gedreht und probiert. Ach ja“, seufzte die weißhaarige Frau. „Das warn halt noch Zeiten. Weißt“, jetzt flüsterte sie fast, „die hat mein Hans ganz billig gekauft, als sie dem Jud im Spielzeugladen ein paar Straßen weiter kurz vor dem Krieg die Scheiben eingeschlagen haben. Für ein paar Pfennig habens damals dem sein Zeug verscherbelt und dann hast ihn und seine Familie nie mehr gesehen. Und jetzt steht die Lok auf dem Schrank und verstaubt.“

Alle vier Wochen musste sich Valentina im Arbeitsamt melden. Bisher hatte sie der Schuhmacher begleitet, im Dezember ging sie zum ersten Mal allein. In der Schlange vor dem Schalter sprach sie ein groß gewachsener, gut aussehender Landsmann mit dunklen Haaren, einem auffälligen Leberfleck auf der Wange und einer verbogenen Nickelbrille mit kleinen runden Gläsern an. „Kommst aus der Ukraine?“

„Woher weißt?“, Valentina starrte ihn erstaunt an.

„Dein Dokument.“ Der Mann deutete auf ihr Papier. „Ich heiß Julian, Julian Siwko aus Simferopol.“

Valentina zuckte mit der Schulter. Der junge Mann lächelte. Nur die obere Zahnreihe kam zum Vorschein, die untere verdeckten seine Lippen. Oben fehlte ein Schneidezahn, einige Zähne waren schwarz. „Kennst nicht? Krim kennst, oder?“

Valentina nickte. „Kommst vom Meer?“

„Nicht ganz“, meinte er, „aber war schon mal dort. Mit dem Fahrrad.“

Eine schrille Stimme ermahnte die beiden: „Nicht schlafen, weitergehen!“

Valentina bekam ihren Stempel. Dann verloren sie einander im Gewühl.

Marga blieb nun drei Tage in der Woche weg. Abends richteten sie die Kleidung und Marga zählte und ordnete mehrmals die Lebensmittelkarten, ohne dass es mehr wurden. Dabei redeten sie nur das Notwendigste. Immer seltener kamen Kunden, oft saß der Schuhmacher auf seinem Stuhl, eingewickelt in eine dicke Decke, und starrte durch das trübe Fensterchen, dabei faltete er die Hände, legte sie auf den Bauch und drehte stundenlang die Daumen im Kreis, bis er wieder aufstand, um den Briefkasten zu kontrollieren. Er bemerkte kaum die Sonne an diesen Vorweihnachtstagen 1943. Die hohen Hauswände ringsum ließen wenig Licht in seine kalte Werkstatt und ihn verlangte auch nicht danach.

Am Heiligen Abend nachts um halb drei heulten die Sirenen. Bis zum frühen Morgen saßen die beiden Alten wieder im Luftschutzkeller. Marga ging nicht mehr zurück in die Wohnung. Sie zog ihren dicken Wintermantel über. Mit einem alten Lederkoffer unterm Arm hastete sie die Straße entlang und verschwand rasch hinter den Häuserblöcken.

Stunden vorher, als im Hinterhof längst die Finsternis mit der Düsternis getauscht hatte, war Marga in die Werkstatt gestürmt. „Ihr dürft erst rauf, wenn ich euch ruf.“ Schon verschwand sie im Treppenhaus. Unter ihrem Mantel versteckte sie einen sperrigen Gegenstand. Geschickt entging sie den neugierigen Blicken Valentinas und des Schuhmachermeisters.

Die Glocken der Dreieinigkeitskirche läuteten zum achten Mal, da erschien Marga strahlend an der Tür. Ihre weißen Haare leuchteten im fahlen Licht der Glühbirne, die an einem losen Kabel an der Decke baumelte. Von der braunen Strickweste war nur der unterste Knopf zugeknöpft. Die weiße Bluse mit den feinen Spitzen an der Halskrause hatte Valentina noch nie an ihr gesehen. Mit weit geöffneten Augen stand die Frau des Schuhmachers auf der vorletzten Stufe. Valentina und ihr Mann waren gut beraten, ihr sofort zu folgen, denn die Erwartung und die Freude, die sie ausstrahlte, waren so zerbrechlich wie Glas.

Heimeliges Licht erhellte die Stube, als Marga die beiden in den Raum geleitete. Ein Fichtenbäumchen steckte in einem klobigen gusseisernen Ständer. Die mit Wäscheklammern an buschigen Zweigen befestigten Kerzen dufteten nach Wachs. Silbernes Lametta, sparsam auf die Äste verteilt, glänzte im zarten Schein. Drei Kugeln mit Schafen, Esel, Josef, Maria und dem Jesuskind in der Krippe bemalt, drehten sich langsam um die eigene Achse.

Marga begann zu singen, hoch, viel zu hoch: „Stille Nacht …“ Ihr Mann setzte langsam ein. Erst bewegte er nur die Lippen, dann brummte er mit krächzender Stimme wie der Sprecher aus dem Volksempfänger.

Valentina kannte die Melodie. Sie summte den Text in ihrer Sprache. Marga war ergriffen von dem Lied, und mochte ihr Mann auch den richtigen Ton verfehlen, es kam ihr vor wie Engelsgesang. Marga geleitete die beiden auf ihre Plätze, holte ein Tablett aus der Küche und deckte den Tisch. Valentina, die ihr helfen wollte, drückte sie sanft zurück auf den Stuhl. Marga strahlte, als sie den roten Presssack in dünne Scheiben schnitt und einen Kübel mit dampfendem Sauerkraut danebenstellte. Pfefferminztee aus einem verzierten Porzellankrug schenkte sie in gleichfarbige Tassen. Ihrem Mann reichte sie das Brot und ein langes Küchenmesser: „Da, Hans, das kannst besser als ich.“ Der Schuhmacher drückte den Laib auf den Bauch und hobelte einige Scheiben ab. Den letzten Rest, das Gnötzla, legte er auf seinen Teller. Schließlich vergaßen sie ihre Sorgen, sie redeten, sie freuten sich und aßen mehr, als sie vertrugen. Übrig blieben nur Schwarten.

Kurz nachdem der Schuhmacher ins Bett gegangen war, zog Marga ein kleines Päckchen aus der Tasche und streckte es

Valentina entgegen: „Da, weil du so ein anständiges Mädel bist und weil ich dich so gern hab.“ Als sie das Zeitungspapier löste, hielt Valentina eine kleine Figur in der Hand. Ein Männchen, aus gedörrten Zwetschgen zusammengesetzt, mit Augen aus Streichholzspitzen und einer Haselnussnase steckte in einer aufgeplusterten Bundhose und einer wunderschönen Trachtenjacke.

„So einen lustigen Burschen wünsch ich dir“, meinte Marga. „Ist ein Zwetschgenmännla, was ganz Besonderes.“

Valentina war verblüfft. Damit hatte sie nicht gerechnet. „Hast selbst gemacht?“

Marga nickte. Ihre Bescheidenheit verbot ihr zu lächeln. „Hab ich doch gern gmacht, Valentina.“

Marga löschte fast alle Lichter, dann ging Valentina in ihre Kammer. Im Kerzenschein saß sie auf dem Stuhl und betrachtete die Figur. Der junge Mann vom Arbeitsamt kam ihr in den Sinn. Eine Nickelbrille würde dem Zwetschgenmännla gut stehen, dachte sie sich. Sie wollte es neben die Lokomotive stellen. Valentina erschrak. Der Platz war leer. Sie suchte im Schrank, unter dem Bett. Nichts. Valentinas Herz schlug bis zum Hals. Aufgeregt lief sie in die Küche.

Marga saß im Halbdunkel und grübelte. „Hab mir schon gedacht, dassd noch mal kommst. Findest die Eisenbahn nicht, gell?“

Valentina nickte.

„Setz dich“, meinte die Frau. „Weißt, es ist vielleicht gscheiter, wenns nicht mehr da ist. Ach, Valentina“, meinte sie voll Trauer. „Ich mag nicht mehr beten. Ich denk, der Herrgott will, dass unser Rudolf nicht mehr zurückkommt. Und dann denk ich mir ... vielleicht kommt er nicht zurück, weil ich nimmer beten mag.“

Valentina wusste nichts darauf zu sagen.

Marga starrte vor sich hin. Schließlich legte sie ihre Hand auf Valentinas Arm. Die junge Frau zuckte. Margas Hand war kalt. Auch im Raum war es kalt, aber es war eine andere Kälte, eine strengere, die ihr entgegenströmte. Valentina zog ihren Arm zurück und rieb sich die Augen.

„Lokomotiv aber nicht kaputt?"

Die Schuhmacherin lächelte gequält. „Eigentlich schon. Wir haben sie vorhin aufgegessen."

Valentina begriff nicht.

„Weißt, ich hab heut den ganzen Tag suchen müssen, bis ein Bauer sie brauchen konnt. Bei einigen probier ichs gar nimmer. Die geben nur was her, wenn du ihnen Schmuck oder so was gibst. Aber wer hat heut noch Schmuck? Unsere Kunden haben doch alle selber nichts mehr, und die paar Parteibonzen zahlen eh nichts. Da müssen wir froh sein, dass sie dich bei uns lassen. Ach, der verdammte Krieg. Morgen steh ich bestimmt wieder den halben Tag beim Metzger für ein paar dünne Scheiben Fleisch." Missmutig kramte sie einige Lebensmittelkarten aus der Schublade und versuchte, sie zu entziffern: „Zweihundert Gramm Fett pro Woche ... Was willst mit zweihundert Gramm Fett. Das kannst dir an den Hintern schmieren. Wegen zweihundert Gramm Fett stehst den halben Tag in der Schlange und darfst dich noch dumm anreden lassen. Der vermaledeite Krieg."

Valentina stand auf und ging an die Tür. Leise sprach sie, ihre Stimme versagte fast: „Danke euch, danke für alles." Dann ging sie schlafen.

Im Februar bäumte sich der Winter noch einmal auf. Die Kälte setzte den Menschen zu. Heizmaterial war nun kaum noch zu bekommen. Nur wenige hatten Gelegenheit, in den umliegenden Kiefernwäldern Reisig und dürre Äste aufzulesen für eine kurze, schnelle Wärme. Wie leer gefegt waren die kargen Böden im Reichswald. Die meisten froren in ihren Wohnungen, Kranke und Schwache erlagen dem Frost. Die Ausgebombten, die nirgends anders unterkamen, hausten in Ruinen und fast täglich kamen neue hinzu. Die Fliegerangriffe wurden stärker. Sogar bei Tageslicht heulten die Sirenen. Die Front bröckelte.

Der Plan

Die Sonne war noch nicht aufgegangen, als Großmutter in aller Herrgottsfrüh die Türen öffnete, um die Magd und die Kinder zu wecken. Dann klopfte sie bei den Eheleuten an. „Aufstehn, ist schon spät." In ihren ausgetretenen Filzschlappen tappte sie hinüber in den Kuhstall und säuberte den verschmutzten Barren.

Noch bevor die Magd laut gähnend die Treppe herunterstolperte, huschte Marie mit einer Kerze in der Hand aus der Küche.

Sie hatte der Fremden ein großes Butterbrot geschmiert und eilte nun die Treppe hoch zum Dachboden. Aus einer hölzernen Truhe kramte sie einen verstaubten Lederkoffer. Als sie ihn öffnete, fand sie Adams alte Feuerwehruniform, in einer kleinen Seitentasche steckte das NSDAP-Parteibuch.

An den Streit mit ihrem Mann konnte sie sich noch gut erinnern, als er sich im Wirtshaus vom Bürgermeister die Parteimitgliedschaft andrehen ließ, ohne sie zu fragen. Den Posten des Blockwartes wollten sie ihm damals geben. „Und der alte Depp hat einfach Ja gesagt", murmelte sie vor sich hin. Drei Tage hatten sie sich gestritten, bis er reumütig nachgab und ein anderer im Dorf für diesen Posten gefunden wurde. Adam begründete die Ablehnung mit der vielen Arbeit am Hof und seiner Funktion als Maschinist bei der Feuerwehr. Da Adam den Bürgermeister gut kannte, machte der Mann keinen Wirbel um die Sache. Stillschweigend ließ er es dabei bewenden.

Marie überlegte. Es war noch vor dem Krieg, als sie das Büchlein in die Hand bekam und hier versteckte. Nie wieder redete das Ehepaar darüber. Sie legte ein altes Kleid und zwei

Paar kaputte Schuhe in den Koffer und ging leise die Treppe hinunter.

Der Bauer lag noch immer im Bett, als Marie durch die Schlafzimmertür spitzte. „Euer Vesper hab ich schon hergerichtet, Adam. Martin füttert noch schnell seine Ochsen, dann könnt ihr los."

Adam raffte sich auf. Gähnend schlüpfte er in seine schwarze Manchesterhose, zog das Baumwollhemd über, stopfte den knielangen Stoff in die Hose und trottete in die Küche.

Während er seine Milchsuppe löffelte, huschte Marie mit dem Koffer in der Hand über den Hof und verstaute ihn auf dem Wagen zwischen den Kartoffelsäcken. Aufgeregt schlich sie die Stiege hoch in den Heuboden und wühlte sich durch das Heu zu Valentinas Versteck.

Müde tappte der Bauer hinüber in den Stall, griff nach der Mistgabel und stützte sich auf den Stiel. Eine Weile beobachtete er die Magd beim Melken, dann half er Hans und Kaspar beim Misten. Außen im Hof hörte er die Stimme des Landsturmpostens, der Franz vom Lager zur Arbeit brachte. Als Franz an der Stalltür erschien, drückte ihm Adam die Mistgabel in die Hand: „Morgen, Franz. Kannst gleich weitermachen, hab keine Zeit heut. Muss in die Stadt, Diesel holn."

Der Zwangsarbeiter ließ sich nicht bitten. Im Nu hatte er den Schubkarren beladen und auf dem Misthaufen ausgeleert, während Adam in der Scheune den Lötkolben anwärmte und an den Glühkopf hielt. Dann nahm er das Lenkrad aus der Verankerung und steckte es durch das Vierkantrohr auf die Schwungscheibe.

Mit einem kräftigen Ruck drehte der Bauer am Lenkrad, drei, vier Umdrehungen. Schwerfällig bewegten sich die Kolben. „Donnerwetter, Donnerwetter", fluchte er. Als der Motor auch beim zweiten Versuch nicht ansprang, warf er das

Instrument gegen die Wand und schlug mit dem Fuß gegen das Vorderrad. Wutentbrannt machte Adam einen dritten Versuch, diesmal drehte er so lange, bis der Motor schwerfällig zu tuckern begann und schwarze Rauchringe aus dem Auspuffrohr presste. Schweißperlen standen auf seiner Stirn.

Martin kam mit einem Kanister aus der Werkstatt und füllte den Tank auf. „Wann wird gfahrn, Vater?"

„Wenn die andere fertig ist." Unauffällig deutete er hinauf zum Heuboden.

Aufgeregt kam die Bäuerin ein paar Stufen die Treppe herunter. „Also, bist so weit?"

Der Bauer zuckte mit der Schulter. „Meinst wirklich, dein Plan funktioniert?"

Zornesröte stieg ihr ins Gesicht: „Eine halbe Nacht habn wir drüber plaudert und jetzt fängst schon wieder an mit deiner Schwarzseherei."

„Hab ja bloß gmeint", beruhigte er seine Frau, die nun aufgeregt nach dem Sohn rief. „Martin, schau mal in den Hof, dass keiner kommt, und schau gleich auf die Straße, ob die Leut schon am Milchhaus sind." Ohne sein Kommando abzuwarten, polterte sie die Stufen herab, gefolgt von Valentina. Adam erkannte sie kaum in ihrem roten, viel zu weiten Blümchenkleid sowie dem blauweiß gepunkteten Kopftuch, das ihre Stirn bis zu den Augen verhüllte.

Adam sprang auf den Wagen und hievte einige Säcke neben die beiden Dieselfässer an der vorderen Bordwand. Eilig zog er die Fremde auf den Hänger, schob sie zwischen die Säcke und breitete eine alte Pferdedecke über den Schlitz. Dann manövrierte er das Gespann aus dem Stadel, langsam tuckerte er den Hof hinab.

Die Bäuerin reichte dem Buben den Brotzeitkorb auf den Beifahrersitz. „Gebt der Frau auch was ab, gell." Während sich das halbe Dorf mit blechernen Kannen am Milchhaus versammelt hatte, bog Adam auf die Straße.

„Die kriegen gar nicht genug“, zischte Denzler, als er den Wagen erblickte.

„Wenn man die erwischt mit ihren Schwarzmarkt-Kartoffeln, sinds aber dran“, bestärkte ihn die alte Müllerin. „Auch wenn sies noch so gut zudeckn.“

„Die erwischns nicht“, meinte Denzler. „Das sind Große, Großbauern, die kommen doch überall durch. Und mit dem Bulldog allemal“, fügte er hinzu. „Mir habns meine Gäul gstohln fürs Militär und jetzt darf ich mit den Ochsen ackern.“

Die junge Froschauerin mischte sich ins Gespräch und ermahnte die Müllerin: „Das stimmt nicht, wasd sagst. Die dürfns gegen Bezugsscheine nach Fürth zu die Leut fahrn“, sagte sie. „Das weiß ich von der Marie.“

„So, so.“ Denzler grinste hämisch, dann verzog er das Gesicht. „Aber nur weils Große sind ...“

Trotz angenehmer Temperatur fröstelte Martin in seiner kurzen Hose und dem dünnen Hemd auf dem Beifahrersitz. Adam schüttelte den Kopf, als er den zitternden Buben beobachtete: „Wer friert, ist entweder arm oder dumm“, belehrte er ihn. „Aber bald wirds dir schon warm, wenn wir die Kartoffeln in die Keller tragn.“

Martin betrachtete die bestellten Äcker, an denen sie vorbeituckerten, er genoss den schönen Ausblick zur Cadolzburg, deren riesiges Ziegeldach in der Sonne glänzte, als wohnten darunter noch immer Edelleute und Fürsten.

Kurz vor dem mächtigen Strohstoß an der Einfahrt nach Greimersdorf bremste der Bauer und fuhr im Schritttempo weiter. „Kieseldonnerwetter“, begann er zu fluchen. „Herrschaftszeiten, was mach ich jetzt?“ Er erkannte den Rossendorfer Ortsbauernführer, der mit einigen Kindern, Mägden und alten Leuten am Feld Kartoffeln einsammelte. „In dem Stoß kann ich sie nicht versteckn."

Adam hob die Hand, der Mann am Feld grüßte zurück, die anderen Leute kümmerten sich nicht um das Gespann. Mit hochrotem Kopf schimpfte er vor sich hin. Martin verstand ihn kaum, so aufgebracht und undeutlich gebärdete sich der Bauer.

„Was ist, Vater?"

„Was verstehst denn du?", polterte Adam los. „Die mit ihrer Schnapsidee. Das kann sich doch jeder Dummkopf denkn, dass bei dem schönen Wetter die Leut auf dem Acker sind, überhaupt wenn die Kinder Ernteferien habn."

Überall auf den Feldern regte sich Leben. Menschen mit Ochsengespannen beackerten die Stoppelfelder und richteten sie für die Aussaat her. Kartoffelfelder wurden gerodet, die Knollen in Säcke gefüllt und eingesammelt. Frauen mit bunten Kopftüchern, alte Männer mit blauen Schürzen, Zwangsarbeiter und viele Kinder wuselten auf den Äckern und brachten die Ernte ein. Hamsterer begegneten ihnen auf der Straße mit leeren Körben und Säcken über den Schultern, oft Frauen mit kleinen Kindern an den Händen.

Kurz vor Seukendorf überholten einige Laster mit Soldaten den Bulldog und immer wieder begegneten ihnen Leute mit Kühen und Ochsen auf dem Weg zu ihren Äckern. Adam ging vom Gas, als er am Feldrand den nächsten stattlichen Strohstoß erblickte. Doch als er am Feld wiederum Leute erkannte, startete er durch und fing erneut an zu fluchen. Hektisch hielt er Ausschau nach einer verlassenen Hütte, einer schwer einsehbaren Unterkunft, doch nichts Brauchbares war zu finden.

Die Aufregung trieb dem Bauern Schweißperlen auf die Stirn, außerdem lag ihm die Milchsuppe im Magen. Dieses

Gebräu mit den eingebrockten Brotresten, das Großmutter jeden Morgen kochte, das immer gleich schmeckte, gleich aussah und immer die gleiche ranzige Haut ansetzte.

So sehr er glaubte, seine Frau habe ihren Plan nur halb durchdacht, was zweifellos stimmte, so sehr wünschte er sich nun ihre Hilfe. Der Bauer war ratlos und zermarterte sich in seiner Ratlosigkeit das Hirn.

Der Burgfarrnbacher Kirchturm ragte über die Kronen einer Reihe Pappeln am Ortseingang hinaus. Das grobe Granitpflaster im Dorf schüttelte die beiden auf ihren Sitzen derartig durch, dass der Bauer kurz nach der Brücke über den Farrnbach anhielt und sich neben einer großen Eiche am Wiesengrund erleichterte.

„Frierts dich immer noch?“, fragte er, als er seinen Buben kurz anblickte, während er die Kupplung drückte und den ersten Gang einlegte.

„Passt schon.“ Martin schüttelte den Kopf. Lächelnd klopfte ihm Adam auf die Oberschenkel. „Wir sind ja gleich in der Stadt, das hältst schon noch aus.“

Martin dachte an die fremde Frau hinten auf dem Anhänger. Mutter hatte ihn längst in ihren Plan eingeweiht. Was die Frau wohl angestellt hatte? War sie eine Diebin, gar eine Mörderin? So sah sie eigentlich gar nicht aus, beruhigte er sich selbst. Ihr Gesicht war hübsch anzusehen und sie konnte so schön lächeln. Mörderinnen waren bestimmt anders. Mutter meinte, dass sie sicher nichts dafür könne, und der Herrgott werde es ihnen lohnen, wenn sie ihr halfen. Aber warum gerade sie? Martin fand die Sache unglaublich spannend. Er würde niemandem etwas erzählen, auch seinen Brüdern nicht, das hatte er ihr versprochen.

Viele Leute in der Stadt blieben stehen, sie drehten sich nach ihnen um und schauten sehnsüchtig auf die prall gefüllten Säcke. Kartoffeln waren überlebenswichtig und nur mit Bezugsscheinen konnten die Leute hier längst nicht mehr ihren Bedarf decken.

Nach der Maxbrücke bogen sie auf die Schwabacher Straße ab. Das holprige Kopfsteinpflaster war anstrengend für den Rücken, immer wieder schlug die Federung des Blechsitzes auf dem harten Anschlag auf.

Eine innere Unruhe presste Adam den Magen zusammen, als sie die Gartenkolonie in der Herrnstraße erreichten. Wenige Fahrzeuge kamen ihnen entgegen, ein Pferdegespann, beladen mit alten Möbeln, verirrte sich in einer Seitengasse, zwei Radfahrer mühten sich über den Schotter. Einige alte Leute schlenderten die Straße entlang. Versteckt zwischen unzähligen von dichten Hecken umschlossenen Schrebergärten erkannte er ein umzäuntes, verwildertes Grundstück mit einer kleinen Hütte zwischen einigen Nussbäumen. Ein Teil des Blechdaches hing herab und versperrte halb die Tür. Die Beete vor der Hütte waren verkrautet, mannshohe Brennnesselstauden ragten durch das zerbrochene Fenster heraus.

Adam hielt an. Ein älterer Herr mit einem Stock kam hinkend am Wagen vorbei. Er grüßte und ging seines Weges.

Adam stieg ab. Martin kletterte an der Rückseite des Bulldogs hinunter. Geschwind stiegen beide auf den Hänger und schichteten die aufgetürmten Säcke zur Seite. Wiederholt wanderten ihre Blicke umher. Keine Menschenseele, nur der Mann mit dem Stock war noch schemenhaft zu erkennen.

Unbeholfen und steif wie ein Brett stand Valentina vor ihnen neben dem Wagen. Adam gestikulierte. „Schnell, schick dich, und wenn wir wieder zrückkommen, musst wartn, bis wir dir Zeichen gebn, gell."

Valentina nickte.

„Martin", rief Adam aufgeregt, „zeig ihr die Hütte."

„Vater", warnte Martin flüsternd, „dort hinten kommen Leut!"

Valentina und Martin duckten sich. Adam drehte sich möglichst unauffällig um.

Als er eine ältere Frau und eine jüngere mit einem Kinderwagen erblickte, schlich er sich auf die dem Weg zugewandte Seite des Hängers und drehte mit bloßen Händen an den Radmuttern.

„Na, haben wir einen Platten gfahrn?", meinte die Ältere.

„Noch nicht ganz", erwiderte Adam kurz angebunden.

„Na ja", sagte die Alte. „Bei dem Gewicht brauchst dich nicht wundern, Bauer."

Martin wartete noch eine Weile, dann schlüpfte er mit Valentina durch den kaputten Zaun und rannte zu der Baracke. Martin schob die Frau durch die angelehnte Tür. „Also bis heut Abend, gell." Hastig sprang er zurück und schwang sich auf den anfahrenden Bulldog.

Die Falten auf Adams Stirn glätteten sich mit jedem Meter, den sie vorankamen.

„Woher kennt Mutter den alten Garten, Vater?"

„Weißt Bub, die Mutter kennt bloß den Strohstoß nach Rossendorf. Die ist manchmal so gscheit, dass sie schon wieder dumm ist."

Auf dem Weg in die Ludwigstraße wurde Adam redseliger. „Der Garten hat einem alten Mann ghört. Drei Zentner Kartoffeln hab ich dem jedes Jahr gliefert, und weil er bei seiner Wohnung keinen Keller ghabt hat, hab ich sie in der Gartenlaube eingelagert. War nie zugsperrt, wenn ichs ihm bracht hab."

„Und woher weißt, dass er gstorbn ist?"

„Der Kloßbauer hats neulich erzählt."

„Der Kleine mit dem dicken Ranzen?"

„Genau der.“ Adam zuckte jedes Mal zusammen, wenn der Mann mit neuen Aufträgen an der Tür klopfte. Im Herbst organisierte der Rentner Kartoffellieferungen für die Städter. Er besorgte die Adressen, schrieb die Mengen zusammen, klärte die Leute auf wegen der Bezugsscheine und gab ihnen Bescheid, wann der Heubecksbauer lieferte.

„Warum heißt der eigentlich Kloßbauer?“

„Wegen der seidenen Klöß unserer Großmutter. Sieben Stück frisst der auf einmal“, seufzte Adam. „Da kannst gar nimmer hinschaun. Das schafft nur noch unsre Sau. Und dafür kümmert sich der Herr Bauer halt um alles.“

Manche warteten schon ungeduldig vor der Haustür, als der Traktor in die Straße einbog. Freudig begrüßten sie die beiden und erkundigten sich nach der Ernte: „Und hats große Kartoffeln gegeben?“ – „Hats genug geregnet?“ – „Wie gehts der Frau?“ – „Wie alt ist denn der Bub? Letztes Jahr waren die zwei andern Buben dabei.“

Adam beantwortete geduldig die Fragen, dann legte er dem Dreizehnjährigen einen Halbzentnersack über die Schulter und öffnete die Schnur. Schwer beladen folgte Martin einem alten, hageren Mann mit einem grauen Spitzbart die Stufen hinab in den Keller und leerte die Kartoffeln in eine Holzkiste. Trotz der Enge ging es ganz gut, nur der trockene Sand aus dem Sack rieselte ihm in den Nacken.

Adam war schlauer und legte sich ein Taschentuch um den Hals, bevor er eine Kundin nebenan bediente.

„Das hätt er mir schon sagn können“, schimpfte Martin leise.

Als der Alte Adam den Bezugsschein und das Geld gab, zwinkerte er mit den Augen und lächelte verschmitzt. „Wenn es eine gute Ernte gegeben hat, vielleicht sind ja etwas mehr Kartoffeln gewachsen?“

„Ganz zufällig“, meinte Adam, „hab ich noch einen Sack mehr dabei, weil du schon Jahre unser Kunde bist.“

Dem Alten fiel sichtlich ein Stein vom Herzen. Freudig steckte er Adam noch einen Geldschein in die Brusttasche, während der Bub die Bordwand verriegelte.

„Halt“, rief der Greis, „Bub, lass offen.“

Gerade ging der Bauer mit dem zusätzlichen Sack am Rücken die Treppe hinunter, da kam der alte Mann auf Martin zu und lobte ihn: „Du bist aber ein fleißiger Bursch.“

Verlegen antwortete Martin: „Na ja, man tut halt, was man kann.“

Der Alte kramte ein Fünfzig-Pfennig-Stück aus dem Geldbeutel und reichte es Martin. „Da, Großer, weil du so fleißig bist.“

Der Bub kratzte sich in den Haaren, das verlockende Geldstück ließ er nicht aus den Augen. „Aber das brauchts doch nicht“, meinte er bescheiden.

Längst hatte der Alte seine Hand wieder verschlossen, als der Bub danach greifen wollte. „Wenn du meinst, das brauchts nicht, dann nehm ichs halt wieder.“

Der Alte steckte es zurück in seinen Geldbeutel und klopfte dem Buben auf die Schulter. „Bist ein nobler Bursch, Bub. Respekt, Respekt.“

Mit großen Schritten stapfte er die Treppe hoch und verschwand im Haus, mit ihm all die Neugierigen aus der Nachbarschaft.

„Du Rindvieh“, grinste Adam. „So kommst nie zu was!“

Zwei Kunden hatten sie noch in der Simonstraße zu beliefern, zwei in der Sedanstraße, der letzte wartete in der Segitzstraße. „Bei dem kriegst schon was“, tröstete Adam den Buben. „Der hat noch nie nichts hergebn.“

An einer schmalen Einbuchtung unter einer großen Kastanie in der Ludwigstraße parkte der Bauer sein Gefährt. Es war bereits früher Nachmittag, längst knurrte der Magen. Entspannt setzten sich beide im Schatten auf die halb leere Wagenplattform.

Der Korb, den ihnen Marie mitgegeben hatte, war gefüllt mit Brot und einer dicken Scheibe Presssack, dem die Wärme zugesetzt hatte. Er war genauso fett wie die Sau, die sie vor zwei Wochen abgestochen hatten, so fett, dass er an den Zähnen klebte.

Plötzlich heulten die Sirenen. Erschrocken sprang Adam vom Wagen. „Donnerwetter, jetzt wirds arg."

In panischer Angst rannten Menschen über die Straße, Mütter riefen nach ihren Kindern, alte Leute drängelten sich am Eingang zum Luftschutzkeller. Ein älterer Mann mit einer braunen Uniform und einer Hakenkreuzbinde um den Arm rannte aufgeregt von der anderen Straßenseite herüber und ermahnte Adam, der noch immer ratlos vor seinem Fahrzeug stand: „Bauer, willst dich bombardieren lassen? Denkst, du bist der Herrgott?"

„Aber mein Bulldog ..."

Der Blockwart lachte hämisch. „Den stiehlt dir keiner. Diebe werden sofort erschossen, die Brüder. Ha. Unser Adolf ist nicht dumm, und jetzt schau dassd in Keller kommst, kannst zu uns mit rein." Er deutete auf den Wohnblock auf der anderen Straßenseite.

Widerwillig nahm Adam das Lenkrad aus der Halterung und versteckte es unter einem Bündel leerer Säcke, dann nahm er Martin an der Hand und zog ihn eilig hinter sich her.

Ausgetretene Treppenstufen führten in einen verwinkelten Keller mit einer mageren Betondecke, die von halb verrosteten Eisenträgern getragen wurde. Eine verstaubte Glühbirne baumelte an einem maroden Kabel und spendete spärliches Licht.

Der Raum war vollgestopft mit Menschen. Einige Mütter hatten ihren Säugling auf dem Arm. Ein Kind plärrte ununterbrochen, während die Mutter aufgeregt versuchte, es zu beruhigen, indem sie es hin und her wiegte. Kleine Kinder kauerten ängstlich in einem schlichten Bettgestell, während die älteren Leute auf schmalen Hockern saßen.

Adam und Martin standen schweigend neben der Tür. Neugierige Blicke streiften die beiden. Die Leute wussten Bescheid, der Hänger mit den prall gefüllten Säcken war keinem entgangen. Kartoffeln waren begehrt, ebenso die Bauern, die sie in die Stadt brachten. Nach einer Weile öffnete sich die Tür, der Blockwart trat ein. Sein Gesicht war von der Sonne gegerbt, der Helm auf seinem Schädel hatte einige Dellen, an der Seite klaffte ein kleines Loch.

„Kopfschuss", dachte sich Adam, der sich sofort abwandte, als ihn der Blockwart bemerkte.

„Ist was?", fragte der Mann mit knorriger Stimme.

Adam zuckte mit den Schultern. „Nichts ist."

Das Kind hatte sich beruhigt. Schmatzend saugte es an der Brust der Mutter, die leise immer die gleiche Melodie summte. Ein Greis auf seinem Hocker atmete schwer. Es waren die einzigen wahrnehmbaren Laute, ansonsten starrten die Menschen gebannt an die Wand, an die Decke, an die Tür. Sie starrten dorthin, wo sie einen Einschlag vermuteten, von wo dann die vielen Backsteine auf sie herabkrachen würden.

Einige Frauen hatten die Hände gefaltet. Die Lippen bewegten sich, sie beteten. Der schwer atmende Greis erhob sich und stellte für den Notfall eine halb abgebrannte Kerze auf den Betonboden, die er mit zittrigen Händen anzündete. Nun richteten sich die Blicke auf den flackernden Schein, nur die stillende Mutter war mit ihrem Kind beschäftigt. Der Blockwart setzte sich mit dem Rücken zur Tür auf den Boden.

Das Viertel war bisher von Bomben verschont geblieben, doch die immer häufigeren Fliegeralarme sprachen eine deutliche Sprache. Sorgenvoll blickte Adam zur Decke. Selbst der marode Rübenkeller bei ihm zu Hause war stabiler.

Unentwegt brummten die Bomberverbände über ihnen. Dann folgten weit weg die ersten Einschläge. Wie der Donnergroll eines fernen Gewitters hallten die Explosionen durch das winzige Kellerfenster. Bei jeder Detonation presste der Greis die Hände zusammen und hielt den Atem an.

Eine jüngere Frau in einem Sommerkleid durchbrach schluchzend die Stille: „Aufhörn, hört doch endlich auf …“ Immer wieder fing sie an, bis dem Blockwart der Kragen platzte. „Schluss mit dem Gejammer“, schimpfte er. „Du steckst die andern auch noch an mit deinem Theater. Unsere Jäger holen die alle runter, kannst mir schon glauben, Frau.“

Unruhig wippte Adam mit den Füßen hin und her, immer wieder schaute er zum Eingang.

Der Blockwart bemerkte die Unruhe des Bauern. „Gell, Bauer, bist doch froh, dass du da unten bist. In der Stadt ist es schon was anderes als bei euch am Land, wo ihr keine Bomben habt, aber dafür genug zum Fressen.“

Adam schwieg, obwohl sein Jähzorn bereits aufflammte. Die Fremde kam ihm in den Sinn, und der Bulldog, der schutzlos auf der Straße stand. Bis zum Abend musste er daheim sein, wenn sich die Dorfbevölkerung am Milchhaus versammelt hatte. Er wollte keinen Ärger riskieren. Obwohl es ihm schwerfiel, hielt er den Mund.

Die Zeit schien stillzustehen.

Martin deutete auf ein markiertes Viereck an der Wand über dem Blockwart, in dem mit großen Buchstaben DURCHGANG auf den roten Reichssteinen geschrieben stand.

„Was ist das für ein Durchgang, Vater?“

Adam zuckte mit den Schultern. „Vielleicht habns Kinder hingschriebn."

Der Blockwart fuhr ihm ins Wort: „Bub, wir in der Stadt sind ja nicht dumm. Wenn die Hunde unseren Keller treffen, ziehn wir die paar Steine raus und können durch einen Schacht in den Keller vom andern Wohnblock schlüpfen. Alle Keller in unserem Block sind miteinander verbunden. Raffiniert, gell?" Stolz zog er einige Steine heraus. „Da, schau her."

Neugierig steckte Martin den Kopf durch die schmale Öffnung.

„Und, was sagst?"

„Na ja", meinte Martin. Nacheinander krochen die anderen Kinder aus ihrer Bettstatt, stellten sich an und blickten in die dunkle Röhre.

„Deutsche Gründlichkeit", brüstete sich der Blockwart, während er die Öffnung wieder verschloss.

Martin konnte kaum noch stehen, langsam ging er in die Hocke und lehnte sich mit dem Rücken an die kühle Wand. Einige Frauen fingen wieder an, leise zu beten. Auch der Greis stimmte ein: „Vater unser im Himmel ..." Andächtig murmelten sie die Worte vor sich hin, ihre Ohren aber lauschten auf das sich entfernende Motorengeräusch der Flugzeuge. Die Einschläge hatten aufgehört.

„Ich hab Hunger, Mama", durchbrach ein kleiner Bub in einem hellblauen Röckchen die Stille.

„Am Abend kriegst feine Kartoffeln", tröstete ihn die Mutter.

„Schon wieder Kartoffeln? Warum gibts kein Brot, Mama?"

„Ich hab keins." Verschämt legte sie den Zeigefinger auf seinen Mund.

Als die Kerze bis auf einen Stummel niedergebrannt war, heulten die Sirenen Entwarnung. Träge erhob sich der Mann mit der Hakenkreuzbinde und öffnete die Tür. Frische Luft strömte in den finsteren Keller.

Ohne sich um Martin zu kümmern, hetzte Adam die Treppe hoch, rannte über die Straße zu seinem Bulldog und zählte die Säcke. Fünfzehn, einschließlich des mit Heu vollgestopften Sackes, den sie einem alten Ehepaar in der Kaiserstraße für ihre Feldhasen mitbringen mussten. Sogar die übrig gelassene Scheibe Presssack und einige Scheiben Brot lagen unberührt auf der Plattform, unappetitlich, von der Sonne gegart.

Erleichtert nahm Adam die Kurbel in die Hand und startete den Motor. Eilig belieferten sie die restlichen Kunden, dann fuhren sie in den Nürnberger Stadtteil Doos, um in der Sigmundstraße die beiden Fässer mit Diesel zu befüllen.

Der Posten am Depot winkte Adam herein, nachdem er ihn erkannt hatte. Den halben Sack mit Kartoffeln stellte der Sechzigjährige hastig in sein Wärterhäuschen und stempelte den Bezugsschein ab, ohne ihn zu prüfen. Seine ölverschmierte Uniform roch nach Diesel, die klobigen Hände trugen Spuren triefenden Fetts.

„Die Pumpe geht nicht, hab keinen Strom. Habens wahrscheinlich abgeschaltet“, entschuldigte er sich. „Muss mit der Hand pumpen.“ Dann reichte er den Schlauch zu Adam hinüber, der bereits auf den Wagen geklettert war. Stoßweise floss der Diesel in den Behälter.

„Bub“, rief er Martin zu sich. „Das kannst du doch auch, oder?“

„Ja ja.“

Am Anfang ging es leicht. Geschickt schwenkte Martin den Hebel hin und her, bis die Hand zu schmerzen begann. In immer kürzeren Abständen wechselte er vom rechten auf den linken Arm und in immer kürzeren Abständen strömte immer weniger Treibstoff aus dem Schlauch. Erst als das erste Fass überlief, das Öl auf die Plattform des Wagens strömte und von dort auf den Betonboden tropfte, beendeten die beiden ihre Unterhaltung. „Kreuzdonnerwetter“, fluchte Adam. „Pass halt auf, Bub.“

Der Posten steckte den Schlauch ins andere Fass: „So, kannst weitermachen, Kleiner. Ist schon fast ein Großer, dein Kleiner“, lobte er. „Mein Großer ist an der Front, in Russland. Neulich erst, ein gutes halbes Jahr wirds her sein, hat er geschrieben. Der hat dieselben schwarzen Haar wie deiner, Bauer.“

Bevor Adam die Tränen in seinen Augen erkennen konnte, hüpfte der Mann vom Wagen und drückte Martin auf die Seite: „Passt schon, Bub, wir wollen doch noch fertig werden heut, oder?“

Es war bereits später Nachmittag, als der Bauer auf dem Heimweg die Nürnberger Straße in Fürth erreichte. Nun blieben noch die Möbel von diesem Rudi abzuholen. Warum hatte er sich nur breitschlagen lassen? Ein auffälliger Erker, vor der Haustür ein Kastanienbaum, der einzige weit und breit, so war ihm sein Ziel erklärt worden. Adam schimpfte, als er über die vage Beschreibung nachdachte. Viele Häuser besaßen auffällige Erker.

Doch bald entdeckte er auf der anderen Seite den Baum, davor einen Mann auf der Straße, der heftig winkte. Erleichtert parkte Adam neben einer breiten Haustür, die mit einem Keil weit aufgespreizt war.

„Ich habs doch gewusst“, freute sich Rudi. Nachdem er die Hände der beiden geschüttelt hatte, begleitete er sie in den hohen Hausflur mit Reihen von Briefkästen an der Wand. Vor einem steinernen Treppenaufgang standen zwei kunstvoll verzierte Schränke, ein kleiner Tisch, einige gepolsterte Stühle, ein stattliches Sofa und ein Himmelbett mit gedrechselten Sprossen und bemalten Seitenteilen.

Adam erschrak. Missmutig wäre er am liebsten gleich wieder gefahren, doch Rudi war nicht zu bremsen, eifrig bedankte er sich immer und immer wieder für die großzügige Hilfe.

„Na ja“, meinte Adam skeptisch. „Dann fangen wir halt an. Donnerwetter“, fluchte er, als sie den schweren Schrank umlegten und quer auf die Plattform hievten. Nacheinander verstauten sie die Möbel und verzurrten sie mit Hanfseilen, die Rudi aus einer Kiste kramte.

Adam zog seine Taschenuhr aus der Hosentasche: halb fünf. Endlich befanden sich Vater und Sohn auf dem Rückweg in die Gartensiedlung.

Stundenlang hatte Valentina am Fensterchen gesessen und auf die Straße gestarrt. Sie wagte sich kaum von der Stelle.

Zwei klapprige Stühle und ein wurmstichiger Gartentisch standen in dem kahlen Raum. Der alte Kanonenofen war gefüllt mit verkohltem Holz. Das Ofenrohr lehnte durchgerostet in der Ecke neben einigen Schaufeln, Spaten und einer Harke mit abgebrochenem Stiel.

Valentina hatte Hunger und Durst. Den Hunger konnte sie verdrängen, daran war sie gewöhnt, der Durst aber schmerzte. Düstere Gedanken quälten die Frau. Konnte sie dem Bauern trauen? Sie zurückzulassen in dieser Baracke wäre für ihn einfach. Kein Hahn würde nach ihr krähen, sie wäre zwar frei, aber doch eingesperrt im Feindesland.

Zu Hause würde seine Marie vielleicht ein bisschen schimpfen, aber sie würde sich fügen und alles ginge weiter wie bisher. Im Grunde, dachte sie, wäre er ja dumm, zurückzukommen. Die Ungewissheit versetzte sie in eine schwermütige Stimmung, ließ sie an allem Guten zweifeln.

Den Alarm am Mittag registrierte sie kaum. In Gedanken kehrte sie zurück in die Zeit vor ihrer Verhaftung …

Julian

Der Januartag war wolkig und kalt, ein frischer Wind pfiff Valentina um die Ohren, als sie bereits am frühen Morgen durch die menschenleeren Straßen ins Arbeitsamt ging.

In der langen Schlange vor dem Schalter blickte sie sich immer wieder um, vergeblich. Der Mann mit der Nickelbrille und dem Leberfleck auf der Wange war nicht da. Und sie wollte so gerne plaudern, sie wollte endlich wieder einmal reden, wie sie es gelernt hatte.

Die Düsternis, in der sie lebte, die Angst, die Beklemmung des Schuhmachers und seiner Frau, die freundlich zu ihr waren und sie fast erdrückten mit ihrem Kummer, all das schlug ihr aufs Gemüt.

Und nun kam er nicht, dieser schneidige Bursche. Enttäuscht holte sich Valentina ihren Stempel und huschte die Treppe hinab – da stand er plötzlich vor ihr. Groß gewachsen mit schwarzem Mantel und einem dicken Schal um den Hals.

„Grüß dich, Valentina." Sein Lächeln öffnete ihm den Mund. Die Zahnlücke kam frech zum Vorschein.

Valentina streckte ihm die Hand entgegen. Er nahm sie zwischen seine beiden Hände und hielt sie kurz fest.

„Hab gehofft, dass du da bist", meinte er verlegen. Dann deutete er zum Eingang. „Pssst, der Posten guckt schon. Hast am Sonntag Zeit?"

Valentina nickte.

„Treffen wir uns am Ludwigskanal, am großen Blutbirnbaum bei den Schrebergärten? Kennst den Platz?"

Valentina schüttelte den Kopf und lächelte.

„Gibt dort viele Apfel- und Birnbäume, aber nur einen

einzigen uralten Blutbirnbaum mit einem Bänkchen, das findest schon. Also bis Sonntag."

Valentina sah ihm nach, wie er die Stufen hinaufhuschte, immer drei auf einmal mit einem Schritt.

Es war noch stockfinster, als die Frau des Schuhmachers in den Zug stieg. Für die Ersten hatten die Bauern meist etwas übrig.

Der Schuhmacher besorgte sich Leder aus der Gerberei. Einige Parteibonzen wollten Ledersohlen für ihre durchgelaufenen Stiefel. Hufeiserne Absätze trug nur das einfache Volk.

Valentina fror, als sie vom Arbeitsamt zurückkehrte. Sie kramte den Schlüssel vom Fensterbrett und machte sich in der Werkstatt nützlich. Doch was sie anfing, ergab keinen Sinn, die Gedanken kreisten um den Ludwigskanal und die Bank unter der Blutbirne. Sie wärmten den Körper und verdrängten die Kälte im Raum.

Atemlos platzte der Schuhmacher in die Werkstatt und legte das Leder ab: „Guten Morgen, Valentina." Sofort machte er sich an die Arbeit, wie immer ohne jedes überflüssige Wort.

„Wo ist Ludwigskanal, Meister?"

Der Mann sah Valentina erstaunt an. „Da unten." Er deutete ans Fenster, dann schwieg er wieder.

„Wie dahin kommen?"

„Was willst denn dort?" Misstrauisch schoben sich seine buschigen Brauen über die runden Augen.

„Will nur mal Wasser sehen."

Der Schuhmacher räusperte sich: „Ist zugefroren." Dann kümmerte er sich wieder um seine Schuhe.

Den Sonntag konnte sie kaum erwarten. Marga erlaubte ihr auszugehen. Heftiger Schneeregen machte das Pflaster spiegelglatt. Ein böiger Wind blies Valentina dicke Flocken ins Gesicht. Sie stapfte die Kanalstraße entlang bis zum Wasserlauf, so wie es Marga ihr erklärt hatte.

Der Weg am Kanal schien menschenleer, knorrige Obstbäume säumten das Ufer, immer wieder kam sie an Schrebergärten vorbei. Die kahlen Bäume sahen alle gleich aus.

Enttäuscht wollte Valentina umkehren, als sie die Bank und den Baum etwas abseits in einer Wiese entdeckte. Eine gute Stunde wartete sie. Längst kamen ihr Zweifel – bis sie Julian sah. Denselben schwarzen Mantel übergezogen, einen dicken Schal um den Hals, barköpfig, das schwarze Haar zerzaust vom Wind und tief in die Stirn hängend, stand er atemlos vor ihr und umarmte sie, als wären sie alte Freunde.

„Bin nicht früher weggekommen“, entschuldigte er sich. „Bist halb erfroren?“

Bibbernd schüttelte Valentina den Kopf.

„Wollen wir spazieren gehen?“, meinte er.

„Im Schneetreiben?“ Valentina lachte.

Dann fasste er ihre Hand. „Weißt, wir treffen uns sonntags manchmal hier unten. Sind ein paar aus der Heimat da und einige Polen von den Fabriken, lauter Ostarbeiter. Hier kontrollieren sie nicht so genau, ist zu wenig los. Ist aber trotzdem gefährlich. Ist nicht erlaubt, weißt. Wir sollen nur schuften, ihre Bomben bauen. Sind Lumpen, diese Deutschen.“

Das Schneegestöber nahm zu, ihre Spuren im Schnee wurden rasch eins mit der weißen Decke, die sich über der Landschaft ausbreitete. Die zwei redeten und erzählten und die Zeit verging wie im Flug. Bald knöpfte Julian seinen Mantel auf, zog Valentina an sich und schloss das Gewand um ihre schmale Gestalt. So eingehüllt trotzten sie dem Sturm und wärmten einander durch ihre Nähe. Worte brauchte es keine mehr.

Freundlich grüßte Valentina den Blockwart, der den Schnee vom Gehsteig schippte, bevor sie in der Dämmerung den Hinterhof betrat.

„Heil Hitler“, grüßte er zurück und streckte seinen Körper. Er sah ihr nach, bis sie hinter der Werkstatttür verschwand.

Das Schuhmacherehepaar spürte im Lauf der nächsten Wochen an Valentina eine Veränderung. Sie sang bisweilen bei der Arbeit, war fröhlich, manchmal überspannt und aufmüpfig, besonders wenn der Sonntag nahte.

Dass sie eine Ansprache brauchte, verstanden die beiden und ließen sie ziehen, trotz der Gefahr, derer sie sich bewusst waren.

Als die Sonnenstrahlen kräftiger wurden und die Vögel zurückkehrten, als die Gräser zu sprießen begannen und die Bienen die ersten gelben Blüten aufsuchten, als die Natur von Neuem erwachte, waren die Verliebten nicht mehr allein am Kanal bei der Blutbirne. Ein paar Freunde Julians suchten die Gesellschaft von ihresgleichen.

Die innige Vertrautheit, die Valentina und Julian verband, war wie weggeblasen. Das junge Glück wehrte sich. Doch es dauerte den halben Sommer, bis Julian drängte. Mitten unter der Woche, an einem lauen Abend im August 1944, wollte er sie treffen, an der Bank unter der Blutbirne.

Valentina sagte Nein, aber schon während sie es aussprach, wusste sie, dass es ein Ja war, und Julian wusste es auch.

Nach dem Abendessen ging sie in ihre Kammer. Bei Anbruch der Dämmerung schlich sie sich durch die Werkstatt ins Freie. Julian wartete längst. Wortlos fielen sie sich in die Arme, küssten sich und umschlangen einander wie für die Ewigkeit. Im Schutz einer dichten Hecke ließen sie geschehen, was nicht aufzuhalten war.

Die beiden trafen sich noch einmal in der nächsten Woche,

wieder wurde es spät. Kurz bevor Valentina nach Hause ging, drückte ihr Julian einen verschlossenen Briefumschlag in die Hand.

„Kannst den für mich verstecken?“, meinte er plötzlich sehr ernst.

„Was ist das?“

„Nur ein paar Scheine.“

Valentina sah ihn streng an: „Julian, das kann ich nicht annehmen.“

„Du sollst es ja nicht annehmen, du sollst es nur verstecken. Bitte“, flehte er sie an. „Bitte, mach es. Ich kann es nicht mehr bei mir behalten.“

„Warum?“

„Bitte frag nicht. Es ist besser, wenn du es nicht weißt, glaub mir.“

Valentina strich mit den Fingern über das Papier: „Bitte“, flehte sie ihn an. „Wie soll ich das verstecken? Die Schuhmacher … wenn es finden …“

„Näh es dir in den Saum deiner Schuhe, dann hast du es immer bei dir. Und irgendwann, wenn wir verheiratet sind, kannst es mir ja wiedergeben.“ Julian lächelte wie ein kleiner Lausbub. Sie konnte nicht mehr Nein sagen.

Dem Blockwart entging keine Minute, die Valentina fortblieb. Obwohl sie ab und zu ein paar Worte wechselten und er sie als nette Person empfand, betrachtete er es als seine Pflicht, diesem Treiben Einhalt zu gebieten.

Auch die Schuhmacherin durchlebte unruhige Zeiten. Erst wenn sie die Werkstatttür leise quietschen hörte, konnte die Frau endlich schlafen. Sie ahnte, was sich am Kanal abspielte. Auch sie hatte sich früher mit ihrem Schuhmacher dort unter der Blutbirne getroffen. Aber jetzt war eine andere Zeit.

Eines Abends polterten kräftige Hände an die Tür. Zwei

Gestapoleute in Zivil und der Blockwart im Hintergrund warteten ungeduldig, bis der Schuhmacher öffnete. „Heil Hitler."

Der größere der beiden, ein bulliger Mann um die vierzig mit einem schwarzen Ledermantel, zog ein Stück Papier aus der Seitentasche.

„Valentina Bosek? Wohnt die hier?"

Der Schuhmacher nickte.

„Soll rauskommen", raunzte ihn der Bullige an.

„Ist was passiert?" Das Blut schoss dem Schuhmacher in den Kopf. Auf der Stirn bildeten sich dicke Schweißperlen. „Hats was angestellt?", fragte er ängstlich.

„Halts Maul und hol das Russenweib", fuhr ihn der kleinere Gestapomann an.

Marga, die an der Treppe lauschte, eilte nach oben und rief nach Valentina.

Die Männer steckten sie in ein schwarzes Automobil.

Mehrere Male setzte der Fahrer des Mercedes neu an, dabei heulte der Motor auf und das Getriebe knirschte. Der Mann öffnete die Tür und putzte mit einem feinen Lappen den verdreckten Außenspiegel. Auf ihn musste er sich verlassen, denn die Scheiben waren dunkel getönt und die Einfahrt des Hinterhofs allzu eng.

Während er rückwärts in die Straße einbog, wendete und davonbrauste, stand das Schuhmacherehepaar an der Türschwelle, wortlos, versteinert. Als säßen sie beide selbst im schwarzen Automobil mit den verdunkelten Scheiben.

Und der Blockwart wunderte sich, dass der Schuhmacher von nun an den Briefkasten nicht mehr kontrollierte ...

Im Dorf

Das Tuckern des Bulldogs riss Valentina aus den Gedanken. Der Bauer hatte sie nicht im Stich gelassen. Erleichtert sprang sie auf und rannte zur Tür.

Die zittrige Hand bereits am Griff, ließ Valentina wieder los, dachte sie doch an die Mahnung des Bauern. Angespannt wartete sie am Fenster.

Adam hielt neben dem überwucherten Gartenzaun. Mit einer Hand in der Hosentasche lief er unauffällig um den Wagen, prüfte mit der anderen die Ventile der Gummiräder und blickte immer wieder zu Martin, der von der Plattform aus die Straße beobachtete.

Endlich ein Zeichen zur Hütte hin. Martin winkte, es war so weit.

Hastig riss Valentina die Tür auf und sprang ins Freie. Im Nu war sie an der Hecke und schlüpfte durch den Zaun, den ihr Adam aufspreizte.

Einige Kinder kamen lärmend auf der anderen Straßenseite herangerannt, einen zerlumpten Ball zwischen den zahlreichen Beinchen, den sie sich abwechselnd zuspielten. „Aufpassn, da sind welche", flüsterte Martin.

„Psssst", ermahnte ihn der Bauer.

Valentina verharrte stocksteif wie eine Gartensäule neben dem Wagen, das einzig Lebende an ihr war der Wimpernschlag, zu atmen hörte sie für eine Weile auf.

Kreischend trat ein rothaariges Mädchen mit langen Zöpfen gegen den Ball, der ein paarmal auftippte und unter dem Hänger hindurchrollte. „Können wir den Ball wiederhaben?", fragte ein älterer Junge höflich, der plötzlich neben der Hecke auftauchte.

Ohne sich zu besinnen, schlug Valentina mit der Fußspitze auf die Kugel, die an das hintere Rad prallte und zurück auf die Straße kullerte. Kreischend stürmte die Kinderschar weiter.

„War ein guter Schuss!“, meinte Martin anerkennend.

„Los, rauf jetzt!“, hektisch griff Adam der Frau unter die Arme und half ihr auf die Plattform. Martin öffnete die Tür des umgelegten Schrankes. Valentina schob er hinein.

„Zusperrn“, ermahnte ihn der Bauer und winkte Martin zu sich auf den Beifahrersitz. Nachdem er den Gang eingelegt hatte, ließ er ungestüm die Kupplung schnalzen. Der Bulldog machte einen gewaltigen Satz, abrupt würgte es den Motor ab.

„Donnerwetter, Kreuzkieseldonnerwetter“, fluchte Adam. Zornesröte stieg ihm ins Gesicht. Hastig hüpfte er vom Sitz und steckte das Lenkrad auf die Anlassvorrichtung, da tippte ihm jemand auf die Schulter. Adam drehte sich um.

„Heil Hitler.“ Ein kräftiger Mann in schwarzen, hohen Schaftstiefeln, mit einem braunen Uniformhemd und einer Hakenkreuzbinde um den Arm, eine Schirmmütze auf dem Kopf, stand neben ihm. „Und, will er nicht? Wahrscheinlich nichts im Tank. Musst nachfüllen, Bauer, dann läuft er besser.“ Grinsend deutete er auf die Schränke. „Was hast denn geladen, Bauer?“

„Kartoffeln, nur Kartoffeln.“

„Und dann sind auf einmal Schränke draus geworden. Wart den ganzen Tag im Viertel. Hab euch schon ab und zu beobachtet.“ Noch immer grinste der Bursche bis zu den Ohren. Seine beiden Begleiter, bullige Männer mit glatten Seitenscheiteln, mit Stiefelhosen und Pistolen an der Taille, standen etwas abseits. „Läuft allerhand Ungeziefer herum auf den Straßen, besonders hier im Viertel. Musst aufpassen, Bauer. Wo wohnst denn?“

„In Gonnersdorf", stammelte Adam. „Heubeck Adam und der da ist der Martin, auch Heubeck."

„So so, aus Gonnersdorf, bei der Cadolzburg. Kenn ich, kenn ich. Arisches Dorf, ja ja. Und wie schaut es aus, hast deine Bezugsscheine alle beisammen?"

Aufgeregt kramte Adam in der Jackentasche und zog die Papierfetzen heraus. „Kraus drei Zentner, Kugler zwei Zentner ..." Nacheinander zählte Adam seine Kunden auf, samt der jeweils zugehörigen Kartoffelmenge.

„Gut", räusperte sich der Gendarm. „Und was ist mit die Schränk?"

„Die ghörn einem Freund von mir, dem Rudi aus der Nürnberger Straße."

„So, dem Rudi. Der kann sie wohl nicht mehr brauchen?"

Adam zuckte mit den Schultern. „Soll ich daheim unterstelln, weil er in seiner Wohnung nicht mehr so viel Platz hat."

„Hm", drohend stemmte der Gendarm die Hände in die Hüften. „Sag, Bauer, warum bist eigentlich nicht an der Front? So alt bist doch auch wieder nicht, oder willst dich drücken?"

Adam überlegte, bevor er antwortete: „Bin UK. Bin Maschinist und Traktorist bei der Rossendorfer Feuerwehr und fast alle Nächte auf Löschn in der Stadt."

„Na ja, das wollen wir dir mal glauben. Die Feuerwehr ist wichtig für das Reich. Also, Bauer, pass mir gut auf." Zackig schlug der Mann die Hacken zusammen und streckte den Arm vor. „Heil Hitler!"

„Heil Hitler", erwiderte Adam kleinlaut.

Mit drahtigen Schritten gingen die drei nebeneinander weiter. Eine Weile stand Adam vor seinem Bulldog und blickte ins Leere. Die Blässe in seinem Gesicht wollte nur langsam weichen. Das Lenkrad hielt er noch immer fest umklammert.

Beim dritten Mal sprang der Motor schließlich an, gleichzeitig schoss eine dicke Rauchwolke durch den Auspuff in die Luft. „Tuff tuff tuff tuff …“

Als sie in die Schwabacher Straße einbogen, überholten sie die drei Männer. Adam würdigte sie keines Blickes, erst als sie kaum noch zu erkennen waren, drehte er sich kurz um. Erleichtert schnaufte er durch.

„Sind die gfährlich, Vater?“, fragte Martin.

Adam räusperte sich, langsam ließ die Anspannung nach. „Die SA-Streife! Das sind ganz Elendige, Bub.“

„Habn wir Glück ghabt, Vater.“

Adam grinste und schwieg. Gemächlich tuckerten sie über das holprige Kopfsteinpflaster durch die Stadt. Erst auf der Anhöhe nach Rossendorf hielt der Bauer an und kramte seine Uhr aus der Tasche.

„Wie viel?“, fragte Martin.

„Halb sieben. Jetzt holst die Frau aus dem Schrank und lässt sie nach vorn.“

„Warum?“

„Weils halt so ist, Bub.“

Ohne zu fragen, kletterte Valentina auf den Beifahrersitz. Ihr Kopftuch zog sie tief in die Stirn, während sich Martin auf dem Sofa ausstreckte.

Als oberhalb von Gonnersdorf die ersten Dächer in der Abendsonne glänzten, hielt der Bauer ein zweites Mal, blickte auf die Uhr und sah Valentina kurz in die Augen. „Wie heißt du überhaupt?“, fragte er barsch.

„Valentina.“

„So, die Valentina. Gell, ab jetzt bist die neue Magd und dein Kopftuch lässt so lang auf, bis die Haar gwachsn sind. Hast mich verstandn?“

Valentina nickte.

„Und red mit keinem vom Dorf. Geh den Leuten aus dem

Weg. Ist alles saugfährlich, Frau … Und noch was: Bist eine Ausgebombte aus Nürnberg und deine Papiere sind verbrannt. Dass du jetzt Irmgard, Irmgard Gruber, heißn musst, wird dir die Bäuerin schon gsagt habn, gell?"

Valentina nickte. Sie wusste längst Bescheid. Die Bäuerin hatte ihr am Morgen alles dreimal erklärt: wie sie hieß, was sie durfte und was nicht.

Adam drehte sich zu Martin um: „Den Koffer, Bub."

„Was ist damit?"

„Frag nicht so dumm, lang ihn her."

Martin kramte den Koffer unter den leeren Säcken hervor und reichte ihn nach vorn.

„So", sagte Adam zu Valentina, „den stellst jetzt auf deinen Schoß und dann passts."

Der Bauer gab Gas und rauschte ins Dorf hinunter, bog jedoch nicht gleich in den Hof ein, sondern wählte die hintere Einfahrt durch das Dorf in den Garten. Im Schritttempo fuhr er an den Leuten vorbei, die sich mit ihren Kannen und Wägelchen längst am Milchhaus versammelt hatten und lebhaft diskutierten. Die Unterhaltung verstummte, als sie die fremde Frau am Beifahrersitz und die Möbel auf dem Hänger erblickten.

Der alte Denzler kratzte sich die Glatze und beendete das Schweigen.

„Heubeckin", rief er in die Menge, „dein Adam hat gewiss eine neue Bäuerin eingekauft und den Kammerwagen hat er auch gleich dabei."

Der alten Müllerin wäre fast die Kanne aus der Hand geglitten, so ergötzte sie der Spruch. Die anderen stimmten ein ins Gelächter, sogar der kauzige Großmann ließ sich anstecken, nur Marie verzog keine Miene. Ungeduldig stand sie in der Reihe, ihre Gedanken waren längst bei der Fremden.

Adam stellte den Bulldog in der Scheune ab. Mit langen Schritten kam er die Straße hoch.

Der Denzlerbauer erblickte ihn. Mit seiner unverwechselbaren Stimme krähte er: „Und, Adam, hast die neue Bäuerin schon verstaut?"

Der Bauer ignorierte den vorwitzigen alten Mann. Er ging zu seiner Frau und sagte laut: „Die neue Magd hab ich dabei, das Zimmer ghört noch hergrichtet, auch zu essen brauchts noch was."

„Was", fauchte Marie. „Habt ihr den Korb …" Plötzlich besann sie sich und drückte Adam den Milchwagen in die Hand. „Da, kannst gleich weitermachn." Eilig lief sie die Straße hinunter und verschwand in der Hofeinfahrt.

„War bei euch auch Bombenalarm?", fragte Adam in die Runde.

„Die Sirenen haben wir schon ghört", klärte ihn Denzler auf.

„Ein Flieger nach dem andern ist über uns drüber", fügte die junge Froschauerin hinzu.

Adam erzählte nun ausführlich von den Erlebnissen in der Stadt, vom baufälligen Keller, von den Entbehrungen der Städter, auch die Kontrolle durch die Gendarmen vergaß er nicht zu erwähnen. Wissbegierig stand das halbe Dorf um ihn herum und lauschte. Sogar der Milchhauswart unterbrach sein Amt und stellte sich in die Runde.

Endlich fragte Denzler, was jedermann interessierte: „Was hast denn da für eine Person mitbracht?"

Adam überlegte: „Meinst gewiss die Frau? Ist eine Ausgebombte, aus Nürnberg. Ein Kartoffelkunde hat sie uns vermittelt. Hat gmeint, dass sie recht fleißig ist, und weil uns ja der Knecht fehlt, hab ich sie halt gnommen."

Kopfschüttelnd meinte die Müllerin: „Die aus der Stadt haben doch zwei linke Händ, habn doch die vom Reichsarbeitsdienst schon nichts taugt."

„Ein wenig dürr hats ausgschaut", gab die Wirtin zu bedenken.

Adam machte eine abfällige Handbewegung: „In der Stadt sinds alle dürr, die kriegn doch schon lang nur noch das Notwendigste."

Nun schwiegen die Leute. Der alte Milchhauswart leerte die angelieferten Kannen weiter in den Messbehälter und notierte die Zahlen akribisch in sein graues Ringbuch. Die Dorfbewohner stellten die leeren Kannen auf ihre Milchwägelchen, dann gingen sie heim.

Die Bäuerin machte kein Aufhebens, als sie Valentina in der Scheune antraf. Eilig kletterte sie auf den Wagen und kramte den Brotzeitkorb zwischen den leeren Säcken hervor. „Habns dir vom Vesper was gebn?"

Valentina begriff nicht, trotzdem nickte sie, wie sie es im Lager gelernt hatte.

Die Bäuerin sprang wieder herunter, drückte ihr den Koffer in die Hand und schloss das große Scheunentor. „Willst nicht mit rauskommen?"

Zögerlich zwängte sich die Fremde durch den offenen Spalt und ging der Bäuerin nach, die eilig über den Hof schritt.

Vor dem Misthaufen blieb Marie stehen und deutete auf die offene Stalltür: „Schau, da drin sind die Küh." Dann wandte sie sich um und zeigte stolz den Hof. „Im Haus hab ich dir eine kleine Kammer unterm Dach hergrichtet."

Valentina konnte ihr kaum folgen, so schnell kam die Bäuerin vom einen ins andere. Werkstatt, Schmiede, Graskammer, alle wichtigen Räume erklärte sie der Fremden, ehe sie mit ihr in der Milchkammer verschwand. „Und jetzt kannst mir noch schnell helfn." Marie füllte die leeren Kannen mit etwas

Wasser, drückte Valentina eine abgenutzte Wurzelbürste in die Hand und beobachtete sie unauffällig.

Etwas ungelenk wischte Valentina planlos im Inneren des Blechgefäßes herum. Als die Bäuerin kurz hinter der Tür verschwand, hob sie den Behälter und trank hastig von der weißlichen Flüssigkeit.

„Hast schon recht“, meinte Marie, als sie die Frau dabei ertappte. „Mich reut die Spülmilch schon auch, aber zu trinkn kriegst später was Besseres.“

Nach getaner Arbeit schob sie die neue Magd in den Kuhstall. Ein Schwall feuchter, stinkender Luft drang ihnen entgegen, Ketten klirrten, wuchtige Kuhköpfe wandten sich neugierig den beiden Frauen zu. Stolz ging sie von einer zur andern. „Die da gibt sieben Liter am Tag. Die schlägt mit dem Schwanz, da musst gut aufpassn. Die Braune trampelt gern. Schon oft hat sie den Eimer umgschüttet.“

Nur mit dem Sonntagshemd bekleidet stand Adam im Waschraum, als die Frauen durch den dunklen Flur in die Küche gingen. Nach einem Seitenblick auf Valentina zog er schnell seine Hose an, steckte das Hemd in den Bund und zog die breiten Hosenträger über die Schultern.

„Und was machst jetzt, Adam?“, fragte die Bäuerin bitter.

„Ich schau noch mal ein wenig naus.“

„Er schaut ein wenig naus …“ Wütend räumte sie das Geschirr vom Tisch und stellte es hart in das Waschbecken. Dann bereitete sie eine Brotzeit für die Fremde, die noch immer an der Türschwelle verharrte. „Darfst dich schon setzn, Irmgard.“

Das Glas Milch, das ihr die Bäuerin einschenkte, leerte sie auf einen Zug.

Marie schenkte ihr nach. „Ja, ja, die Hitz, die macht durstig, gell?“

Valentina nickte. Sie hatte keine Zeit zu antworten. Hastig schlang sie das Brot und die geräucherte Bratwurst hinunter.

„Und, schmeckts?" Wieder nickte Valentina.

Mit lautem Gepolter stürmten die Kinder in die Küche. Sprachlos blieben sie vor der Fremden stehen und starrten sie an: „Du bist die neue Magd, gell?" Ohne eine Antwort abzuwarten, schnappte sich Hans ein Stück Brot und verschwand in seiner Kammer. Der Jüngste blickte misstrauisch auf Valentinas Teller, dann ging er dem Bruder hinterher.

„Betn nicht vergessn", rief ihnen die Mutter nach. Als sie keine Antwort erhielt, folgte sie den Buben in den oberen Stock.

Martin setzte sich zu Valentina auf die Bank und schwieg eine Weile, schließlich fragte er leise: „Was ist das für ein Lager, wo du warst?" Die Frau schluckte. Martin spürte ihre Verlegenheit, stand auf und wünschte im Hinausgehen: „Also dann, gut Nacht."

Nach einer Weile kam die Bäuerin zurück. „Wenn du fertig bist, zeig ich dir deine Stube."

„Danke." Valentina folgte ihr mit leisen Schritten.

„Hier kannst dich waschn." Marie deutete auf die verzinkte Wanne im Waschraum. „Badn tun wir Samstagabend, aber nur wenn du dreckig bist."

Die Bäuerin kramte eine Kerze aus der Schublade, zündete sie an und stapfte die Eichentreppe hoch ins Obergeschoss. Ein schmaler fensterloser Gang führte an zahlreichen Türen vorbei zur hintersten Kammer. Die Bäuerin öffnete die schwergängige Tür und knipste das Licht an. „Aber gleich wieder ausmachn! Weißt schon, wegen der Fliegerangriff. Das Fenster ist zwar verdunklt, aber man kann nie wissn." Dann nahm sie der Frau den braunen Koffer aus der Hand und stellte ihn in den Gang. „Den wirst so schnell nimmer brauchn. So, und jetzt legst dich ins Bett und schläfst. Ab Morgen musst was arbeitn, aber da gwöhnst dich schon dran, gell? Ist bloß schad um unsern Knecht. Weißt", meinte sie wehmütig, „das war seine Kammer, aber der hat halt in Krieg gmusst. Also gut Nacht, Irmgard." Sie sprach den Namen hart, damit sie sich ihn auch wirklich einprägte.

Erschöpft sackte Valentina auf den wackligen Stuhl. Sie faltete die Hände. „Herr im Himmel ..." Schon nach wenigen Worten ließ sie es wieder sein, zu durcheinander war sie. In sich versunken betrachtete die junge Frau die gedrechselten Verzierungen an den stabilen Seitenwänden des Bettgestells und die faustgroßen kugelförmigen Gebilde an den Pfosten, die einen halben Meter über das Gestell ragten, als wären es Wächter. Neben der Tür stand ein großer Schrank. Sie öffnete ihn. Er war leer, nur die Fotografie von einem Brautpaar lag in einem Fach. Valentina nahm das Bild heraus und betrachtete es nachdenklich. Der riesige Schnurrbart verdeckte das verschmitzte Lächeln des Bräutigams. Seine Haare waren kurz geschnitten und zu einem glatten Seitenscheitel gekämmt.

Valentina dachte an Julian. Jetzt, wo sie ein wenig zur Ruhe kam, flammte das Verlangen auf. Sie vermisste ihn, seine Worte, seine Nähe.

Valentinas Augen blickten auf eine nicht sehr schöne, aber offenbar glückliche Braut in einem schwarzen Kleid. Heiraten, Kinder großziehen, eine Familie haben und glücklich sein, davon träumte sie. Den Tränen nahe, legte sie das Bild zurück. Sie streifte ihr Blümchenkleid ab, knipste das Licht aus und sank todmüde in das weiche Bett.

Die Strohmatratze knirschte unter ihrem Köper. Valentina versuchte einzuschlafen, doch es wollte nicht gelingen. Mit offenen Augen lag sie auf dem Rücken. Seltsame Geräusche drangen an ihr Ohr. Kettengeklirr unter ihr im Stall. Die Kühe waren ebenso gefangen wie sie selbst, aber man schlug sie nicht willkürlich und man quälte sie nicht.

Ihre Verhaftung kam ihr in den Sinn, damals, vor einigen Wochen ...

Das Verhör

Auf der Straße herrschte kaum Verkehr, als der schwarze Mercedes die Stadt verließ. Die untergehende Sonne blendete den Fahrer, zeitweise schirmte er die Augen mit der Hand ab. Zwei Pritschen ersetzten die Rückbank. Ein Posten mit tief ins Gesicht gezogener Mütze saß Valentina gegenüber. Er redete kein Wort, seinem kantigen Gesicht ließ sich keine Regung entlocken. Unbeirrt kaute er an einem Holzstückchen, das er im Mund von einer Seite zur anderen schob. Das Gewehr auf seinen Beinen hielt er mit beiden Händen fest umklammert, seine Augen musterten die drei Frauen durchdringend.

Der Motor heulte kurz auf, bevor der Fahrer in einen holprigen Weg einbog. Es dämmerte bereits, als die Türen von außen aufgerissen wurden: „Raus, raus, schnell!" Einige Posten in Uniformen standen am Wagen und brüllten, während zwei Aufseherinnen auf die Frauen warteten.

Neben Mägerlein stand Bär mit seiner knurrenden Dogge an der Leine und lotste die Gruppe in die Verwaltungsbaracke im Außenbereich des Lagers. Kurz nach der Treppe trennten die Aufseherinnen die Ankömmlinge und schoben Valentina in einen spärlich beleuchteten Raum. Ein paar stabile Stühle standen darin und ein vierbeiniger Hocker im Eck. Auf einem großen Tisch lagen Aktenordner neben einer Schreibmaschine.

Nastasia ließ sich auf dem Hocker nieder. Mägerlein rückte seinen Stuhl an die Stirnseite des Tisches, während Bär stehend mit dem Rücken an der Wand lehnte, die Dogge neben sich.

Eine korpulente Frau mit schwarzgelockten Haaren spannte ein Blatt Papier zwischen die Laufrollen der Schreibmaschine und begann zu tippen.

Mit zitternden Beinen stand Valentina den Männern gegenüber und antwortete auf die Fragen. Personalien, Herkunft, ehemaliger Arbeitsplatz beim Nürnberger Schuhmachermeister Miederer ... Sie beteuerte das gute Verhältnis zu den Herrschaften, was diese sicher auch bestätigen würden, wenn man sie nur fragte. Ein wenig selbstsicherer geworden, erkundigte sich Valentina nach dem Grund ihrer Verhaftung. Sie hatte noch nicht ausgeredet, da schlug ihr jemand mit der Peitsche auf den Hintern. Es folgten ein zweiter und ein dritter Schlag. Valentina sackte schmerzerfüllt auf den Boden. Nastasia verkrallte sich in ihren Haaren und zerrte sie hoch.

„Halt, es langt." Mägerlein drohte Valentina mit dem Zeigefinger. „Das interessiert keine Sau, das Gelaber. Was hattest du mit diesen Leuten am Ludwigskanal zu schaffen?", fuhr der Stellvertreter fort, dabei machte er sich Notizen.

„Nix, nix!" Mit schmerzerfüllter Stimme versuchte Valentina zu erklären, weshalb sie sich mit dem Landsmann am Kanal getroffen hatte.

„Warum hast dein Ostarbeiterabzeichen nicht getragen?", schrie Mägerlein sie an.

„Ich vergessen." Erneut folgten Peitschenhiebe, diesmal fünf, immer auf dieselbe Stelle. Von Schmerzen geplagt verrannte sich Valentina in Widersprüche und Mägerlein nutzte ihre Unsicherheit. Wieder und wieder quälte er sie mit Verschwörungstheorien und der Frage nach dem fehlenden Abzeichen.

„Kriminalsekretär!", brüllte Bär, nachdem er eine Weile zugehört hatte. „Diese Brut schadet dem Reich, die betreibt Sabotage und begeht Unzucht, die versteht nur eine andere Sprache. Bist nicht die Erste, die baumelt", meinte er mit sarkastischem Unterton. „Siehst den Galgen dort drüben? Wirst bald dran hängen. Also raus mit der Wahrheit."

Der Kommandant zog die Augenbrauen hoch und blickte zu Nastasia. „Fünf“, signalisierte er ihr mit den Fingern. „Und nimm den Knüppel.“

Die Russin nickte, zog den Prügel aus dem Schaft und schob den Hocker zurecht. Dann fasste sie grob in Valentinas Haare, drückte die zierliche Frau bäuchlings über den Schemel und schlug abermals zu.

„Zähl mit“, übersetzte die andere Aufseherin.

Nastasia giftete sie an: „Wenn du dich verzählst, wird von vorn angefangen, kapiert?“ Valentina schrie auf. Nur mit Mühe presste sie die Zahlen aus dem Mund, Schlag für Schlag.

Bär gähnte laut, als Nastasia den Knüppel wegsteckte und ihn fragend anblickte. „Reicht für heut, oder?“

Mägerlein nickte.

Bär gähnte ein zweites Mal: „Steckt sie in die Baracke und gebt ihr eine Nummer.“

„Und die anderen?“, fragte Mägerlein.

„Knöpfen wir uns morgen vor. Werden wieder lange Nächte.“

Mägerlein stöhnte. „Meine Frau schimpft schon langsam daheim.“

Bär lachte laut, klopfte ihm auf die Schulter und zog ihn auf die Seite. „Bringst ihr ein paar Hartwürste aus der Küche mit … Wird sich freuen, deine Frau.“

Die beiden Aufseherinnen führten die Gefangene aus dem Zimmer und stießen sie in einen wenige Meter entfernten fensterlosen, gefliesten Raum mit verrosteten Armaturen an der Wand.

„Ausziehen“, fauchte Nastasia. „Na los, runter mit dem stinkigen Zeug.“

Langsam zog Valentina das Kleid aus und legte es vor ihre Füße. Sie zog die Strümpfe aus und steckte sie in die Schuhe.

Langsam streifte sie das Unterhemd über den Kopf. Es roch nach Schweiß.

„Alles runter“, sagte Nastasia ungerührt, als Valentina zögerte. Die Peitsche knallte auf den Boden. „Stell dich gerade.“ Nastasia sah ihr drohend in die Augen.

So weit ihre Finger reichten, streifte Valentina die Unterhose über die Oberschenkel. Röte stieg ihr ins Gesicht, Schweißperlen bildeten sich auf der Stirn. Stocksteif stand sie vor der Aufseherin. Die Unterhose rutschte auf die Knöchel, die zitternden Hände bedeckten ihre Scham.

Eine Frau mit einem weißen Kopftuch kam mit Eimer und Hocker ausgerüstet in den Raum.

„Setzen. Runter mit dem Fetzen, oder fällst sonst um?“ Nastasia deutete auf den Dreibock.

Valentina setzte sich. Sofort begann die schmächtige Frau, ihr die Haare mit einer stumpfen Schermaschine zu stutzen. Valentina gab keinen Laut von sich, als alles bis auf wenige Zentimeter abgerupft wurden. Danach mischte die kleine Frau eine Handvoll weißes Pulver in einen Eimer kaltes Wasser, nahm eine grobe Malerbürste und verteilte die Flüssigkeit auf dem ganzen Körper, besonders aber auf die behaarten Stellen. Valentina ekelte sich, ihr wurde übel. Anfangs brannte das Zeug, aber es ließ sich aushalten.

Mittlerweile hatte sich die Aufseherin zwei Stühle geholt. Mit aufgelegten Beinen, die Peitsche in der Hand, verfolgte sie die Zeremonie. Von Zeit zu Zeit drosch sie nach den lästigen Fliegen an der Wand.

Die Frau führte Valentina in einen dunklen Nebenraum. „Hier bleibst stehen, bis du geholt wirst.“

Zwei Stunden wartete sie splitternackt. Als auch die anderen geschoren und entlaust waren, bekam sie ihre Kleider zurück.

Nastasia und ihre Helferin zerrten die Frauen ins Freie. Nur langsam gewöhnten sich Valentinas Augen wieder an die Dunkelheit. Hunde bellten und streiften an den Zäunen entlang. Eine Torfrau mit ledernen Handschuhen öffnete den Stacheldrahtzaun zum Innenbereich.

Die beiden Aufseherinnen führten die drei Ankömmlinge über den breiten Hof und stießen sie durch eine enge Tür in eine finstere Baracke. Valentina stolperte und fiel auf den Bauch. Erschöpft blieb sie liegen. Ein paar schlafende Körper konnte sie noch in der Nähe erkennen. Dann sank sie in einen unruhigen Halbschlaf.

Im Morgengrauen nahm sie plötzlich zwei Frauen wahr, die sich neben sie hockten. „Kommst vom Verhör?“, flüsterte die eine auf Russisch.

Valentina stützte sich mühsam auf. Durch die winzigen, mit Baustahl vergitterten Fenster fiel ein schwacher Lichtschein auf die Gesichter der beiden. Die Russin wirkte auffallend groß, ihr fehlten zwei Schneidezähne. Die andere war etwas kräftiger. Ihr ausgeprägtes Kinn stand hervor, die Backen waren eingefallen und kantig, am Hals hatte sie einen Leberfleck.

„Ich bin Ludmilla“, raunte sie. „Man hört, du kommst aus Dnjepropetrowsk.“ Auf Valentinas Nicken hin fügte sie hinzu: „Komm auch von da – willst hier liegen bleiben?“

Valentina schüttelte den Kopf und ließ sich aufhelfen. Die zwei Frauen lotsten sie vorbei an zusammengekauerten Gestalten, die in wenigen Stockbetten aneinandergepresst oder am blanken Boden liegend schliefen. Der Gestank war kaum auszuhalten. Ein Gemisch aus Schweiß, Kot, Urin und Erbrochenem.

An der Barackenwand unter einem Fensterchen fand sich ein freier Platz auf dem Betonboden.

Ein frischer Luftzug streifte Valentinas schweißnasse Stirn.

Ludmilla bemerkte ihren Blick auf die hohen Bettgestelle gegenüber. „Viel zu eng", meinte sie abfällig. „Kannst dich nicht rühren, liegen zu viert in einem Bett und streiten um die besten Plätze. Die Läuse fressen dich auf, und vor allem die Luft, sie zermürbt dich. Kannst froh sein, dass sie dich nicht in eine Einzelzelle nebenan gesteckt haben. Da drin wirst du verrückt."

Die Große machte es sich neben Valentina bequem. „Weißt, hier gelten andere Gesetze."

„Wasser", flüsterte Valentina.

Ludmilla schüttelte den Kopf. „Bald kriegst Wasser. Wie lange haben sie dich ausgequetscht?"

„Halbe Nacht."

„Nur?" Ludmilla lächelte. „Hältst schon aus, Fräulein. Ist kein Hotel hier."

Die Große nickte zustimmend. „Wenn du nachts musst", riet sie ihr eindringlich, „lass es. Kommst nicht mehr zurück. Die, die müssen, übernachten im Scheißhaus. Haben Backsteine ausgelegt, damit sie nicht im Dreck stehen. Ist alles voll bis zum Knöchel. Wenn sie das Fieber haben, stehen sie die ganze Nacht drüben und pressen sich die letzten Säfte aus den Eingeweiden. Irgendwann fallen sie um und dann haben sie es überstanden."

Valentina stutzte.

„Hast dich nicht verhört, Fräulein. Hier ist die Hölle und jeder um dich herum ist ein kleines Teufelchen."

Ludmilla unterbrach die Große lächelnd: „Jetzt versuch, wieder zu schlafen. Hast nicht mehr viel Zeit dazu."

Annähernd fünfzig Häftlinge, schätzte Valentina, waren in diesem Raum zusammengepfercht. Neben Ludmilla lag ein junges Mädchen, das leise im Schlaf redete. Auf der anderen Seite saß eine Frau mit dem Rücken zur Wand. Sie rieb sich an den Brettern wie ein Pferd, das sich gepeinigt vom Wurm den Schweif aufscheuerte. Ständig streifte sie mit den Fingern durch ihre kurzen Haare, dann schüttelte sie den Kopf.

Es dauerte, bis Valentina erneut wegdämmerte, darauf bedacht, dass ihre geschundene Rückseite nicht den Boden berührte.

Ein schriller Pfiff beendete die Ruhe. Panisch sprangen die Frauen auf oder hüpften aus ihren Bettgestellen. Am Ausgang bildeten die Aufseherinnen ein Spalier und trieben die Frauen auf den Appellplatz.

„Raus mit euch! Schneller, ihr Pack! Raus, raus!"

Je heftiger sie brüllten, desto hektischer zwängten sich die Frauen durch den Ausgang. Valentina ließ sich anstecken und wollte sich in den Pulk einreihen.

„Warte, noch nicht." Ludmilla hielt sie fest am Arm. „Die ersten und die letzten trifft es am schlimmsten."

„Warum?"

„Renne nicht und träume nicht. Die Neuen rennen, die Kranken träumen."

Nachdem sich der erste Stau aufgelöst hatte und die Häftlinge zügig durchkamen, gab Ludmilla Valentina einen Schubs: „Jetzt, aber bleib hinter mir."

Eine Peitsche streifte Valentina am Rücken. Hastig drängte sie vor zur Fünferreihe, die sich im Hof formierte. Wieder fasste Ludmilla Valentina am Arm und zog sie unauffällig neben sich nach hinten.

Die Aufseherinnen kontrollierten aufgeregt den Zug. Sie achteten auf Auffälligkeiten, auf schwatzende Häftlinge, auf solche, die schlampig in der Reihe standen, und auf solche, die nicht arbeitsfähig waren, sich aber trotzdem anstellten.

Vier Funktionshäftlinge und eine dicke Frau mit einer einfachen weißen Schürze und einem Schiffchen auf dem rundlichen Kopf fuhren auf einem Leiterkarren vier Bottiche auf den Hof und platzierten zwei leere auf der gegenüberliegenden Seite. Den Inhalt der anderen Bottiche, blecherne Becher verteilten sie an die Häftlinge in der ersten Reihe.

„Essen fassen!" Nachdem die Aufseherin das Kommando gegeben hatte, rückten die Zwangsarbeiterinnen nacheinander auf. Denjenigen aus der ersten Reihe goss die Dicke aus ihrem großen Fass mit viel Schwung jeweils zwei Schöpfer in den Becher. Wie eine Maschine kippte sie, oft ohne aufzusehen. Immer an der gleichen Stelle, immer mit der gleichen Geschwindigkeit. Es lag an den Hungrigen, den Napf zur richtigen Zeit an die richtige Stelle zu halten. Einige Neue waren zu langsam.

„Los, weiter!", fauchte die Dicke, während die Brühe in der Erde versickerte. Nur einige dünne Rübenschnitzel verfingen sich in den Steinchen.

„Pass gut auf", flüsterte Ludmilla, fast ohne die Lippen zu bewegen, „sonst hast du erst morgen wieder was."

Ungeduldig stand Valentina in der Reihe. Von Hunger und Durst gequält, begann sie sich über Ludmilla zu ärgern. Wer hinten in der Reihe stand, stand auch beim Essenfassen hinten und riskierte, überhaupt nichts zu kriegen.

Nach kurzer Zeit pfiff die Aufseherin. Warf jemand seinen Napf auf der anderen Seite des Hofes nicht sofort in den leeren Kübel, gab es Schläge. Funktionshäftlinge schafften die gebrauchten Gefäße zurück zur zweiten Gruppe, dann stellten sie die leeren Bottiche wieder auf die andere Seite. Wer nicht aufgegessen hatte, ging leer aus. In ihrer Verzweiflung versuchten die Schwachen, das Gebräu bereits im Gehen zu trinken, dabei verbrannten sie sich den Mund oder verschütteten einen Teil.

„Ist es immer so?", fragte Valentina leise.

Ludmilla schüttelte kurz den Kopf. „Meinst du die Bottiche auf der anderen Seite? Reine Schikane. Kann morgen ganz anders sein. Nastasia lässt sich immer was Neues einfallen, manchmal blickt sie selber nicht mehr durch. Nur der Fraß ist immer der gleiche. Aber es gibt auch Tage, wo sie uns in Ruhe lassen."

Plötzlich gab es ein fürchterliches Geschrei. Eine große Französin riss einer Russin den Becher aus der Hand und trank die Brühe hastig aus. Sofort war sie von einer Handvoll Russinnen umzingelt, die sie zu Boden rissen. Die anderen Französinnen, Italienerinnen, diejenigen aus Belgien und Holland, die in der Baracke ihr eigenes Revier pflegten und sich auch sonst abschirmten, stürzten sich ins Getümmel und kämpften mit den Russinnen. Die Große mit der Zahnlücke mischte sich mit ein. Valentina blickte Ludmilla fragend an.

„Sind alle verrückt", fauchte Ludmilla.

„Warum?"

„Wirst gleich sehen. Kommt nichts raus dabei."

Die Frauen rissen sich gegenseitig die Kopftücher herunter und verkrallten sich in der Kleidung. Sie kreischten, fauchten wie Tiere, schlugen um sich. Geriet eine Frau in den Hinterhalt, halfen ihr die Verbündeten. Ihre Blicke waren hasserfüllt, die Schläge kraftlos und ohne Ziel. Die Unbeteiligten bildeten einen Kreis und feuerten die Kämpfenden an. Alle Vernunft schien ausgeschaltet. Die Schlägerei wurde immer heftiger und verbissener.

Als die Ersten liegen blieben, als Blut floss und das Geschrei die deutschen Posten im Außenbereich zu interessieren begann, gingen die Aufseherinnen mit ihren Ochsenziemern dazwischen. Rasch war die Ordnung wiederhergestellt.

Valentina sah Ludmilla entsetzt an: „Warum greifen die nicht früher ein?"

Ludmilla lachte bitter. „Strategie. Sie fürchten den Widerstand. Weißt schon. Kontrollierter Widerstand, wo alle zusammenhalten und so … Sträflinge, die sich hassen, sind leicht zu kontrollieren. Hab noch nie einen Deutschen gesehen, wenn sie kämpfen. Der Hunger macht die Armen verrückt, der Hunger und die Hoffnungslosigkeit", sagte Ludmilla, als sich die Aufseherinnen wieder verzogen hatten. „Und der Hass."

Endlich bekam Valentina zwei Schöpfer in den Topf, dazu eine Scheibe hartes Brot. Das Gebräu war nicht mehr kochend heiß. Sie schlürfte es bereits am Weg zu den leeren Bottichen. Während sie das halbe Brot in den Mund stopfte, spürte sie von ringsumher gierige, neidvolle Blicke auf sich geheftet.

Wie ein rangniederes Pferd, das das ranghöhere nicht aus den Augen ließ, hielt sich Valentina in Ludmillas Nähe auf, war sie doch ihre einzige Zuflucht hier.

Für kurze Zeit durften sie zurück in die Baracke.

Valentina schüttelte sich: „Das Brot schmeckt ja widerlich und die Suppe furchtbar."

„Die Suppe schmeckt überhaupt nicht", belehrte sie Ludmilla. „Es ist fast nur Wasser, ein dreiviertel Liter trübes Wasser. Die ersten in der Reihe haben nur Wasser, heißes Wasser. Das Bessere, die dickeren Brocken, sinken schneller, als du denkst."

Valentina begriff. „Deshalb stehst du immer hinten."

„Nicht nur, und jetzt iss endlich und frag nicht so viel. Wirst dich schon dran gewöhnen."

Das restliche Brot verschwand in Valentinas Mund. Kauend fragte sie: „Ist es immer so schlecht?"

An Ludmillas Stirn bildeten sich mächtige Falten. „Bis zum Frühjahr gab es zweimal am Tag was. Schwamm auch mal eine Kartoffel im Wasser. Nun schmeißen sie Rüben in die Wanne und kochen sie. Kartoffeln tun sie wohl den Schweinen in den Trog, sind mehr wert als wir."

„Wie lange hält man das durch?"

Ludmilla zuckte mit den Schultern. Die Große mit den Zahnlücken beugte sich zwischen die beiden: „Bis du tot bist", zischte sie schwermütig. „Dann werfen sie dich auf den Karren, fahren dich durch die Stadt und buddeln dir ein hübsches Loch drüben am Friedhof."

Valentina schwieg und leckte die letzten Krümel aus der Hand.

Erneut schrillte der Pfiff. Valentina wartete mit Ludmilla, bis sich die meisten durch den Ausgang gedrängt hatten. Nur wenige blieben zurück. Kranke und völlig Entkräftete. Valentinas Blick fiel auf eine am Boden liegende ältere Frau. Reglos verharrte sie mit angezogenen Knien auf dem Betonboden, wie ein Embryo im Mutterleib. Die Hände ineinander verkrallt, wimmerte sie leise vor sich hin. Die dünnen Arme bestanden nur noch aus Knochen, Sehnen und runzliger Haut, ebenso die Beine. Die Füße steckten in zerrissenen Strümpfen, mit Stofffetzen umwickelt und mit ausgefransten Hanfschnüren notdürftig zusammengehalten.

Ludmilla registrierte Valentinas entsetzten Blick, der sich an der alten Frau festzusaugen schien. „Die macht es nicht mehr lange, ist schon eine Weile hier. Haben sie wahrscheinlich vergessen."

Ihr sarkastisches Lächeln gefror, als Valentina sich in Bewegung setzte und murmelte: „Aber man muss ihr doch helfen ..."

„Du kannst ihr nicht helfen, niemand kann ihr helfen." Ludmilla legte ihre Hand auf Valentinas Schulter. „Du brauchst alle Kraft, dir selbst zu helfen. Verstehst du?"

Als die Aufmüpfige weiter zum Ausgang drängte, umklammerte Ludmilla ihren Arm. „Bist verrückt, Frau, die schlagen dich halb tot, wenn du dich meldest, und jetzt reiß dich zusammen.“ Der stramme Griff schnürte Valentina das Blut ab und hinterließ einen blauen Fleck. Valentina begann zu weinen.

„Musst noch viel lernen, Fräulein, und jetzt komm.“ Mit den Letzten stürzten beide ins Freie und reihten sich ein in den Zug, ganz hinten.

Diesmal las Nastasia einzelne Nummern vor, so schnell, dass ihr die Frauen kaum folgen konnten: „212 bis 230 in die vordere Fabrik! 231 bis 247 in die hintere ... Halt, du bleibst auch hier.“ Eine zierliche Französin, die sich nicht ordentlich ausgerichtet hatte, trat zögerlich zur Seite.

Kreuz und quer sprangen die Häftlinge zu ihrer Gruppe und stellten sich in Reih und Glied. Ludmilla zischte: „Wenn meine Nummer kommt, läufst du auch!“

„Aber ...“

„Frag nicht!“

„251 ...“ Kurz entschlossen lief Valentina der Ukrainerin hinterher. Die Handvoll, die übrig blieben, die ihre Nummer überhörten, die neu waren und noch keine Nummer hatten, standen armselig an ihrem Platz.

„Habt wohl geschlafen, ihr Lumpen?“, fauchte Nastasia. „Werden es euch schon austreiben.“

Während die anderen Aufseherinnen die Gruppen zum Ausgang führten und den Posten übergaben, bekamen die Zurückgebliebenen ihre Extralektion von Nastasia. „Frühsport, ihr Sauhunde.“ Johlend trieb sie die Frauen im Kreis herum, ließ sie abwechselnd auf dem Bauch robben, aufstehen, spurten, in die Knie gehen, Kniebeugen machen. Die Ersten, die strauchelten, bekamen Schläge mit dem Knüppel. Dann robbten sie wieder auf dem Bauch, standen auf, robbten auf dem Bauch, standen auf, spurteten, bis die Beine nicht mehr wollten, bis sie zitterten vor Entkräftung, bis sie willenlos zu Boden sanken. Später bekamen sie Backsteine auf die gefalteten Hände gelegt, die sie stundenlang im Kreis laufend mit sich herumtragen mussten. Stolperte eine Frau und fiel hin, half ihr der Ochsenziemer auf die Beine. Der Kreis schloss sich wieder.

„Die haben meine Nummer nicht aufgerufen“, klagte Valentina, als sie in Zweierreihen zur Fabrik marschierten.

„Pssst, wenn dich wer hört.“ Ludmilla warf einen vorsichtigen Blick zur Seite.

„Warum ziehst du mich in die Fabrik? Meine Nummer …“

„Dummkopf, sei froh, dass du hier bist.“

Valentina begriff nicht, aber sie beruhigte sich damit, dass Ludmilla es sicher gut mit ihr meinte, schließlich kannte sie sich hier aus.

Hundeführer Weber und zwei Aufseherinnen geleiteten den Trupp in ein riesiges Gebäude, voll mit glühenden Öfen, gewaltigen Stapeln von Backsteinen, Wagen und Maschinen. Auf schmalen Gleisen schoben Zwangsarbeiter mit Ton beladene Loren zu einem großen Sammelbecken, dem Sumpf, und leerten die rotbraune Masse hinein. Ludmilla und einige Frauen schickten sie zur Brennkammer, Valentina musste mit den anderen in den Sumpf.

Mit nackten Füßen kneteten sie ein Gemisch aus Ton und Wasser zu einer gefügigen, rotbraunen Masse. Anfangs war die Arbeit angenehm, das Wasser kühlte die Beine, die Masse war steif und rau, doch bald wurde sie schlüpfrig und zäh. Sie klebte zwischen den Zehen, an den Füßen. Die Füße klebten in der Masse und die Masse hielt die Füße fest, als wären sie eins.

Die Beine der Frauen wurden schwer. Die Schenkel, die die

Füße aus der Masse zogen und sie wieder zurück in die Masse pressten, schmerzten. Die Frauen blickten zu den Aufseherinnen. Sie sahen in böse, wachsame Augen. Sie sahen Hände, die den Griff des Ochsenziemers umklammerten, jederzeit bereit, zum Schlag auszuholen. Die Furcht trieb die Schenkel weiter an. Sie machte die Frauen zu willigen Maschinen, die ihrem Körper längst nicht mehr gehorchten.

Unablässig kippten die Männer Ton in den Sumpf, andere Männer schaufelten die zähe Masse in Loren und schoben sie dorthin, wo die Ziegel geformt und getrocknet wurden, bevor sie in die Brennkammer kamen. Unaufhörlich brannte die Brennkammer den Ton.

Einige Frauen im Sumpfbecken wurden ohnmächtig. Von außen zogen Frauen die Körper aus der Masse und schafften sie weg, dann mussten sie selbst hinein. Erschöpfte Männer leerten in einem fort neuen Ton in den Sumpf, denn die Brennkammer wartete nicht.

Am Nachmittag schickte eine Aufseherin Valentina und zwei weitere Zwangsarbeiterinnen an den Ofen. „Los, los!“, schrie sie. Die Arbeit ging ihr zu langsam.

Die scharfkantigen Ziegel rieben an den Händen, die Haut löste sich. Blasen, die sich längst gebildet hatten, platzten. Das blanke Fleisch trat hervor. Einige Frauen rissen sich Stofffetzen aus dem Futter ihrer Röcke heraus und wickelten sie um die geschundenen Stellen. Eine ältere kleine Frau stand barfuß da, ihre zerrissenen Strümpfe an den Händen.

„Wann gibts was zu essen?“, fragte Valentina.

„Essen?“ Ludmilla lachte so laut, dass sich einige Frauen ängstlich umblickten. „Habt ihr gehört? Die fragt, wann es zu essen gibt!“

„Psst, der Posten.“ Die Große mit der Zahnlücke drehte sich schnell wieder um und stapelte den nächsten Stein auf.

Hundeführer Wagner schimpfte im Hintergrund lautstark mit einer Aufseherin, die ergeben nickte. Dann kam sie mit hochrotem Kopf angerannt und brüllte: „Los, schneller, ihr faulen Säcke. Ich zeig es euch schon, wie man arbeitet!“ Drohend umklammerte sie den Ochsenziemer, der lose hinter ihrem Gürtel steckte, zog ihn heraus und ließ ihn wahllos auf einen Frauenrücken herabsausen.

Valentina ging in die Knie, die Peitsche traf sie unvorbereitet und hart. Wie ein Feuerball raste der Schmerz durch den gesamten Körper. Valentina wurde schlecht. Die Schmerzen wollten lange nicht enden.

Um achtzehn Uhr heulte endlich die Sirene. Feierabend.

Erst als der Trupp das äußere Tor des Lagers passierte und die Torhüterin mit den ledernen Handschuhen das Stacheldrahtgeflecht zum Innenbereich öffnete, durften die Zurückgebliebenen ihre Steine ablegen und den stundenlangen Marsch beenden.

„Weißt jetzt, warum?“, flüsterte Ludmilla zu Valentina, als die Frauen vor ihnen in die Baracke stolperten.

Eine beklemmende Stille erwartete die Zwangsarbeiterinnen, die kaputt und ausgelaugt in die rostigen Drahtbetten oder auf ihre Schlafplätze am Boden sanken. Während sie ihre Körper aneinanderschmiegten und einzuschlafen versuchten, ließen ihnen die Läuse keine Ruhe. In jeder Hautfalte, in den Haaren, einfach überall nisteten sie sich ein und quälten die Leiber, die sie bewohnten, bis aufs Blut.

Valentina dachte an die Fabrik. Während der Arbeit, als sie schweigen mussten, war es ein ständiges Verlangen gewesen, zu reden. Jetzt, in ihrer Behausung, in die sich wegen des Ungeziefers und der Sorge, sich mit Fleckfieber anzustecken, kaum jemals ein Aufseher hereinwagte, jetzt, wo sie reden konnten, so viel sie wollten … da schwiegen sie.

„Die Frau ist weg." Erschrocken fuhr Valentina hoch, als sie den leeren Platz neben der Großen erblickte.

Ludmilla zuckte gleichgültig mit den Achseln. „Ist sicher tot, ist besser dran als wir."

Ohnmächtige Wut stieg in Valentina auf. Wie konnte Ludmilla so gleichgültig sein? Die Alte war doch ein Mensch, sie hatte doch ein Recht zu leben. Lange schwiegen die Frauen. Unsicher wanderte Valentinas Blick umher.

„Du siehst ihnen an, wie lange sie schon da sind." Ludmilla legte ihre Hand auf Valentinas Schulter.

Eine der Neuen, die mit ihr hergebracht worden waren, erkannte sie wieder. Ihre Gesichter waren trotz der Anstrengung noch frischer, die Backen rundlicher, das Kinn nicht so ausgeprägt und die Augenhöhlen nicht so tief eingesunken. An ihren Armen war noch Fleisch, selbst die Kleider, die Röcke und Hosen, die Kittel zeugten von einer erst kurzen Zeit in dieser Hölle.

„Hast auch so entsetzlichen Hunger?", meinte Valentina.

Ludmilla grinste. „Hunger ist wie ein Mann. Am Anfang ist er kräftig und irgendwann gewöhnst du dich an ihn."

„Bist verheiratet?"

Ludmilla nickte. „Hab schon Jahre nichts mehr von ihm gehört. Ist an der Front."

„Kinder?"

„Zwei. Junge und ein Mädchen, zwölf und acht." Ludmillas Augen wurden feucht. „Ich denk immer wieder dran, wenn ich meine Tage krieg. Ist scheiße, wenn es dir in die Unterwäsche läuft und kannst es nicht auffangen, oder wenn es an den Beinen klebt. Aber es wird immer weniger. Ach, ich weiß gar nicht mehr, wann es das letzte Mal war."

Valentina fragte nicht weiter. Krampfhaft versuchte sie einzuschlafen.

„Julian“, seufzte sie leise. Sie schloss die Augen und dachte an damals, als sie zusammen waren, in ihrem Liebesnest am Kanal, ohne Störenfriede wie in den Wochen zuvor. Sie spürte die Wärme im Unterleib ... Dann öffnete sie die Augen und starrte auf das Barackendach.

Nach einer Weile fragte sie: „Was ist das hier für ein Lager? Ein KZ?“

Die Antwort kam zögernd: „Die Menschen werden durch Arbeit kaputt gemacht und durch langsames Verhungern. Sie gehen ein wie Blumen in der Vase, langsam, aber sicher. Haben ihre Wurzeln draußen gelassen.“

„Du hast dich aber gut gehalten.“

Ludmilla erstarrte und schwieg.

Valentina hakte noch einmal nach: „Warum hast du dich um mich gekümmert?“

„Hab gehört, du hast Geld.“

Valentina erschauderte, aber sie schwieg. Der Boden war hart und feucht und in ihrem Bauch rumorte es. Drehte sie sich auf den Rücken, schmerzten die geprügelten Stellen. Es dauerte, bis ihr endlich die Augen zufielen.

Zwischen Kuhschwänzen

Valentina fuhr hoch. Schlaftrunken tastete sie nach Ludmilla, doch der Platz neben ihr war leer und weich. Sie lag in einem richtigen Bett und in einem Zimmer. Zwei Tage waren bereits vergangen seit ihrer Flucht. Beruhigt schlief sie wieder ein.

Unterdessen saß Adam auf seinem Platz am Kachelofen im Gasthaus. Den steinernen Krug umklammerte er mit einer Hand, in der anderen hielt er seine Pfeife. Denzler und er waren die einzigen Gäste, der Wirt saß in der Ecke und schlief. Immer wieder begann er, leise zu schnarchen, bis sein Kopf nach vorn ins Leere sackte, wodurch er dann kurz erwachte. Dichter Rauch hielt sich hartnäckig unter der Decke und schwängerte die Luft mit Tabakdunst. Die Fenster waren verschlossen und mit Papierbahnen abgedunkelt.

Denzler tränten bereits die Augen, aber er klagte nicht. Neugier plagte ihn.

„Na, Adam, hast einen guten Fang gmacht? Die hat ja eine Figur wie eine vom Film, nur ein wenig dürr ist sie noch."

Adam machte eine abfällige Handbewegung. „Hab sie noch gar nicht genau angschaut. Hauptsache, sie arbeitet gscheit."

„Jetzt sag mal", hakte Denzler nach. „Sind die in der Stadt wirklich alle so ausghungert, wie du neulich gsagt hast?"

„Hab kaum Dicke gsehn", meinte Adam gelassen. Nur kurz blickte er auf, als die Wirtin kam und nach leeren Krügen schaute. Er ärgerte sich, schließlich hatten sich auch Großmann und Rudi zum Schafkopf verabredet, und nun saß er mit dem vorlauten Denzler zusammen.

„Wie heißt denn deine Neue überhaupt?", fragte der

Nachbar. „Hab sie überhaupt noch nicht richtig zu Gesicht bekommen. Wenn ich mal mit ihr plaudern will, verschwinds immer gleich im Haus."

„Die Irmgard?" Adam zeigte keine Regung. „Die red nicht viel, die macht ihre Arbeit, und das passt auch so."

„Wo kommts her, hast gsagt?", fragte der Nachbar erneut. Adam schwieg, er war nicht bei der Sache, umständlich klopfte er die Pfeife aus und stopfte etwas von seinem selbst angebauten Tabak in die Öffnung.

Denzler trank einen kräftigen Schluck. Mit dem Ärmel wischte er sich den Schaum von den Lippen. Nach einer Weile sagte er: „Aus dem Langenzenner Lager ist neulich eine ausgrissn, hat meine Schwester aus Horbach erzählt, beim Flachsdreschn. Die ganze Gegend habns am nächstn Tag mit Hunden durchsucht, den Bauern ihre Heuböden habns mit Gabeln durchwühlt."

Adam hustete nach dem ersten Zug aus der Pfeife und rieb sich die Tränen aus den Augen. Unsicher fragte er: „Seit wann ist denn in Langenzenn ein Lager?"

Denzler zog die Augenbrauen hoch. „Deine Marie hat doch neulich kräftig für die Russenweiber gekocht. Hab ich doch gsehn. Haufenweise Töpf habns zum Froschauer seinem Kartoffelacker gschleppt. Und das weißt gar nicht, dass die aus dem Lager warn?"

Unsicher zuckte Adam mit den Achseln, heißes Blut färbte ihm die Stirn. Schließlich zog er ein Fünfzig-Pfennig-Stück aus der Hosentasche und legte es auf den Tisch. „Wird Zeit zum Heimgehn", meinte Adam kurz angebunden. „Bin nicht ganz gsund heut, gibst halt der Wirtin das Geld. Also gut Nacht." Schnell verschwand er aus der Wirtsstube. Denzler trank in aller Ruhe sein Bier, dann ging auch er.

Marie lag längst im Bett, als Adam die Schlafzimmertür öffnete. Er schlich sich in die Kammer und suchte sein Nachthemd. Als er es anziehen wollte, riss der oberste Knopf ab und kullerte auf den Boden. „Kieseldonnerwetter.“ Leise fluchend sank er auf die Strohmatratze.

Dem Gatten den Rücken zugewandt, lauerte Marie am Bettrand. Zuerst begann Adam leise zu blasen, stoßweise presste er die Luft aus den Nasenlöchern und zog sie röchelnd durch den Mund wieder ein. Dann atmete er nur noch durch den Mund und begann fürchterlich zu schnarchen. Ungehalten lauschte Marie. Ständig zählte sie die Sekunden, in denen Adam nicht atmete. An Schlaf war nicht zu denken, unruhig wälzte sie sich hin und her, sie hielt sich die Ohren zu, sie stieß ihm den Ellenbogen in den Rücken, sie redete auf ihn ein, es war zwecklos. Zornig huschte sie aus dem Bett, suchte die Filzschlappen und tappte schlaftrunken in den Stall, um nach der hochträchtigen Kuh zu sehen.

Die Tiere ließen sich vom zaghaften Lampenschein nicht stören, sie kannten die Schritte der Bäuerin. Die schwangere Kuh lag, die Beine weit von sich gestreckt, im Stroh. Marie machte sich Sorgen, das Kalb war überfällig. An der Scheide klebte blutiger Schleim, Milch tropfte bereits aus dem prall gefüllten Euter. Sie löschte das Licht. Mit dem Rücken zur Wand setzte sie sich auf den dreibeinigen Melkschemel. Vom geschlossenen Fenster zog kühle Luft herab.

Marie fröstelte. Sie kniete sich auf den Boden, legte ihre gefalteten Hände auf den Hocker und betete. Seufzend stand sie wieder auf: „Ach, wenn doch wenigstens der Franz da sein könnt, der versteht von Kühen zehnmal mehr als der Bauer.“

Schließlich zog sie ihr Stallkleid über, rieb sich die Arme mit Kernseife ein, kniete sich hinter die Kuh, säuberte die Scheidenöffnung mit kaltem Wasser und schob den Arm tief in den Geburtskanal. Es dauerte eine Weile, bis sie in der Fruchtblase die Beinchen des Kalbes spürte. Ungeduldig zerriss sie mit den Fingernägeln den Tragsack. Ein Schwall warmes Fruchtwasser sprudelte über ihren Rock. Durchnässt streifte sie zwei Stricke um die Füße des Kalbes und begann vorsichtig zu ziehen. Für einen kurzen Moment kamen die Beinchen zum Vorschein, dann verschwanden sie wieder im Bauch der schwer atmenden Kuh.

Ratlos lief die Bäuerin ins Haus und klopfte leise an die Tür der Magd, dann an der ihrer Buben. „Aufstehn, schnell, die Kuh kalbt."

Sie klopfte auch an Valentinas Kammertür. Die Frau sprang aus dem Bett und stürzte in die Ecke.

„Nur ruhig, Irmgard", beruhigte sie die Bäuerin. „Ist nichts Schlimmes. Brauchn dich im Stall zum Kalben."

Fast das ganze Haus war nun auf den Beinen. Ketten klirrten, Kühe brüllten und glotzten zu den Menschen, die aufgeregt umhereilten. Das kalbende Tier versuchte aufzustehen, verzweifelt probierte es, die Vorderbeine anzuwinkeln und den Rumpf aufzurichten. Wie gelähmt sackte es in sich zusammen, röchelnd mit weit aufgerissenen Augen schnappte es nach Luft. Die Kette spannte sich um den Hals und schnürte ihm die Luft ab. Geschickt zogen die Buben den Schädel auf die Seite und öffneten die Kette. Eindringlich mahnte Hans: „Mutter, willst nicht den Vater aufweckn?"

Marie gab ihm keine Antwort. Fast gleichzeitig kamen Valentina und die andere Magd herein. „Schnell, ziehn!" Hektisch deutete die Bäuerin auf die beiden Stricke, die aus der Scheide ragten, dann knotete sie zwei Rundhölzer in das Seil und drückte sie den Frauen in die Hand. Während sie die Öffnung zu dehnen versuchte, zogen die Helfer am Strick.

Langsam kamen die Beine wieder zum Vorschein, der riesige Kopf lag dazwischen und zwängte sich ins Freie.

„Das ist ein Bulle!“, meinte Hans.

„Ich glaub auch“, stammelte Marie, schweißnass.

„Es geht nimmer weiter“, jammerte Martin, während das Kalb halb im Bauch steckte und nach Luft schnappte.

„Zieht, zieht!“, mit letzter Kraft dehnte Marie den Geburtskanal. Dann stand sie auf und schnäuzte sich in den Rock. „Kaspar, schnell, hol den Vater.“

Schon nach kurzer Zeit kam Adam schlaftrunken in den Stall, die Hosenträger über das weiße geriffelte Unterhemd gezogen, ergriff er den Knüppel und stemmte sich mit den anderen ins Seil.

Langsam glitt der glitschige Körper Zentimeter für Zentimeter heraus, bis er vom kläglichen Stöhnen der Kuh begleitet auf den Mistgang platschte. Reglos lag das Kalb auf dem Boden, fassungslos standen die Menschen herum.

„Der ist hin.“ Enttäuscht holte Hans die Schubkarre. Gemeinsam hoben sie den leblosen Körper hinein und stellten ihn hinaus in den Hof. Martin füllte einen Eimer voll mit Wasser und hielt ihn der Kuh ans Maul. Sie verweigerte und legte den Kopf ins Stroh.

Die Magd gähnte. „Kann ich wieder ins Bett?“

„Geh nur“, meinte Marie unglücklich. „Nach der Kuh schau ich später noch mal. Adam, vergiss nicht, das Licht auszumachn, und gib den Kühen noch ein wenig Heu. Los, Kinder, ins Bett, morgen früh müsst ihr in die Schul.“ Marie dachte an alles, irgendwie musste es ja weitergehen.

„Hätts nicht braucht“, nörgelte Adam, als er an das Kalb dachte, während er frisches Stroh aus der Futterkammer holte. Dann nahm er eine zweite Gabel und drückte sie Valentina in die Hand. „Da, kannst helfen.“

Müde verteilte sie das Stroh unter den Bäuchen der Rinder. Adam hielt seine Gabel fest umklammert. Das Kinn auf das Stielende aufgesetzt, betrachtete er die Fremde. „Passt schon", meinte er lächelnd.

Valentina errötete leicht. Verlegen sah sie auf den Boden, dann blickte sie ihm kurz in die Augen. Rasch wendete sie sich den verdreckten Kuhschwänzen zu, die hin und her wedelten, um die lästigen Mücken zu vertreiben.

„So, jetzt kannst wieder schlafn", meinte er ungewohnt sanft. „Morgen früh ist die Nacht vorbei."

Eilig verließ sie den Stall, nahm ihre Holzschuhe in die Hand und ging die Stiege hoch. Erschöpft sank sie ins Bett, fand aber keine Ruhe. Die Gedanken kreisten wirr durch ihren Kopf und hämmerten auf sie ein. Die Geschehnisse der letzten Tage wiederholten sich wie ein Film, immer wieder von vorn. Ihre Einsamkeit war größer denn je, sie war furchtbar traurig, vor allem aber fühlte sie Schuld. Jetzt, wo sie langsam zur Ruhe kam und ein wenig Hoffnung schöpfte, sehnte sie sich zurück ins Lager zu ihren Leidensgenossinnen, die sie alleingelassen hatte und die nun womöglich ihretwegen hart bestraft wurden.

Die Dunkelheit erdrückte Valentina. Sie stieg aus dem Bett und ertastete den Schalter. Das schwache Licht der Birne blendete kaum, nur eine fette Stubenfliege kreiste unruhig an der Decke. Ständig stürzte sie sich auf das dünne Glas, als suchte sie Einlass in das Gehäuse. Gähnend setzte sich Valentina auf den Stuhl neben der kleinen Kommode. Der kleine Spiegel vor ihr war kaum größer als ihr Gesicht. Lange hatte sie es nicht mehr gesehen, würde sie es wiedererkennen? Die Entbehrungen, der ständige Hunger, die Angst, all dies hatte gewiss Spuren hinterlassen. War sie hässlich geworden, unansehnlich wie eine ungepflegte alte Frau? Instinktiv hielt sie die Augen verschlossen, als wollte sie sich schützen vor der Erkenntnis, nicht mehr schön zu sein. Erst als sie den Spiegel umgedreht hatte, öffnete Valentina ihre Lider.

Die Strohmatratze war ungewohnt, sie war uneben und viel zu bequem. Unruhig wälzte sich Valentina hin und her. Schließlich breitete sie die dicke Wolldecke auf den Boden und legte sich auf die knorrigen Dielen. Anfangs fröstelte sie. Nachdem sie sich die weiche Decke übergezogen hatte, kroch schnell wohlige Wärme in ihren Körper. Endlich schlief sie ein.

Es war noch stockfinster, als die Bäuerin leise an die Tür klopfte. Valentina erschrak. Benommen setzte sie sich auf und lauschte. Nach einer Weile klopfte es erneut. „Aufstehn."

Valentina atmete erleichtert auf und streckte sich. Noch schläfrig wankte sie durch den Hausgang und öffnete die Stalltür. Den Melkschemel in der einen Hand, in der anderen den Milcheimer, rauschte die Magd an ihr vorbei. Valentina wich einen Schritt zurück. Wortlos blieb die andere stehen und musterte die Fremde. Ihr Blick war feindselig und abweisend. Die langen rötlichen Haare hatte sie notdürftig unter das weiße Kopftuch gesteckt, nur ein zerzauster Büschel schaute über ihren lauernden braunen Augen hervor, die von Valentina erst abließen, als die Bäuerin im Stallgang erschien.

„Guten Morgn, Irmgard, hast gut gschlafn?" Ohne eine Antwort abzuwarten, griff sie die Fremde am Arm und schob sie zu den Kühen. „Da, nimm mein Zeug, kannst gleich bei der Berta anfangn." Sie deutete auf die braun-weiß Gescheckte und drückte Valentina den dreibeinigen Schemel und einen verbeulten Blecheimer in die Hand. Dann verschwand sie eilig durch das Tor in die Futterkammer.

Mitleidig betrachtete Valentina das Tier, das letzte Nacht gekalbt hatte. Schwer atmend, die Beine von sich gestreckt, lag es am Boden. Ab und zu versuchte es, den Kopf zu heben, doch immer wieder sackte der Schädel zurück ins Stroh. Das riesige Euter war aufgequollen, aus den geschwollenen Zitzen tropfte schmutzig weiße Milch. Schleimige, von Blut getränkte Fetzen des Tragsackes hingen aus dem Geburtskanal, verklebt mit Kot und Strohhalmen. Valentina erschauderte.

„Willst nicht endlich anfangn?“, riss die zeternde Magd sie aus ihren Gedanken.

Das Melken ging Valentina gut von der Hand, schon als Kind musste sie zu Hause helfen. Die Kuh war geduldig. Gemächlich fraß sie junges Gras, das die Bäuerin in den Barren schüttete. Doch nach kurzer Zeit begannen Valentinas Arme zu schmerzen. Nur ihr eiserner Wille und die giftigen Blicke der Magd zwangen sie, nicht aufzugeben. Allmählich versiegte der Milchfluss, die Kuh wurde unruhig. Valentina verstand. Flink zog sie den halb vollen Behälter hervor und rückte den Schemel zur Seite.

Als sie sich erhob, traf sie etwas mit voller Wucht ins Gesicht. Sie wollte schreien, wie gelähmt erwartete sie den nächsten Schlag. Das schadenfrohe Kichern der Magd löste Valentinas Betäubung. Krampfhaft hielt sie das Auge verschlossen und rieb mit dem Zeigefinger über das Lid. Der kotverschmierte Kuhschwanz hatte sie mit voller Wucht getroffen und stinkende Striemen hinterlassen.

„Ha, Stadtmadla“, die Magd verzog schadenfroh das Gesicht. „Die Arbeit am Hof ist halt kein Zuckerschleckn, gell? Wo kommst denn überhaupt her?“

Valentina überlegte kurz. „Nürnberg.“

„Aus Nürnberg? So schaust auch aus.“ Verächtlich blickte sie in den Milcheimer der Fremden: „Meinst, der wird vom Herumstehn voll?“ Mürrisch deutete die Magd auf eine kleinere, dürre, rot gescheckte Kuh: „Die ist noch nicht gmolkn.

Dein Gesicht kannst dir später sauber machn. Elendiger Stadtfrack“, brummte sie ihr verächtlich hinterher.

Valentina erwiderte nichts. Bedrückt setzte sie sich auf den Schemel und säuberte das haarige Euter mit einem alten Lumpen. Die winzigen Zitzen konnte sie kaum umklammern, nur spärlich tröpfelte die weiße Flüssigkeit in den Eimer. Das störrische Vieh schüttelte unruhig den Schädel. Drohend hob es das Bein, bis es schließlich heftig ausschlug. Der Eimer kippte um, die Flüssigkeit verteilte sich am Boden.

„Was hast denn jetzt wieder gmacht?“, schimpfte Anita triumphierend.

„Lass sie bloß in Ruh“, drohte die Bäuerin, die plötzlich hinter der Magd auftauchte. „Du weißt doch, dass die Belinda sich nur von mir melkn lässt.“ Marie fasste Valentina an der Hand und zog sie in die Futterkammer: „Weißt, die Anita ...“, sie deutete in den Stall, „... sie ist strohdumm, aber die kann nichts dafür. Und die Belinda, die ist gscheit. Die lässt sich nur von mir anfassn.“

Marie deutete auf die Halmschneidemaschine: „So, jetzt machst das Heu für heut Mittag und ich melk die Kuh fertig.“ Geschickt hob die Bäuerin das sichelartige Messer aus der Halterung, legte ein Büschel Heu auf den Bügel und drückte die Schneide kraftvoll nach unten. Dann bückte sie sich und stopfte das geschnittene Heu in den Korb. „Das kannst doch?“ Schon war die Bäuerin wieder verschwunden.

Der massive Hebel war schwer. Valentina mühte sich, aber ihre Arme waren schwach. Vergeblich drückte sie auf den Bügel.

Plötzlich stand der Bauer neben ihr. Ein feines Lächeln stand in seinem Gesicht. „Geht manchmal ein bisschen schwer, brauchst dir nichts denkn. Auch der Kaspar schaffts noch nicht. Guten Morgn.“

Valentina erschrak. Adam bemerkte kurz: „Hast mit dem Kuhschwanz Bekanntschaft gmacht, gell?"

Bevor Valentina antworten konnte, drang die scharfe Stimme der Bäuerin durch das Tor. „Dass du auch schon auf bist?"

Ihre Miene hellte sich erst auf, als Franz durch die Stalltür kam. Franz brachte Fröhlichkeit in den Stall. Wenn er nicht gerade redete, und er redete viel, summte er leise vor sich hin. Franz lud das durchnässte Stroh auf den einrädrigen Karren, den Adam über ein schmales Brett auf den Misthaufen schob.

Während Valentina den Stallgang mit dem Reisigbesen säuberte, beobachtete sie den Bauern, der jede Gabel Mist einzeln an der Außenkante ablegte, kontrollierte, erneut stapelte und so lange nachbesserte, bis er die dampfende Masse zu einer akkuraten Mauer geformt hatte.

Ungläubig schüttelte Valentina den Kopf. Jeder Bauer in ihrem Dorf hatte einen Misthaufen vor der Haustür, um den sich niemand scherte. Hier aber schien der Misthaufen das Aushängeschild für Fleiß, Strebsamkeit und Gewissenhaftigkeit zu sein. Hatten die Menschen keine anderen Sorgen?

„Traust dich nicht rein, gell." Marie zog Valentina am Ärmel durch den Hintereingang ins Haus. „Da." Sie deutete auf das Waschbecken im Bad. „Kannst dein Gesicht waschn. Das gschwollne Aug wirst aber nicht so schnell los."

In der Küche wies Marie die Fremde auf die Eckbank zwischen Anita und den Buben. An die Stirnseite des Tisches setzte sich der Bauer, auf dem Stuhl saß die Bäuerin, nur ein Platz blieb leer.

„Wo ist Großmutter?", fragte Adam, bekam aber keine Antwort.

Marie faltete die Hände: „... segne, was du uns bescheret hast", dann holte sie den Topf mit der Milchsuppe vom Herd, stellte ihn auf den Tisch und verteilte Kelle für Kelle in die umstehenden Teller.

Valentina merkte, wie ihr das Wasser im Mund zusammenlief, als sie den süßen Duft roch. Während die Buben naserümpfend in der Suppe herumstocherten und die immer dicker werdende Haut abschälten, richteten sich alle Augen zu der Fremden, die mit großem Eifer ihren Teller schon halb aufgegessen hatte, als die anderen noch kaum anfingen.

„Willst noch was, Irmgard?“, fragte Marie erfreut. Valentina nickte und hielt ihr schüchtern den Teller hin. Den missgünstigen Blick der Magd bemerkte sie nicht.

„Warum nimmt die nicht mal zum Essen ihr Kopftuch runter?“, fragte Anita bissig.

Die Bäuerin sah sie streng an: „Erklär ich dir später, Anita.“ Dann machte sie den Buben das Brot für die Schule zurecht und schickte sie los. Müde setzte sie sich auf ihren Stuhl und stützte den Kopf auf den Arm: „Ich denk, Adam, du nimmst Franz und Anita mit in die Weinleite und holst eine Fuhr Gras für die Küh. Und vergiss die Sense und die Rechen nicht, gell. Ich komm dann später nach.“

„Und die Neue braucht nicht aufs Feld?“

Marie überlegte einen Moment: „Für die hab ich eine andere Arbeit.“

Die Bäuerin folgte der Magd in den Gang. „Anita!“

„Ja.“

„Lass sie in Ruh. Die kann nix dafür. Ihre Haar sind bei einem Bombenangriff ein wenig verbrannt. Sie geniert sich halt und wartet mit dem Kopftuch, bis sie wieder nachgwachsn sind.“ Schnell ging sie zurück in die Küche.

Franz lächelte und sprach leise zu Marie: „Wenn alle deutsch Mann machen, was Frau sprechen, dann nix diese dumme Krieg, finit la guerre.“

Marie schmunzelte. Sie mochte ihn besonders, ihren Franz, den sie regelrecht aufgepäppelt hatte, nachdem er das erste Mal vom Kriegsgefangenenlager aus Rossendorf mitgekommen war. Ausgehungert und zermürbt vom Krieg, wie er aussah, nahm sie dem Franzosen die Scheu und gab ihm ein kleines Zuhause, das er der Familie durch seinen unermüdlichen Einsatz dankte.

Um die Fremde jedoch sorgte sich die Bäuerin. Sie machte keinen gesunden Eindruck. Kantige, eingefallene Wangen, tiefe Ringe um die glanzlosen Augen, ein blasses, ausdrucksloses Gesicht und die dünnen Ärmchen … Wie sollte sie je vernünftig arbeiten können? Nachdenklich ging Marie in die gute Stube und schaute aus dem Fenster. Wieder ertappte sie sich dabei, dass sie die Straße und den Hof kontrollierte. In allen Ecken sah sie Posten herumstehen, Gestapoleute mit Hunden, die nach der Fremden suchten.

Schließlich nahm Marie den Suppentopf in die Hand, ging die Treppe hoch in Großmutters Stube und stellte das Gefäß auf den Tisch neben der Bettstatt.

Die alte Frau saß in ihrem geflochtenen Schaukelstuhl und starrte durch das kleine Fenster auf die Straße.

„Bist krank?“, fragte Marie barsch. „Hab dir deine Suppe mitbracht.“

Die Alte schwieg eisern, mit dem Schaukeln hatte sie aufgehört.

Marie platzte der Kragen. „Meinst, ich trag die Brüh für die Katz rauf. Wenn du nicht redn kannst, dann lass bleibn …“ Wütend ging sie zurück zur Tür und wollte sie gerade heftig zuschlagen, als die Altsitzerin sich endlich äußerte.

„Eine Sauerei ist das. Sein ganzes Lebn hat man gschuftet und grackert, immer hat man an den Hof dacht, und dann so was.“

„Sags halt raus", drängte Marie. „Ich kann nicht riechn, was dir nicht passt."

„Was mir nicht passt ...", zeterte die Alte. „Eine Sauerei ist das, einfach eine fremde Dienstmagd einstelln und einem kein Wort vergönnen." Trotzig wippte sie wieder mit ihrem Stuhl und sah aus dem Fenster.

Erschrocken beschwichtigte sie die Bäuerin. „Aber schau, extra wegen dir habn wir das doch gmacht, dassd nimmer so viel arbeitn brauchst, weißt?"

„So was macht man nicht", erwiderte die Alte nun in einem versöhnlicheren Ton. „Taugt sie wenigstns was?"

„Na freilich", meinte Marie erfreut. „Und wie die arbeitn kann."

„Hat sie einen Namen?"

„Irmgard. Irmgard Gruber."

Stöhnend erhob sich Großmutter, umständlich zwängte sie ihre Füße in die ausgetretenen Filzpantoffeln und schlurfte zum Tisch. Widerwillig begann sie zu essen. „Die Suppe ist eiskalt. Eine Sauerei ist das. Sein ganzes Leben hat man gschuftet und grackert, immer nur an den Hof dacht, und dann wird man auch noch mit einer kaltn Suppe abgspeist." Kommentarlos verließ Marie das Zimmer, nahm den Rockzipfel in die Hand und wischte sich einige Tränen ab.

Ohne anzuklopfen, öffnete sie Valentinas Kammertür. Den Kopf leicht nach hinten gebeugt saß die junge Frau mit halb geöffnetem Mund auf ihrem Stuhl und schlief. „Diese furchtbare Blässe ist doch nicht normal", dachte sich Marie erneut. Besorgt lehnte sie die Tür an und huschte die Treppe hinunter, suchte sich in der Schmiede einen Rechen und folgte dem Bauern auf die Wiese. Die Fremde ließ sie schlafen.

Valentina fühlte sich elend, als sie erwachte. Ihre Beine zitterten, als sie vom Stuhl aufstand. Es wurde ihr schwarz vor den Augen, zudem rebellierte der Magen. Sie schaffte es nicht mehr aus dem Zimmer. Immer wieder musste sie sich übergeben. Verzweifelt kratzte Valentina die übel riechende Masse mit den Händen zusammen, bis Schwindel sie übermannte. Kraftlos sank sie in ihr Bett. Valentina schämte sich. Was würde die Bäuerin sagen, wenn sie das entdeckte?

Im Halbschlaf kamen ihr die Zustände im Lager, in ihrer Baracke in den Sinn. Wie Schweine mussten sie im Schmutz vegetieren, wie Schmutz waren sie behandelt worden. Und sie sah alles wieder vor sich …

Die Baustelle

Später als gewöhnlich setzte sich die Arbeitsgruppe am Sonntagmorgen in Bewegung. In Dreierreihen marschierten die Frauen an Küche und Kohlenschuppen vorbei zu ihren Arbeitsstätten. An der Straße hinter dem Zaun teilte Simon die Zwangsarbeiterinnen auf.

Zehn Frauen folgten Steigleder durch das Städtchen hinab zum Wiesengrund. Der Posten hatte es eilig. Mit seiner braunen Aktentasche in der Hand machte er große Schritte, die Frauen stolperten hinterher. Erst als das Lager nicht mehr zu sehen war, drosselte er das Tempo. Von Seitenstechen geplagt, kam eine groß gewachsene Frau ins Straucheln und musste sich übergeben.

Steigleder bemerkte die Unruhe. Er drehte sich um: „Warum sagst denn nicht, dass du nimmer kannst?"

Schützend legte die schlaksige Frau die Hände über den Kopf. „Njet, njet." Verzweifelt sank sie auf die Knie.

Am Straßenrand waren ein paar Frauen und ein alter Mann unterwegs zu ihrer Arbeit. Schweigend sahen sie dem Treiben zu. Steigleder kannte die Leute. „Heil Hitler", rief er ihnen zu. Murmelnd erwiderten sie den Gruß. Steigleder schämte sich und wollte die kniende Zwangsarbeiterin beruhigen. „Brauchst doch keine Angst habn, Mutter, es passiert dir doch nichts."

Valentina redete beschwichtigend auf sie ein, worauf sie sich mühsam erhob. Der Zug konnte seinen Weg fortsetzen. Der Posten lief nun hinter der Gruppe, das Tempo richtete sich nach der Schwächsten.

Bevor sie die ersten Häuser erreichten, lagen an einer uneinsehbaren Stelle Brot, Kartoffeln und einige gekochte Eier in einer Hecke. Steigleder sah sich ein paar Mal um, dann blieb er stehen. Hungrig stürzten sich die Zwangsarbeiterinnen auf die Lebensmittel. Steigleder drängte nach einiger Zeit: „Hopp, weiter, die Arbeit wartet."

„Lass sie doch ein wenig ausruhn", sagte plötzlich eine ältere Frau in einem grauen, knielangen Kleid, die hinter der Hecke hervorkam und den Posten anscheinend kannte. „Müssen noch genug schuftn drüben beim Bluthaisla."

„Wie kommst jetzt auf Bluthaisla, Nachbarin?", fragte Steigleder barsch.

„Na, weil sie sich so plagn müssen und weil die Händ und die Füß so aufgschundn sind von den scharfn Steinen. Die Leut redn halt."

„Die Leut solln ihr Maul haltn", brummte der Posten und ging weiter. Die Sträflinge folgten ihm im Gleichschritt. Dabei klebten ihre Augen an der Böschung, denn es gab mehrere uneinsehbare Stellen am Straßenrand, an denen Langenzenner Bürger regelmäßig Brot, Kartoffeln und gekochte Eier ablegten.

Unzählige Mücken tanzten in der Sonne. In Schwärmen begleiteten sie das glasklare Wasser im Graben, bis es in einem grauen Zementrohr verschwand, um auf der anderen Seite der Straße in einen breiteren Graben zu münden, der sich durch die Wiesen schlängelte. Zwischen Erlen und hohen Pappeln, die den Bach säumten, erkannte Valentina die zweite Ziegelfabrik. Hinter den Gebäuden aus rotem Backstein schraubte sich ein riesiger Schlot in die Höhe, dessen Öffnung grauen Rauch ausspuckte. Ein gutes Stück liefen sie an Häuserfronten vorbei, ehe sie in den Zenngrund abbogen.

Breite Wiesen grenzten an den schmalen Pfad. Valentina erfreute sich am saftigen Grün und an den gelben Butterblumen, die immer dichter standen, je näher sie an den Fluss kamen. Eine Sandsteinbrücke führte über das Wasser. Wurzelstöcke ragten in das Flussbett hinein. Die Böschung war vielerorts ausgeschwemmt und fortgespült vom Hochwasser. An den Binsen hingen verschmutzte Grasbüschel, eine alte Stoffpuppe schaukelte an einem ausladenden Ast knapp über der Wasseroberfläche. Der Kopf baumelte im Wasser, hin und her gerissen von der Strömung.

Zu Hause hatten sie auch einen Wiesengrund. Der Bach war kleiner, aber nicht weniger idyllisch. Valentina dachte an ihr Kirchlein daheim, an das Klassenzimmer im Pfarrhaus, sie dachte an ihre Eltern, die Geschwister, an den vielen Schnee im Winter, an die Puppenküche. Tränen liefen ihr über die Wangen.

Ludmilla bemerkte ihr stilles Weinen. „Denkst an zu Hause?“

„Woher weißt du?“, flüsterte Valentina.

„Das machen alle, ist ganz normal“, brummte die Frau mit dem Leberfleck. „Und jetzt sei leise, ist zu gefährlich, sei still.“

Steigleder zählte nicht zu den Haudegen, aber Ludmilla misstraute auch ihm. Abends in ihren Wachstuben saßen sie stundenlang zusammen und redeten gewiss über auffällige Sträflinge. Eine banale Bemerkung, eine harmlose Feststellung reichten aus, um aufzufallen. Das war gefährlich, erst die Masse schaffte ein wenig Sicherheit, genau wie ein Fisch im Schwarm, ein Vogel unter vielen Vögeln oder ein einzelnes Schaf in der Herde sich verstecken konnte. Das zu schnelle, das zu langsame, das schwarze, das blökende Schaf jedoch ragte heraus und wurde angreifbar.

Überleben im Lager hieß: nicht auffallen. Deshalb schwiegen sie wieder und folgten unentwegt dem eintönigen Rhythmus des Marsches. Es war immer das Gleiche, Tag für Tag: schweigen, laufen, geschlagen werden, gehorchen, arbeiten, sterben …

Vor ihnen lagen die Bahngleise, die von Westen kommend nach Nürnberg führten und mit einem Nebengleis der unteren Backsteinfabrik verbunden waren. Der Inhalt eines alten verrosteten Waggons wurde gerade von Häftlingen aus dem Männerlager abgeladen. Peitschen knallten, das Geschrei der Kapos dröhnte und trieb die Leute an. Hektisch schichteten Zwangsarbeiter rote, kantige Backsteine auf den Bahndamm. Mit nacktem Oberkörper arbeiteten sie in der Morgensonne. Keiner wagte aufzusehen, als Steigleder die Frauen sich im Schatten aufstellen ließ.

Ein hagerer Mann brach mit einigen Steinen in den Händen stöhnend zusammen. Sofort war er umzingelt von Kapos, die auf ihn einschlugen. Mit letzter Kraft raffte sich der Unglückliche wieder auf und machte weiter. Sein Rücken war übersät mit blutigen Striemen.

Nachdem sie den Gleiswagen entladen hatten, folgte ein schriller Pfiff von Hundeführer Wagner, der mit erhobenem Gewehr an einem Baumstamm lehnte. Schon sprangen die Männer auf die Gleise und schoben den Waggon zurück zur Backsteinfabrik. Der Posten scherzte kurz mit Steigleder, während sein knurrender Schäferhund an der Leine zerrte. Dann folgte Wagner den Männern, die, angetrieben von den Kapos, schon weit voraus waren.

Bereits am frühen Morgen war es schwül und stickig. Schweißtropfen standen auf Steigleders Stirn, sogar das Hemd wurde ihm zu warm. Seine Jacke hatte er längst ausgezogen und neben die Schirmmütze an einen niedrigen Ast gehängt. Ächzend quälten sich die Frauen mit Backsteinen in den Händen den steinigen Weg empor, der an einer Haselnusshecke und Streuobstwiesen entlang steil nach oben führte. Schon nach wenigen Metern stöhnten die ersten unter der Last. Je steiler der Weg wurde, desto langsamer wurden die

Schritte. Die Sonne brannte erbarmungslos auf die Menschen nieder.

Ein Bauer mähte auf einer angrenzenden Wiese mit der Sense Futtergras, als der Zug der Zwangsarbeiterinnen vorbeikam. Er hielt inne und blickte ihnen kopfschüttelnd nach.

Durst quälte die Frauen. Valentina wunderte sich, woher der Körper noch die Flüssigkeit nahm, die er brauchte, um sich zu kühlen. Die Kleidung klebte bereits nach kurzer Zeit an der Haut und rieb an empfindlichen Stellen wie Schleifpapier.

Endlich erreichten sie das kleine Plateau inmitten von Obstbäumen. Von hier hatte man einen schönen Ausblick über das Städtchen. Die riesigen Ziegeldächer der Kirche und der Backsteinfabriken glänzten in der Sonne.

Der Platz war mit schmalen Fundamentgräben vorbereitet. Sandsteinquader lagen kreuz und quer auf dem Gelände, schwarze Gussrohre mit breiten Öffnungen ragten aus der Erde. Steigleder nahm sein Gewehr von der Schulter und kratzte an den beiden Stirnseiten der Baustelle zwei Rechtecke in den lockeren Boden. Schließlich wies er die Arbeiterinnen an, die Reichssteine dort abzulegen.

Plötzlich erschrak er, blitzschnell drehte er sich um. Mägerlein stand neben ihm. Er trug seine Ausgehuniform und blitzblank glänzende schwarze Stiefel. „Heil Hitler, schönes Plätzchen, oder?“

Steigleder schlug die Hacken zusammen und wusste nicht recht, was er antworten sollte: „Heil Hitler. Passt schon.“ Die Aussicht, die Landschaft, den weiten Horizont hatte Steigleder noch gar nicht bemerkt. Das Haus, das sich der Stellvertreter hier bauen ließ, interessierte ihn nur insofern, als er deshalb seinen freien Tag opfern musste.

„Die sollen sich beeilen!“, fauchte Mägerlein. „Laufen ja

wie die Schnecken." Angewidert betrachtete er Steigleders offenes Hemd, das nur noch mit dem hinteren Zipfel im Hosenbund steckte. „Und lauf nicht herum wie ein lumpiger Bauernfünfer! Steigleder, was sollen die Leut denken? Deine Mütze und deine Uniform hast wohl in der Hosentasche?"

„Hab ich unten." Mit rotem Gesicht stopfte sich der Aufseher das Hemd in die Hose und verschloss die offenen Knöpfe bis zum Hals.

„Also gut, dann mach den Weibern Dampf. Wollen ja irgendwann fertig werden, oder?"

„Jawoll!" Steigleder drehte sich um und trommelte die umstehenden Frauen zusammen. Mit großen Schritten ging er los, die Zwangsarbeiterinnen stolperten hinterher.

Mägerlein stellte sich wieder direkt neben den Erdwall, den Häftlinge aus dem Männerlager letzten Sonntag aufgeschüttet hatten. Ungeduldig wartete er. Die Arbeit ging ihm viel zu langsam voran.

Die mächtigen Glocken der Klosterkirche läuteten schon zum zweiten Mal länger, als die Uhrzeit es erforderte. Vielleicht ging der Gottesdienst zu Ende und die Menschen erhoben sich von ihren Bänken und strömten nach Hause. Wie gern hätte Valentina dieses mächtige Gotteshaus von innen betrachtet. Wie gerne hätte sie sich vor den Altar gekniet, still gebetet und Gott ihr Herz ausgeschüttet.

Anfangs hatte sie noch die Schritte gezählt, die Biegungen des Weges, die Ladungen, die sie nach oben schafften. Nun ging alles automatisch, ohne nachzudenken. Ein Albtraum, der immer wieder von vorn begann. Welcher Schmerz ihren Körper peinigte, konnte Valentina nicht mehr unterscheiden. Waren es die geschundenen Füße, der schmerzende Rücken, die Hände, die nicht loslassen durften, oder der gnadenlos brennende Durst, der den allgegenwärtigen Hunger verdrängte, als gäbe es ihn nicht? Valentina machte sich keine Gedanken mehr. Sie schleppte, sie stapelte, sie torkelte auf und ab, und je länger sie torkelte, desto langsamer verging die Zeit.

Gegen Mittag kam ein dunkelgrüner Bulldog auf dem Weg neben den Gleisen entlanggetuckert. Als Steigleder den Bauern erkannte, eilte er ihm das letzte Stück entgegen und lotste ihn aus Mägerleins Blickfeld hinter die dichte Hecke. Auf dem Holzkasten am Heck beförderte der Bulldog zwei große Blechtonnen, gefüllt mit kühlem Brunnenwasser. Der Bub am Beifahrersitz hatte einige Blecheimer auf dem Schoß gestapelt. Steigleder gab den Frauen ein Zeichen. Er griff einen Eimer, füllte ihn mit Wasser und drückte Valentina das Gefäß in die Hand. „So, eine nach der andern." Dann ging er schnell ein Stück hinter die Hecke und lugte durch die Zweige nach oben. Hoffentlich bemerkte das keiner.

Gierig tranken sie und reichten einander die Eimer weiter. Als der Durst gelöscht war, benetzten sie sich das Gesicht mit dem Rest. Etwas verlegen zog der grauhaarige Bauer einen Korb vom Bulldogsitz und gab ihn Steigleder: „Meine Frau hat noch ein paar Kartoffeln gekocht."

Der Aufseher schüttelte den Kopf: „Bist verrückt? Wenn sie uns erwischn!"

„Meine Frau hat gmeint, die haben bestimmt Hunger, so wie die ausschaun." Hastig drehte er sich um und kletterte umständlich auf seinen Bulldog, nahm den Bub auf den Schoß, dann fuhr er los, ohne sich umzusehen.

Die Kartoffeln schmeckten. Die Bäuerin hatte sie ausgehöhlt und in jede ein Stück Schmalz hineingedrückt. Doch Steigleder drängte: „Los weiter, will nicht wegen euch Kopf und Kragen riskiern."

Unterdessen kam wieder ein offener Plattformwagen im Schritttempo angerollt. Eine Handvoll Häftlinge mit nacktem

Oberkörper lief seitlich am Gleisbett entlang und schob, wenn es erforderlich war. Zwei Kapos standen auf der äußeren Trittfläche, jeder eine Kurbel in der Hand, und bremsten. Wagner stolzierte mit seinem Hund umher. An der Abladestelle sprangen die Kapos vom Waggon und prügelten auf einen trödelnden Häftling ein. Der junge Bursche ging zu Boden, die verbrannte Haut auf seinem feuerroten Rücken sprang auf und fing an zu bluten. Sofort ließ Wagner seinen Hund von der Leine, der sich knurrend in das Hosenbein des schreienden Sträflings verbiss. Erst als Wagner den Hund zurückrief, ließ der Köter ab und trottete zurück zu seinem Herrn.

Der kramte seine Taschenuhr heraus: „In einer halben Stunde ist der Waggon leer." Der russische Kapo hatte kaum übersetzt, schon begannen die Männer hastig, einander die Steine zuzuwerfen und sie neben den Bahngleisen aufzuschichten. Der junge Bursche stand vorn in der Reihe, das Hosenbein hing in Fetzen, an der Wade klaffte eine blutende Wunde.

Die Sonne brannte noch immer erbarmungslos, obwohl bereits feine Schleierwolken den blauen Himmel durchzogen und im Westen sich Haufenwolken auftürmten. Die freien Oberkörper der Häftlinge ähnelten gekochten Krebsen, so sehr hatte ihnen die Sonne zugesetzt. Hautfetzen lösten sich ab. Manche Verbrennungen nässten bereits, der salzige Schweiß wirkte wie ein Brennglas. Schutzlos waren sie der sengenden Sonne ausgeliefert.

Auch die Frauen kamen nur langsam voran, keuchend legten sie immer wieder Pausen ein. Aber selbst die Pausen wurden zur Qual, drückte doch die schwere Last auf Hände und Rücken.

Steigleder schimpfte und drohte. Die Steine, die transportiert werden mussten, wurden kaum weniger und der Haufen an der Baustelle kaum größer.

Fast unbemerkt frischte die Brise auf. Lautlos schlüpfte das laue Lüftchen unter die dünnen Kopftücher, streifte die aufgeknöpften Blusen und kühlte die glühenden Leiber. Als die Wolkenberge sich verdunkelten und die Sonne verschluckten, kühlte es rasch ab. Die Brise wurde zu Wind und der Wind steigerte sich zu heftigen Böen, die den Staub vor sich hertrieben.

Valentina tastete sich nur noch blinzelnd vorwärts. Immer wieder trieb es ihr Sand in die Augen und jedes Mal kostete es Überwindung, die Steine nicht einfach fallen zu lassen, um sich mit den Fingerrücken die eingedrungenen Fremdkörper herauszureiben. Eisern schleppte sie sich weiter. Eine Frau vor ihr brach zusammen. Wie ein verwundetes Tier kauerte sie am Wegrand, während die Steine ein Stück weiter die steile Böschung hinunterpurzelten. Steigleder schimpfte.

Dem ersten Blitz folgte ein dumpfer Donnerschlag, sofort schlugen einzelne große Tropfen auf dem trockenen Boden auf wie Geschosse und schufen kleine Trichter, während der Sand wegspritzte.

Steigleder ließ die entkräftete Frau in Ruhe, die versuchte, auf die Beine zu kommen. Die Steinkarawane setzte sich wieder in Bewegung. Die Frau kroch zur Seite, zusammengesunken blieb sie liegen, als wäre sie ein zu Erde gewordener Teil des Weges.

Hagelkörner mischten sich unter die großen Tropfen. Blitze zuckten nun überall am Himmel. Die Donnerschläge hallten wie Kanonen über dem weitläufigen Tal. Steigleder stellte sich unter eine mächtige Eiche, deren dicker Stamm ihn vor dem herabprasselnden Regen schützte, während sich die Häftlinge wie mechanische Förderbänder den Hang hinauf- und wieder hinabquälten. Rinnsale entstanden bereits auf den Fahrspuren und rissen Sand und kleine Steine mit sich. Weiter unten, an den Hecken wurde es glatt. Schwerer Boden bildete eine tückische Schmierschicht. Nichts fürchtete Valentina mehr, als zu stürzen und womöglich arbeitsunfähig zu werden. In der Baracke war man den Schikanen der Aufseherinnen ausgeliefert, man galt als unwillig, als nicht mehr brauchbar.

Dem Regen, der unablässig auf die Erde prasselte, folgten kühle Luft und ein frischer Wind. Valentinas durchnässte Kleidung wurde schwer und spannte am ganzen Körper. Die Sohle ihrer aufgeweichten Halbschuhe löste sich vorn und rollte sich bei jedem Schritt, wenn sie nicht aufpasste. Trotz der Anstrengung begann sie zu frieren. Immer wieder richtete sie ihren Blick auf den gegenüberliegenden Wald, dessen Kiefern in einem einheitlichen Grau versanken. Der Regen wollte nicht enden.

Die Frau lag noch immer am Wegrand, ihre Lippen waren blau angelaufen. Sie zitterte so sehr, dass selbst Steigleder unruhig wurde und seinen Unterschlupf verließ, um nach ihr zu sehen. Er hatte Mitleid. Einen Moment dachte er, ihr seine Jacke zu geben. Schnell verwarf er diesen Gedanken, schließlich war er selbst durchnässt. Und was würde Mägerlein denken, sollte er noch einmal auftauchen? Eine Russin mit einer deutschen Uniform?

Der Posten sah kurz nach dem Rechten. Er musterte den kleinen Steinhaufen an der Baustelle und den großen Steinhaufen an den Gleisen. Dann stellte er sich wieder unter die Eiche und schimpfte über den Regen, über die Kälte, über Mägerlein, der ihm den freien Tag raubte, und über die Frauen, weil sie nicht schneller gingen, nicht mehr Steine auf ihre Arme stapelten und weil er großen Ärger auf sich zukommen sah.

Dass sie am Ende ihrer Kräfte waren, entging auch Steigleder nicht. Trotzdem wusste er keinen Rat. Auch wenn sich

Mägerlein auf den Kopf stellte: Das Soll zu erfüllen war unmöglich.

Spät am Abend, als der Wind sich gelegt hatte, der Regen aber noch immer unaufhörlich herabprasselte, hatte Steigleder die Nase voll. Er befahl den Frauen, in Zweierreihen anzutreten, und ließ sie kurz vor Einbruch der Dämmerung ins Lager marschieren. Die Liegengebliebenen nahmen sie in ihre Mitte und stützten sie.

Die Zenn führte bereits Hochwasser, einige Wiesen waren überschwemmt. Auf der Brücke dachte Valentina an die Stoffpuppe. Die dunklen Wassermassen hatten sie gewiss längst fortgerissen. An irgendeinem Halm, einem Zweig würde sie neuen Halt finden, bevor sie irgendwann ein neuer Wasserschwall mit sich riss.

Im Ort wartete eine Schar Halbwüchsiger in braunen Uniformen auf die Gruppe und bewarf sie mit Kieselsteinen. Als die Frauen vorbei waren, sprangen die Burschen um die Pfützen herum und salutierten vor den Laternenmasten. „Heil Hitler“, riefen sie. „Auf den Führer ein dreifach Sieg Heil, Sieg Heil, Sieg Heil …“

Rübenernte

Am nächsten Morgen lag die Kuh tot im Stall. Ein lebloser, steif gewordener Berg Fleisch bahrte sich auf zwischen den anderen Kühen, die gemächlich die letzten Reste aus ihren Barren leckten. Die Beine von sich gestreckt, mit weit geöffneten Augen hing dem Tier die Zunge wie ein roter Lappen aus dem Maul. Die Kette hatte ihm den Hals abgeschnürt, als es aufzustehen versuchte und dabei mit den Hinterfüßen ausrutschte.

Kreidebleich kam die Bäuerin in die Schlafstube gerannt. „Adam, Adam, die Alma ist gfreckt."

Erschrocken sprang der Bauer aus dem Bett, zog eiligst seine Hose über und lief in den Stall. Ungläubig schüttelte er den Kopf. Nur weil Marie die Kette nicht geöffnet hatte, als sie letzte Nacht nach ihr sah, dachte er bei sich. Um des Friedens willen schluckte er seinen Zorn hinunter.

Zusammen mit Franz und den Kindern zog Adam das Tier durch die Stalltür und hievte es auf den Gummiwagen, den er an die schmale Rampe unter die Mistplatte gestellt hatte. Noch am selben Morgen fuhr der Bauer den Kadaver zum Schinder. Dabei wählte er den Weg durch die Scheune in den Garten und von dort an der Waldgrenze entlang zur Abdeckerei. Die Schmach zu sehen, wie sich die Nachbarn schadenfroh die Hände rieben, wollte er sich ersparen.

Die folgenden sonnigen Tage nutzten die Bauern, um die restlichen Kartoffeln trocken heimzuschaffen, damit sie im Keller nicht faulten. Adam bereitete das Feld für den Weizen. Die Handarbeit am Kartoffelacker war nicht seine Sache; Weiberarbeit überließ er gerne den anderen. Mit seinem Zweischarwinkeldrehpflug schaffte er ein feines, krümeliges Saatbeet. Der Boden war locker und gefügig, denn es hatte immer genug geregnet und zum richtigen Zeitpunkt war die Sonne herausgekommen.

Erst am Abend stellte er seinen Pflug am Feldrand ab, um mit dem Brückenwagen die gefüllten Kartoffelsäcke abzuholen. Franz und Hans hoben sie auf die Plattform, Marie und Anita stellten sie auf dem Wagen in Reih und Glied. Adam steuerte den Bulldog zu den Säcken, hielt rechtzeitig an und drückte wieder aufs Gaspedal, während Valentina, die beiden Buben und Großmutter die kleinen Äbiernbobbäli aus dem Boden scharrten, die sie in der Eile übersehen hatten. Die allerletzte Nachlese besorgten dann die vielen Hungrigen aus der Stadt, die den Boden bereits in der Morgendämmerung durchwühlten, wenn die Bauern noch in den Ställen schafften.

Marie hatte große Angst, wenn Valentina am Feld arbeitete. Ihre wachsamen Augen suchten ständig die Gegend nach irgendwelchen Leuten ab. Kamen Hamsterer und andere Fremde den Weg entlang, schlug ihr Herz bis zum Hals. Auch Adam war unruhig, doch mit der Zeit gewöhnten sie sich an die Neue. Je länger Valentina am Bauernhof lebte, arbeitete, aß und schlief, desto mehr wurde aus der Flüchtigen die Magd.

Sie stellten fest, dass Valentina langsam zu Kräften kam. Die gestutzten Haare wuchsen nach, ihr hageres Gesicht wurde fülliger, die Augen glänzender, die Arme fester und der ganze Körper weiblicher. Das Kopftuch, das sie in der ersten Zeit getragen hatte, ließ sie immer öfter weg. Sie fühlte sich sicherer. Sogar die griesgrämige Großmutter schloss bald mit Valentina Frieden, nur die Magd giftete weiter.

Die Auswirkungen des Krieges machten auch vor den Dörfern nicht halt. Wenn Tiefflieger über die Felder flogen, versteckten sich die Menschen in den Hecken. Immer öfter gab es

Bombenangriffe auf die Stadt. Adam musste nun häufiger mit der Feuerwehr zum Löschen.

Im Oktober drehte sich der Wind. Er kam von Westen. Regen zog übers Land und brachte das Saatgut zum Keimen. Bald schon spitzte der Weizen heraus und färbte den kahlen braunen Boden zartgrün. Die Nächte wurden frisch und als der Himmel nachts aufklarte, kamen die ersten Fröste. Die Blätter des Lindenbaumes im Garten waren die ersten, die am Boden lagen.

Von nun an wusste jeder, dass es auf den Winter zuging. Jetzt war es an der Zeit, die letzte Frucht, die Rüben, heimzuschaffen, um sie im Keller neben der Futterkammer einzulagern. Gleich nach der Stallarbeit wollte die Bäuerin mit Valentina und der Magd aufs Feld, um die Rüben zu köpfen und aus dem Boden zu ziehen. Franz und Adam sollten sie dann schonend auf den Wagen laden.

„Nimm dir einen Kittel mit, es geht ein kalter Wind", ermahnte Marie die Magd, die in ihrem dünnen Kleid noch nicht begriffen hatte, dass der Sommer zu Ende war. Doch die Treppenstufen zur Kammer waren hoch, der Weg weit, die Zeit knapp und Anita zu faul. Also folgte sie der Bäuerin ohne Jacke auf das Feld, obwohl die Sonne nur noch schwach gegen den dichter werdenden Nebel ankämpfte. Den Bach entlang auf dem Weg zum Acker redeten sie kein Wort. Die Bäuerin ging voraus, die Magd folgte ihr. Valentina hatte Mühe, Schritt zu halten.

So weit das Auge reichte, steckten im Acker mächtige Rüben, bedeckt von kräftigen dunkelgrünen Blättern. Am Feldrand trennte Marie mit einem einzigen Hieb die ersten Blätter vom Rumpf und zeigte es Valentina. Dann gab sie ihr die Sichel, mit der sie gearbeitet hatte, in die Hand.

„Aufpassn, Irmgard, dass dich nicht schneidst, gell."

Die Bäuerin streifte mit ihrer Hand über den rotgelben Körper, geschickt brach sie die herabhängenden und dürren Blätter ab. Sie rüttelte, zog und schob so heftig, dass die Rüben unversehrt aus dem Erdreich kippten.

Valentina mühte sich, doch der Abstand zu den beiden anderen wurde immer größer. Auch die Magd konnte mit Marie nicht mithalten, schon bald arbeitete jede der Frauen für sich. Immer häufiger drehte sich Anita kurz um und kommentierte Valentinas Langsamkeit mit einem hämischen Blick. Doch als ihr die dicke Jacke der Bäuerin auffiel, die sich Valentina übergezogen hatte, erstarrte sie. Anita fror. Der Wind frischte auf und das von den Blättern feuchte Kleid klebte auf der Haut.

Auch Valentina stöhnte, ihr Rücken schmerzte. Harte Arbeit hatte sie im Lager täglich verrichten müssen, täglich schmerzte der Rücken, täglich fühlten sich Arme und Beine an wie Blei. Doch seit dem Lager wusste sie Schmerzen zu verdrängen, also köpfte sie weiter die Blätter, zog die Rüben aus der Erde, putzte sie und legte sie an der Seite ab, wie die Bäuerin es ihr gezeigt hatte. Rübe für Rübe, Meter für Meter quälte sie sich vorwärts. Immer langsamer ging ihr die Arbeit von der Hand. Der Abstand zu den beiden Männern, die hinter ihr die Rüben auf den Wagen luden, verringerte sich.

Während Franz sich bückte und seine Hände benutzte, nahm Adam die Gabel.

Bücken war nichts für seinen Rücken, dachte er sich, bücken war Weibersache. Deren Rücken war geschmeidiger, dehnbarer und biegsamer. Frauen waren leidensfähiger und deshalb besser geeignet für solcherlei Arbeit. Der Herrgott hatte sie gewiss für all das bestimmt, was dem männlichen Rücken nicht bekam …

Manchmal drehte Valentina sich um. Die Nähe der Männer machte ihr Angst. Sie spürte Adams Gabel fast im Nacken.

Immer wieder kamen ihr die Aufseherinnen in den Sinn, die sich gerne von hinten anschlichen …

Der Bauer jedoch war kein Kapo. Seine Kleidung, seine weite, mit großen Flicken besetzte Hose, sein Strohhut, den er anscheinend bei jedem Wetter trug, seine dicke Jacke, die blaue Schürze, all das gehörte zu einem Bauern, der nur im Sinn hatte, seine Ernte einzubringen. Und doch war er ein Deutscher. Einer von denen, die ihr so viel Leid zugefügt hatten. Ihr, und auch Franz, diesem gutmütigen Franzosen mit dem sonnigen Gemüt, der sich für diese Leute plagte, als wären sie seine eigenen. Er war ein Gefangener, seiner Freiheit beraubt, unglücklich wie sie selbst.

Vergeblich versuchte Valentina, ihre Ängste zu zerstreuen. Sie lauschte auf das dumpfe Geräusch, wenn Franz die Rüben zu den anderen warf. Sie erkannte den Widerhall von Adams Arbeit und sie erschrak, als dieses Geräusch verstummte. Vorsichtig blickte sie sich um.

Während Franz rastlos weiterschuftete, lehnte Adam am Hinterrad. Den Kopf auf den Gabelstiel gestützt, folgte er mit seinem Blick den Frauen, die sich mit gewölbtem Rücken, Schritt für Schritt vorwärtsbewegten, mechanisch wie Maschinen. Maries üppiges Hinterteil fiel ihm auf, das durch die zweite Hose, die sie sich übergezogen hatte, noch fülliger wirkte.

Adam schüttelte ungläubig den Kopf. Seit wann interessierte er sich für Frauenkörper, noch dazu für deren Hintern? Formen, Biegungen, Übergänge bemerkte er allenfalls an seinem Lanz. Dessen gerundete Kotflügel, das vollendete Heck, die auffälligen Scheinwerfer, die so hell strahlten wie die Sonne, faszinierten ihn immer wieder aufs Neue. Manchmal so sehr, dass er mit seinem Bulldog redete. Aber den mächtigen Hintern seiner Marie, den mageren der Magd mit dem formvollendeten der Neuen zu vergleichen, das waren ungewohnte Gedanken, die ihn stutzig machten.

Er fühlte sich ertappt, als er Valentinas bohrenden Blick bemerkte. Adam blickte verlegen zur Seite. Röte stieg ihm in den Kopf und er war froh, dass niemand es bemerkte.

Nur Franz meinte beiläufig: „Bauer malade? Wenn Rübe laden auf Wagen – Gesicht weiß wie Schnee. Wenn Pause machen – Kopf rot wie Rübe und viel Schweiß auf Stirn. C'est pas normal ça, hein?"

Die Kirchenglocke in Rossendorf schlug zehnmal, als Marie zum Wagen eilte und das Vesper auspackte. Valentina sackte erschöpft auf den Boden. Die Bäuerin reichte ihr ein Stück Butterbrot, beschmiert mit Erdbeermarmelade. Zu trinken gab es erst am Mittag. Der kühle Wind hatte sich gelegt, doch der Nebel wurde immer dichter. Trotz der harten Arbeit litt niemand Durst.

„Nichts arbeitn und fressn wie eine Sau", maulte die Magd. Marie verstand. Es bereitete ihr Kopfzerbrechen, dass Anita die Neue nicht ausstehen konnte, sie mischte sich aber nicht ein. Sie fürchtete, die Magd könnte Valentina beim Bürgermeister oder bei irgendeinem Dorfnazi anschwärzen.

Der Nebel kroch in die Glieder, es wurde kalt und ungemütlich. Die Kronen der Eichen versanken nun vollständig im Nebel, der sich wie ein Schleier über die Landschaft legte und die letzten Oktobertage in ein milchiges Grau hüllte. Düster und kalt war es jetzt auf dem Feld und die Leute, die dort arbeiteten, konnten sich gegen die trübe Stimmung nicht wehren. Sorgen, Angst, Unsicherheit, Eifersucht, Heimweh und Gleichgültigkeit plagten die Gemüter. Die Gedanken drehten sich im Kreis.

Nur Adam trotzte der Düsternis. Er begann zu pfeifen, zuerst leise und zögerlich, dann immer lauter und genauer.

„Wohlauf die Luft geht frisch und rein …“ Ständig wiederholte er die Strophe, dann vermischte er sie mit Teilen des Defiliermarsches. Schließlich wechselte Adam zum Tölzer Schützenmarsch.

Als er die Rüben im Takt auf den Wagen zu werfen begann und seine Füße nach dem Gleichschritt ausrichtete, platzte Marie der Kragen: „Adam, bist krank oder hat dich was bissn?“

Der Bauer ließ sich nicht beirren. Er pfiff weiter bis zum Mittagessen, bis keine weitere Rübe auf der Plattform Halt fand und er den Bulldog mit dem Wagen über den holprigen Feldweg nach Hause schaffte. Seit ewigen Zeiten hatte er nicht mehr gepfiffen. Ein unbekanntes Gefühl nahm ihn in Beschlag.

Während die Bauern auf den Feldern schufteten, saßen die Heubeck-Buben auf harten Bänken in der Schule, jeder in seiner Klasse. Der mächtige Sandsteinbau in Cadolzburg am Ende des ersten Anstiegs, auf der Höhe des Friedhofs, hatte mehrere Stockwerke. Über eine breite Treppe mit ausgetretenen Stufen aus Granit erreichten die Schüler ihre Klassenzimmer.

Martins Lehrer, ein grauhaariger Mann mit einer runden Nickelbrille und einem spitzen Bart, nahm es schweigend hin, als ein junger Bursche in brauner HJ-Uniform mit rot-weiß-roter Hakenkreuzbinde um den Arm die Tür aufriss, die Hacken zusammenschlug und mit ausgestrecktem Arm zackig grüßte: „Heil Hitler. Auf Geheiß vom Fähnleinführer sollen die Gonnersdorfer Jungscharmitglieder Heubeck, Kupfer, Helmreich und Zwingel unverzüglich im Schulhof antreten.“

Der Bote grinste schadenfroh, als Martin an ihm vorbeihuschte und mit den anderen im Treppenhaus verschwand.

Im Schulhof lehnte Fähnleinführer Schwab neben der Eichentür an der Sandsteinfassade. Mit verschränkten Armen, die schwarzen Schaftstiefel übereinandergeschlagen, die Schirmmütze tief ins Gesicht gezogen, warf der kräftige junge Mann einen verächtlichen Blick auf die Burschen, die sich nebeneinander aufstellten. Der junge Kerl mit der Hakenkreuzbinde um den Arm gesellte sich zu Schwab. Stolz lehnte er sich ebenfalls an die Mauer, verschränkte die Arme, schlug die Beine übereinander und bemühte sich, ein Grinsen in seinem sommersprossigen Gesicht zu unterdrücken.

Prüfend musterten die Augen des Fähnleinführers jeden einzelnen Buben. Jeden Wimpernschlag, jede Mundbewegung nahmen sie zur Kenntnis. Seine grimmige Miene sprach Bände.

„Heil Hitler“, brüllte Schwab plötzlich.

„Heil Hitler“, antworteten die Buben zögerlich.

„Lauter!“

„Heil Hitler!“

„Noch lauter. Und nun den Arm.“ Schwab ging einen Schritt vor, riss seinen Arm seitlich nach oben und verharrte. „Heil Hitler! Na los!“ Dann lauschte er. „Oben lassen! Lauter!“

„Heil Hitler!“, brüllten die Jungen bis zur Heiserkeit. Die Arme wurden schwer wie Blei, doch der Bursche mit der Hakenkreuzbinde passte mit der Weidenrute auf. Niemand wagte es, den Arm zu senken. Erst als einige Frauen, vom Gebrüll angezogen, auf der Straße stehen blieben und neugierig in den Schulhof schauten, endete das Geschrei.

„Und nun Kniebeugen und Liegestütze im Wechsel. Richtige Kniebeugen, bis zum Boden mit den Ärschen und rauf bis zur Dachrinne.“

Den Buben kroch der Schweiß aus allen Poren. Keuchend

mühten sie sich, doch die Kräfte ließen nach, die Beine wurden schwer, die Sprünge immer kürzer.

„Na los, ihr Scheißkerle!", brüllte Schwab. „Zeigt, was ihr könnt. Nichts könnt ihr. Schwänzen! Jawohl. Übungen schwänzen, das könnt ihr gut. Sehr gut könnt ihr das."

Wutentbrannt riss er dem Burschen die Weidenrute aus der Hand, zog auf und schlug Martin aufs Hinterteil. Demjenigen, den er gerne in die HJ-Schule aufgenommen hätte. Der aber trotz bester Noten von der Partei als wankelmütig und politisch unzuverlässig eingestuft, der respektlosen Mutter wegen, nicht zu gebrauchen war, dem wollte er es nun zeigen.

„Du Quertreiber, mit mir nicht. Wirst dich noch wundern, da kann deine Alte schimpfen, was sie will. Jeder hat dem Vaterland zu dienen, auch der Bauer. Na los, schneller! Hoch die Beine und springen und auf den Boden, und springen ..."

Immer heftiger drangsalierte er die Buben. Bebend vor Wut lief er auf und ab. Ständig drohte er mit der Rute. Martin wurde es schwindlig, doch fürchtete er den nächsten Schlag. Wie in Trance arbeiteten die ausgelaugten Muskeln. Wie starre Federn, aufs Äußerste gespannt, stießen sie den Körper in die Höhe, immer und immer wieder. Andreas, der ungelenke Bub aus dem hinteren Dorf, sank auf die Erde wie ein nasser Sack und stellte sich ohnmächtig. Schwab beachtete ihn nicht, stattdessen steigerte er das Tempo.

„Schneller, ihr lahmen Kröten! So gewinnt ihr keinen Krieg!"

Erst als der Fähnleinführer das Letzte aus den Buben herausgeholt hatte, ließ er ab.

„Am Sonntag um zehn sehen wir uns im Burghof, dann gehts in den Dillenberg. Schützenlöcher graben und Russenpanzer abfackeln. Müsst ihr alles lernen. Ist wichtiger als Kühe hüten." Fragend sah er Martin in die Augen. „Kapiert?"

Martin nickte wortlos.

„Ich hör nichts. Lauter!"

Martin schnaufte tief durch. „Jawoll, Fähnleinführer."

„Na also." Zufrieden hob Schwab die Hand zum Gruß, den die Jungen wie aus einem Guss erwiderten: „Heil Hitler, Fähnleinführer."

„So ists recht." Zufrieden drückte Schwab dem Burschen mit der Hakenkreuzbinde die Weidenrute wieder in die Hand. Gemeinsam schlenderten sie den Berg hinunter in die Wirtschaft, wo er seinem Helfer eine halbe Maß Bier spendierte, während der Schullehrer im dritten Stock die Fenster öffnete und sich über die Brüstung lehnte: „Heubeck! Na los, rauf mit euch! Wollt ihr den halben Tag im Schulhof totschlagen?"

Mit letzter Kraft zogen sich die Buben hinauf in das Klassenzimmer. Andreas jedoch, der sich erst aufraffte, als die Luft rein war, kam als Erster oben an, lange vor den anderen.

Daheim in der Küche stand das schwarz emaillierte Blech mit knusprigen Baunzern auf dem Küchentisch. Das heiße Fett brutzelte noch nach. Einige der aus Mehl und Apfelschnitten zubereiteten Teigklumpen bekamen eine schwarze Kruste. Pünktlich saßen die Bauersleute am Mittagstisch.

Als Marie das Essen verteilte, Großmutter den Topf mit eingemachten Kürbisstücken herumreichte und Adam den ersten verbrannten Bissen in den Mund schob, bimmelte die Glocke des Gemeindedieners. In unregelmäßigen Abständen kam der hagere ältere Mann mit den dünnen, zurückgekämmten Haaren ins Dorf, um wichtige amtliche Nachrichten zu verkünden.

Mit einer grauen Aktenmappe unter dem Arm und in einem braunen, verwaschenen Anzug stand der Ausrufer auf der Milchhausrampe und wartete, bis die Fenster sich öffneten und die Menschen sich vor ihren Häusern zeigten. Adam und Marie gingen hinaus auf die Straße, Großmutter öffnete das Küchenfenster, während Franz und Valentina auf ihren Plätzen blieben.

Valentina war froh zu sitzen. Sie hatte keinen Appetit. Sie war müde, die Finger waren wund von der feuchten Erde und der Rücken schmerzte immer heftiger. Anita blieb ebenfalls zurück, sie passte auf, dass die Neue sich nicht von den Baunzern bediente.

„Deutsche Volksgenossen und Volksgenossinnen", rief der Gemeindediener. „Der Bürgermeister gibt im Namen der Ortsgruppenleitung bekannt: Es hat sich anscheinend noch immer nicht herumgesprochen, dass der Sonntag ein Arbeitstag ist. Unser Führer hat keinen Sonntag, wenn er für unser Land arbeitet. Unsere Soldaten an der Front haben keinen Sonntag, wenn sie Deutschland gegen den Bolschewismus verteidigen. So haben auch wir an der Heimatfront keinen Sonntag, bis der Sieg errungen ist. Als Ortsgruppenleiter der NSDAP habe ich daher angeordnet, dass der Gottesdienst am Sonntag, wenn er schon sein soll, auf den Abend verlegt wird.

Auf Befehl der NSDAP werden auf allen Gehöften Kontrollen durchgeführt. Sämtliche Vorräte an Getreide, Kartoffeln und sonstigen Erzeugnissen sind zu melden, der dem Reich zustehende Teil ist abzuführen. Die Anzahl an Vieh, Schweinen, Pferden und Federvieh ist anzuzeigen. Zuwiderhandlungen werden unnachsichtig bestraft. Bezugsscheine für Schuhe und Kleidung sind beim Bürgermeister anzufordern."

„Die Irmgard braucht neue Schuh", flüsterte Marie Adam ins Ohr. Der Bauer machte eine abfällige Handbewegung.

Die Worte des Gemeindedieners wurden drohender: „Dem Bürgermeister wurde zugetragen", rief er in die Menge, „dass einzelne Bürger die Verdunkelungspflicht nur unzureichend beachten. Zuwiderhandlungen werden streng geahndet. Wer nicht richtig verdunkelt und sich und die Volksgenossen in Gefahr bringt, dem wird der Strom abgeschaltet."

Die Leute steckten nun die Köpfe zusammen und begannen zu tuscheln.

„Ruhe!", brüllte der Gemeindediener. „Außerdem gilt zu verkünden: Wer flüchtige Fremdarbeiter, Kriegsgefangene oder verdächtige Personen beherbergt, versteckt oder die Aufklärung derartiger Vorgänge behindert, wird auf Anordnung der NSDAP als Volksschädling hart bestraft. Fremdarbeiter und Kriegsgefangene haben nicht mit Deutschen am Tisch zu essen. Gespräche dienen allein der fachlichen Ausübung der Arbeit. Wirtshausbesuche und wöchentliche Kirchgänge sind zu unterbinden. Zuwiderhandlungen sind unverzüglich anzuzeigen. Gezeichnet vom Leiter der Ortsgruppe Cadolzburg Nord der NSDAP."

Marie tippte Adam auf die Schulter. „Wer bei uns arbeitet, isst auch mit am Tisch, da kann der Bürgermeister sagn, was er will. Und wenn der Franz in die Kirch will, dann gehts den Bürgermeister gar nichts an."

„Der versteht doch sowieso nicht, was der Pfarrer redet", mischte sich der Denzlerbauer ein.

„Was geht dich das an?", fuhr ihm Marie ins Wort.

„So halt, bloß so."

Der Gemeindediener hatte seinen Auftrag ausgeführt. Die Bäuerin ließ nicht locker. Bevor sie sich weiter aufregen konnte, zog Adam sie am Arm. „Komm, die Baunzer werdn kalt."

Schweigend saßen sie um den Tisch. Adam stocherte nachdenklich im Teller, Marie kämpfte mit dem Zorn, Schweißperlen standen auf ihrer Stirn.

„Problem?", fragte Franz vorsichtig. Marie schlug die

Hände vors Gesicht. „Du darfst am Sonntag nicht in die Kirch. Und allein essn sollst auch noch."

Franz schüttelte den Kopf. „Was denken deutsche Mann? Franzose nix Mensch? Nix selbe Fleisch und Blut, nix selbe Haare auf Kopf und nix selbe Hand für schwere Arbeit? Soll Franzos essen mit cochon … mit Schwein?"

„Franz", beruhigte ihn Marie, „musst nicht zu die Schwein, bist kein Schlechterer als wir. – Adam", die Bäuerin wechselte das Thema, „stellst den vollen Wagen in den Stadel und fährst mit dem andern aufs Feld. – Adam?"

In Gedanken versunken suchte der Bauer immer wieder Valentinas Augen.

„Adam!" Marie schimpfte. „Hörst mir nicht zu."

„Doch, doch." Aus seinen Träumen gerissen, kratzte er sich verlegen an der Schläfe. „Was willst denn schon wieder?"

„Mit dem andern Wagen sollst fahrn."

„Ach so, ja ja, mit dem andern Wagen", murmelte er.

Valentina rutschte gequält hin und her, doch fand sie keine Stellung, die ihr Linderung verschaffte.

Die Bäuerin stand auf. „Franz, nimmst die zwei mit aufs Feld. Ich komm dann gleich nach."

Schweigend liefen Franz, Anita und Valentina am Bach entlang zum Acker. Valentina konnte kaum aufrecht gehen. Die Rückenschmerzen strahlten bis in die Beine aus.

Der Nebel um sie herum schien nun alles Lebende erstarren zu lassen. Die Kronen der mächtigen Eichen wirkten wie fremde Wesen. Kein Laut war zu hören auf dem Weg zum Acker, kein Vogel, keine Fliege, kein Getier, nichts, nur die Schritte der beiden vor Valentina auf der steinigen Hohlgasse hallten wie die Schritte der Posten im Lager.

Nach einer Weile kam Adam mit dem Bulldog hinterher. Am Acker gabelte er Rüben auf die Plattform, bald schon hatte er zu Valentina aufgeschlossen. „Hast große Schmerzen, gell?“

Valentina sah kurz auf und nickte. „Muss aushalten, Arbeit muss.“

Nur noch wenige Rüben polterten auf den Hänger. Ständig stützte sich Adam auf die Gabel und wartete auf Nachschub. Mitleid erfasste ihn. Valentinas schmerzverzerrtes Gesicht, ihr leises Stöhnen. Schließlich ging er in die Knie.

„Weißt was, Irmgard? Schneidst du die Blätter weg, dann reiß ich die Dinger raus, da kann man ja nimmer zuschaun.“

Anita blickte sich verwundert um. „Der Bauer! Franz, schau ... der Bauer hat sich noch nie bückt.“

Franz grinste. „Ich denken – Bauer malade, nix gesund.“

Eine gute Stunde brauchte Marie in der Waschküche, endlich hörte sie Schritte und leise Stimmen. Gemeinsam halfen Hans und Kaspar ihrem Bruder Martin die Stufen hoch. Marie hetzte in den Hof und erschrak.

„Was ist los, Bub?“

„Drangsaliert habns ihn.“ Schief grinsend antwortete ihr Hans. „Bisschen viel Sport hat er gmacht. Was gibts denn zu essn?“

„Großmutter wärmt euch Baunzer auf.“

Die beiden Brüder waren längst ins Haus gestürmt, als Marie dem Sohn fordernd in die Augen blickte. „Was ist passiert, Bub?“

„Nix.“ Eine verirrte Träne lief Martin über die Wange. Schweigend wandte er sich ab, die dünnen Beine zitterten, als er sich durch die Tür ins Haus quälte.

Marie bedrängte ihn nicht weiter, sie wusste, er würde sich sonst verschließen.

Martin zog sich am Geländer die Treppe hoch zum Obergeschoss, stolperte den Gang entlang zu seiner Kammer und sank ins Bett. Mit weit geöffneten Augen lag er auf dem Rücken, die Füße hingen mitsamt den schwarzen Schnürschuhen über der Bettkante. Benommen starrte er an die Decke, die bedrohlich über ihm schwebte, als wäre sie das Dach einer dunklen Höhle, in die es ihn immer tiefer hineintrieb. Dann fiel er in einen unruhigen Schlaf.

Marie öffnete leise die Tür, schlich sich ins Zimmer, löste die verkrusteten Schnürsenkel und zog die klobigen Schuhe herunter. Ein Schwall verbrauchter Luft stieg ihr in die Nase. Zärtlich griff sie die Beine, legte sie auf die Matratze und zog das Bettzeug hoch. Dann warf sie ihm einen sorgenvollen Blick zu und schlich sich wieder hinaus.

Wutentbrannt riss sie die Küchentür auf. „Was ist da passiert?"

Hans schluckte. „Der Fähnleinführer hat ihn erwischt."

„Was hat der?"

Zögernd erzählten die Brüder, dann schickte Marie die beiden auf den Rübenacker.

Im Hof kamen ihr zwei ältere Frauen entgegen. Das schwarze Kleid der großen Grauhaarigen war zerlumpt, eine Unzahl von Flickflecken hielt es zusammen. Die Kleinere war besser angezogen. Über der dunkelblauen Schürze trug sie eine dicke Strickjacke, zugeknöpft bis zum Hals. In der Hand hielt sie einen wurmstichigen Weidenkorb, den sie ständig hin und her schwenkte.

„Grüß Gott, gute Frau." Schon von Weitem grüßten die beiden.

„Herrschaftszeiten", murrte die Bäuerin. „Sind die schon wieder da."

„Es ist halt schon wieder gar", jammerte die Grauhaarige. „Wir wissen nicht ein noch aus", meinte die andere. „Die paar Lebensmittelmarken reichn grad, dass man nicht verreckt. Und Ihr seid doch so eine gute Frau. Und da haben wir halt denkt …"

Hastig holte Marie in der Speisekammer ein paar Eier und packte eine Handvoll Kartoffeln in den Korb.

Plötzlich stand die Großmutter hinter ihr. „Was machst denn da?", fragte sie scharf. „Das ist gewiss für die zwei Weiber im Hof." Aufgebracht stützte die Alte die Hände in die Hüfte und verzog das Gesicht. „Hat man selber nix zu fressn und du trägst das Wenige auch noch fort."

„Der Herrgott wirds uns vergeltn", rechtfertigte sich Marie. Trotzig stopfte sie noch eine Leberwurst in den Korb. Geschwind zwängte sie sich an der Großmutter vorbei durch die enge Tür.

„So, das teilt ihr euch, wird schon eine Weil reichn."

Der Grauhaarigen standen Tränen in den Augen, als sie in den Korb blickte. „Vergelts Gott, Bäuerin", seufzte sie. Schweigend liefen die beiden Frauen die Straße hinauf, ein paar Mal blickten sie sich um, ehe sie in den verwinkelten Schneidershof einbogen. Lange blieben sie vor der Haustür stehen, wiederholt klopften sie an der Tür und am Küchenfenster. Obwohl sich die Vorhänge immer wieder bewegten, blieb die Tür verschlossen.

„Schau!", meinte Hans, als die beiden Buben den Rübenacker erreichten. „Vater macht Weiberarbeit."

Kaspar zuckte mit den Schultern.

„Hat er ja noch nie gmacht." Grinsend nahm der Ältere die Gabel und belud den Hänger, der Jüngere bückte sich und behalf sich mit den Händen.

Adam war so vertieft in Gedanken, dass er nicht mal den Bulldog bemerkte, den Hans durch die Reihen steuerte. Er suchte das Gespräch mit Valentina. Schließlich erkannte er die blaue Schürze der heraneilenden Bäuerin im dichten Nebel. Er ging ihr entgegen.

„Irmgard ist krank, die kann nimmer."

„Martin ist auch krank", fiel ihm die Bäuerin ins Wort. „Dieser Saunazi hat ihn wieder drangsaliert. Kaum mehr laufn kann der Bub. Adam", redete sie auf ihn ein, „da musst was machn, das kann man sich nicht gfalln lassn."

Adam schüttelte den Kopf. „Was willst denn machn? Gar nichts kannst machn, aber die Valentina ist wirklich krank."

„Was mit deinem Buben ist, interessiert dich nicht?" Nachdenklich blickte Marie auf das große Feld, dann zu Valentina. „Ist mir schon lang aufgfalln, dass was nicht stimmt."

„Seit heut Morgen ists immer schlimmer gwordn", fügte Adam hinzu.

„Na ja", meinte Marie schweren Herzens, „der Wagen ist bald voll, den kannst abladn. Nimmst sie halt mit heim, dann soll sie sich hinlegn."

Adam war schon unterwegs, als sie ihm nachrief: „Adam, nimm dir den Hans mit, dann gehts schneller." Doch der Bauer winkte ab.

Marie machte sich an die Arbeit, ohne sich umzusehen. „Mach, was du willst, sturer Bock."

Mit schmerzverzerrtem Gesicht kletterte Valentina auf den Bulldog, während Adam den Motor startete. Die Reifen fanden in der feuchten Erde kaum Halt, nur mühsam zog der Lanz die Fuhre auf den schmalen Feldweg.

Der mit gehobelten Brettern provisorisch ans Schutzblech angeschraubte Beifahrersitz ließ Valentina kaum Platz. Ein Bein hing am Heck herab, das andere musste sie an Adams Schulter anlehnen. Saßen Marie oder die Kinder neben ihm, wurde er ungehalten, wenn es eng zuging. Diesmal wehrte er sich nicht. Er rührte sich keinen Millimeter und jede Bodenwelle, jedes Schlagloch kostete er aus. Mit sanftem Druck presste er seinen Arm gegen ihr Bein. Auf der Straße nahm er den Fuß vom Gaspedal und tuckerte gemächlich ins Dorf. Ein wohliges Gefühl hüllte ihn ein, so wie der Nebel die licht gewordenen Baumkronen. Manchmal schien es ihm, die beiden Körperteile, die sich nun berührten, wüchsen zusammen. Selbst die Nachbarn, die aus den Höfen freundlich grüßten, nahm Adam kaum wahr.

Mit ausgestreckten Armen half er Valentina vom Bulldog herab und geleitete sie bis an die hintere Tür. „So, jetzt legst dich ins Bett, dann wirst schon wieder gsund."

Valentina nickte, sah ihm kurz in die Augen und verschwand im Haus.

Adam blieb eine Weile außen stehen, nahm seinen Hut ab und kratzte sich. Schließlich gabelte er die Rüben in den Keller. Das Gepolter auf der hölzernen Rutsche überhörte er, die schwere Arbeit, die er sonst verfluchte, ging ihm von der Hand wie das Verteilen der Schafkopfkarten im Wirtshaus.

Martin hatte es in der Kammer längst nicht mehr ausgehalten. Obwohl Beine und Hüfte schmerzten, hangelte er sich am Treppengeländer hinunter und schlich sich in die gute Stube, deren Tür er einen Spalt offen ließ. Vorsichtig drehte er am Knopf des Volksempfängers.

Rauschen, Piepsen, die knorrige Stimme. Berichte von der Front, Marschmusik. Martin drehte weiter, bis der Zeiger die erschlagene Mücke erreichte, die am Glas klebte. Dann meldete sich wieder die Stimme Amerikas. Gebannt hing er am Lautsprecher und lauschte den Frontberichten, den Kommentaren, den Aufrufen an die deutsche Bevölkerung. Und immer wieder diese neue Negermusik, die sich so ungewöhnlich anhörte, so schwungvoll, so anders. Ausgelassen klopfte er mit und wippte mit dem Kopf. Er drehte etwas lauter und dann noch ein bisschen.

Zu Tode erschrocken schaltete der Bub das Gerät ab, als er Valentina an der Tür erblickte. „Gut Musik." Leise schloss sie die Tür und quälte sich die Treppe hoch. Stöhnend fiel sie mit den Kleidern ins Bett, eine Stellung suchend, die sich aushalten ließ, doch der Schmerz blieb immer derselbe, stechend, pochend, ausstrahlend, so intensiv, dass sie ihn verfluchte.

Nach einer Weile klopfte es leise an der Tür. Der schmiedeeiserne Griff bewegte sich langsam nach unten. Martin. Verschämt sah er auf den Boden, sein Blick war versteinert.

„Verrätst mich aber nicht, oder?" Der Bub sah sie prüfend an.

Valentina versuchte zu lächeln, sie schüttelte den Kopf.

„Was ich dich noch fragn wollt. Da, wo du warst, in dem Lager. Habn dich die Nazi auch so gschundn?"

Valentina verstand nicht.

„Ach, nur so", sagte Martin. „Hab nur gmeint." Leise ging er wieder hinaus.

Auf dem Feld hatten sie bis zur Stallarbeit noch eine Fuhre geschafft. Am Heimweg klagte Anita der Bäuerin ihr Leid. „Liegt die Neue schon wieder im Bett … Und ich, wenn was hab, interessierts keine Sau."

Ohne ihr zu antworten, machte Marie längere und schnellere Schritte, bis beide schließlich im Stall verschwanden.

Adam schaffte die Kannen ans Milchhaus. Vor der Rampe standen die Leute beisammen und tuschelten. Adam erschrak. Die neue Magd? Unheilvolles schwante ihm.

„Ist was Bsonderes?", fragte er die Froschauerin.

Die Frau nickte. „Weißt noch nicht? Dem Müller sein Bub kommt nimmer zurück."

„In Russland ist er bliebn", fuhr ihr Denzler ins Wort. „Heut ist der Brief kommen. Vom Militär."

„Wo soll das noch endn?", jammerte die Froschauerin. „Machn die Nazis alles hin?"

Der Ortsbauernführer packte sie am Arm und legte sich den Finger auf den Mund. „Halt deinen Rand, Frau. Wenns ein Falscher hört, sitzt morgen in Dachau!"

Hemmungslos begann sie zu schluchzen. Vor drei Jahren hatte es ihren Ältesten erwischt und jedes Mal, wenn es wieder einen traf, brach der alte Schmerz in ihr auf. Als dann der Müller den Milchwagen an die Rampe schob, machten die Umstehenden Platz und senkten den Kopf. Schweigend schüttete er die Kannen in den großen Behälter, stellte sie zurück auf den Wagen und ging.

Um Jahre schien er gealtert, sein Gesicht war fahl, die Stirn gefurcht. Mit gebeugtem Oberkörper, die Augen auf den Boden gerichtet, verschwand er in der Straßeneinmündung. Seine Schritte hatten den Schwung verloren, sie glichen den mechanischen, von fremder Hand gelenkten Vorwärtsbewegungen einer Marionette. Die Leute ahnten, er sah nicht nur aus wie der Tod, er war innerlich tot. Alles, was ihm Hoffnung gegeben hatte, die Liebe zu seinem Sohn, die Zukunft seines Hofes, der Fortbestand dessen, was Generationen vor ihm geschaffen hatten, war nun erloschen – durch einen einzigen Brief.

Das Abendbrot wollte Adam nicht schmecken. Er dachte an seine Buben, die zu jung waren für diese Wehrmacht. Dann kam ihm der Gefallene in den Sinn, der keiner Fliege je etwas zuleide getan hatte, genauso wenig wie sein Vater.

Nachdem die Kinder und die Großmutter in ihren Kammern verschwunden waren, begann Marie von Neuem: „Das mit Martin kannst dir nicht gfalln lassn. Die machn, was sie wolln, wenn du dich nicht wehrst."

Adam schlug mit der Faust auf den Tisch. „Da kannst nichts machn, Kieseldonnerwetter! Wenn du nicht mittust, ziehst immer den Kürzern. Diejenigen, dies Maul aufgrissn habn, sind alle fort."

Marie sah dem Gatten ernst ins Gesicht. „Aber weil die meisten so denkn wie du, drum ists so weit kommen. Schau", meinte sie beschwichtigend, „wie weit habn sies denn bracht. Ist doch alles schon hin, brauchst doch bloß den Kasten in deiner Stube einschaltn."

Der Bauer biss sich auf die Lippen. „Hat der Bengel wieder ghorcht. Ich habs ihm verbotn. Na wart!"

„Der soll ruhig die Wahrheit hörn und nicht den Schwanz einziehn wie …"

„Wie wer?"

„Wie, wie … Ach, ich weiß doch auch nicht …"

Adam hatte sich wieder beruhigt, reglos starrte er durch das Fenster. „Und was denkst, was ich machn soll?", fragte er kleinlaut.

Marie setzte sich auf den Stuhl und zuckte mit den Schultern. „Trag der Irmgard das Essen rauf", sagte sie mit belegter Stimme.

„Wo hast den Korb?" Die Bäuerin stutzte. Einen Moment fehlten ihr die Worte. Flink, bevor er es sich anders überlegen konnte, drückte sie Adam das Tablett in die Hand. Dann öffnete sie ihm die Tür, schloss sie wieder, warf einen flüchtigen Blick auf das Holzkreuz an der Wand und kniete sich auf den Boden.

„Lieber Herr", betete sie, „steh dem Müller bei in seinem Schmerz und mach doch, dass dieser Krieg endlich aufhört.

Bitte …" Kraftvoll drückte sie die gefalteten Hände zusammen, als versuchte sie, sich damit Erleichterung zu verschaffen. Nachdenklich setzte sie sich schließlich auf die kalten Fliesen, legte die Arme auf die angewinkelten Knie und versank mit dem Kopf in den Händen. Erst eine aufgeregte Stubenfliege, die sich an ihrem Ohr zu schaffen machte, brachte sie wieder auf andere Gedanken.

Adam klopfte leise an. Ohne eine Antwort abzuwarten, trat er ein und knipste das Licht an. Erschrocken fuhr Valentina aus dem Schlaf.

„Und?", meinte er neugierig. Die Frau sah ihn fragend an. „Das Kreuz. Tuts noch weh?"

Valentina setzte sich vorsichtig auf. „Ach", winkte sie ab. „Bisschen gut. Rücken nix immer so wollen wie Kopf denken." Sie versuchte zu lächeln und wunderte sich, dass sie es noch nicht verlernt hatte.

Unsicher stellte er das Tablett auf das Bettzeug. Geschickt bewahrte Valentina das Glas Milch vor dem Umkippen.

Adam fluchte leise, sein Blick streifte ihr Gesicht. Valentinas zerzauste Haare standen in alle Richtungen. Ihre großen Augen schauten ihn unsicher an. Adam wich aus. Er starrte auf die Glühbirne über ihr, dann wanderte sein Blick zu ihrer Hand, die über der Bettkante baumelte. Er beobachtete ihren schlanken Mittelfinger, der sich ständig über den Zeigefinger rollte und sich dabei öffnete wie eine Schere. Doch je mehr Adam sich auf neue Gedanken einließ, desto tiefer bohrte er die eigene Hand in die Hosentasche und umklammerte fest das Taschenmesser und das Taschentuch.

„Fast wär sie umkippt", meinte er schließlich.

„Wer?"

„Die Milch, dann hättst ein nasses Bett."

„Nix schlimm."

„So, jetzt muss ich wieder weiter." Vorsichtig öffnete er die Tür, dann hörte er einen leisen Seufzer.

„Danke für alles." Adam drehte sich kurz um und stutzte. Dann ließ er Taschenmesser und Schneuztuch los, ging leise die Stiege hinab und zur Haustür hinaus. Nachdenklich schlenderte er die Dorfstraße hoch ins Wirtshaus.

Valentinas Reise

Zwei Fremde saßen in der Wirtsstube. Ihre Schirmmützen lagen auf dem Tisch, die Uniform war zugeknöpft bis oben hin. Die Biergläser hatten sie fast ausgetrunken, als Adam ins Zimmer kam. Er grüßte die beiden.

„Heil Hitler“, brummte der Jüngere unfreundlich. Der andere beachtete Adam nicht, gelangweilt spielte er mit seinem Bierdeckel.

Erschrocken setzte sich Adam auf den freien Platz mit dem Rücken zum Kachelofen. Wie ein Blitz schoss es ihm in den Schädel, die beiden könnten nach Valentina spionieren. Hatte sie jemand verpfiffen?

„Was sind das für welche?“, fragte Adam leise den Denzlerbauern, der bereits die Schafkopfkarten mischte und das erste Blatt akkurat neben Großmanns Krug aufreihte.

Denzler zuckte mit den Schultern. „Von der Partei vielleicht?“ Fragend sah er Großmann an, der mürrisch sein Blatt betrachtete.

„Die sind von der Führerschul droben“, flüsterte die Wirtin, die Adams Krug auf den Tisch stellte und sich stöhnend auf die Ofenbank setzte. „Der Bürgermeister hat es neulich erzählt. Die sind von der SS und drilln die HJ-Buben.“

„In der Burg, gell?“, meinte Denzler beiläufig, die Augen auf die Karten fixiert.

„Ich hätt was. Wenz.“ Die Karten passten. Freudig schlug er mit der Faust auf den Tisch. „Was dagegen?“

Großmann überlegte eine Weile, dann stimmte er zu. Die anderen beiden nickten.

„Zahlen!“, schallte es vom anderen Tisch herüber. Gebannt starrten die Bauern auf die Fremden, nur Denzler wurde ungeduldig. „Was ist, spieln wir jetzt oder nicht? Gilt mein Wenz?“

Wieder selbstsicher geworden, ordnete Adam sein Blatt, nachdem die beiden die Wirtsstube verlassen hatten. „Das warn aber finstere Kerle“, meinte er beiläufig.

Großmann fuhr ihm übers Maul. „Reiß dich zusammen, Heubeck. Das sind wichtige Leut. Wenns die nicht gäb, stünds schlimm um unser Reich.“ Seine buschigen Augenbrauen zogen sich zusammen und nach einem kräftigen Schluck Bier meinte er mit bedrohlichem Unterton. „Weißt schon, dass dich so ein dummes Gerede nach Dachau bringn könnt.“

„Willst mich wohl anzeign“, fauchte Adam.

Denzler unterbrach die beiden. „Kann ich meinen Wenz endlich spieln?“ Energisch knallte er den Eichel Unter auf den Tisch.

Adam sprang auf und schmiss die Karten hin. Der aufflammende Zorn raubte ihm jede Vorsicht. „Was glaubst, wie lang die Leut das noch mitmachn?“, raunzte er Großmann an. „Schau doch rein in die Stadt. Alles voll mit Schutt und Elend. Ist kein Vergnügen, die Löscherei.“

Großmann zog es vor zu schweigen. Denzler deutete auf seinen Unter, dann sah er zu Adam, der inzwischen mit rotem Gesicht seine Karten wieder aufnahm.

„Und das sag ich dir“, begann Adam erneut, die Augen auf Großmann gerichtet, „kannst ruhig auch zur Feuerwehr. Bist nichts Besseres, oder?“

„Halt dein Maul“, beschwichtigte ihn Denzler. „Spiel endlich.“

Widerwillig setzte sich Adam. Er vertiefte sich in seine Karten, während ihm die Wirtin einen gefüllten Krug auf den Tisch stellte.

„Dem Kress sein Bub hat auch einen Schein kriegt“, meinte

sie schließlich. „Sogar der alte Siebenkäs aus Greimersdorf muss noch einrückn, hat der Bürgermeister meinem Mann erzählt. Bald gibts gar keine Bauern mehr."

Adam warf seine Karten hin, nahm einen Pfennig aus seiner Geldschüssel und reichte ihn Denzler. „Hast Glück ghabt mit deinem Wenz." Adam mischte die Karten aufs Neue und verteilte sie.

Die Wirtin zählte noch einige Leute auf, die zum Militär mussten. Die drei Männer aber konzentrierten sich auf ihr Spiel, die Frau ließen sie reden. Kurz nach Mitternacht sortierte Denzler die gewonnenen Münzen. „Elf Pfennig." Freudig rieb er sich die Hände.

„Zahln." Adam gab der schlafenden Wirtin einen sanften Stoß.

„Was!" Denzler sah ihn entrüstet an. „Willst schon heim? Schad, wirklich schad. Gell, ziehts dich zu deiner neuen Magd? Ist schon ein hübsches Vögelein, gell?"

„Wie meinst denn das?" Drohend gab ihm Adam einen kleinen Rempler.

„He, he", lächelte Denzler gequält. „Hab nur die Wahrheit gsagt, nicht mehr und nicht weniger." Dann wandte er sich an Großmann, der bereits den Türgriff in der Hand hielt. „Und? Hab ich nicht recht?"

Großmann zuckte mit der Schulter. Schweigend ging er hinaus und verschwand in der Nacht. Auch die Schuhe von Adam und Denzler knirschten kurz darauf im Schotter. Die Männer würdigten einander keines Blickes, als jeder zu seinem Gehöft abbog.

Adam ärgerte sich über sich selbst. Wie konnte er nur so unvorsichtig sein. Er wusste doch, dass den beiden nicht zu trauen war. Durch die verdunkelten Ritzen der Stallfenster drang ein dünner Lichtstrahl. Adam blieb stehen. Sein warmer Atem vermischte sich mit der nasskalten Luft und wurde zu Dampf, der sich rasch verflüchtigte. Unentschlossen stand er neben dem Misthaufen und starrte in die Nacht. Es war sternenklar und kalt. Die Mondsichel stand hoch am Himmel, schwach leuchtete ihr Licht durch die feinen Äste des Hofbaumes.

Adam fröstelte, die Wärme der Wirtsstube verließ seinen Körper. Denzlers Anspielung ging ihm nicht aus dem Kopf. Was wusste er wirklich? Zweideutig daherreden konnte er schon immer. Und er hatte ja recht. Hübsch war sie, die Valentina. Er musste wirklich wieder besser aufpassen.

„Was macht die Bäuerin jetzt noch im Stall? Kalbt eine Kuh?“ Adam beschloss zu warten. Das letzte Mal hatte sie ihn auch erst geholt, als es zu spät war. „Glaubt, dass sie alles besser kann. Soll sie, wenn sie meint.“

Valentina kam ihm wieder in den Sinn. Ihr Kammerfenster war dunkel. Dachte sie auch an ihn? Plagte sie vielleicht auch dieses seltsame Gefühl, diese Anziehungskraft, dieses Verlangen? „Donnerwetter“, fluchte Adam. In Gedanken lag er in ihren Armen. Keine zwanzig Meter trennten ihn von ihr, doch der Graben dazwischen konnte tiefer nicht sein.

Was würde Marie sagen, wenn sie seine Gedanken lesen könnte, Marie, die ihn nicht wollte, die nur die Arbeit im Kopf hatte, die sich nur um das Wohl der anderen kümmerte, die ihn behandelte wie einen Ausgestoßenen. Sie würde es gar nicht bemerken, wenn er mit Valentina ... und wenn doch? Vielleicht wärs ihr ja sogar egal? Die andere würde ihr nichts wegnehmen. Ihre Arbeit, ihre Aufgaben, ihre Nächstenliebe. Alles könnte bleiben wie bisher.

Vorsichtig blickte er durch das Stallfenster. Als er niemand sah, löschte er das Licht. Leise schlich sich Adam ins Bett.

Kurz nachdem er eingeschlafen war und zu schnarchen begonnen hatte, zog die Bäuerin wieder um auf die harte Küchenbank. Doch auch hier fand sie keinen Schlaf. Immer wieder kam ihr Martin in den Sinn und ganz besonders dieser Parteihund, der ihn so drangsalierte. Marie fasste den Entschluss, sich zu beschweren. Auch damals, als der Pfarrer den Buben die Hände blutig geschlagen hatte, wollte sie protestieren. Das war, als der alte Mann sein Zweirad nicht zum Laufen gebracht und es wutentbrannt mit einem gehörigen Fluch auf den Boden geworfen hatte. Die Burschen hatten ihn beobachtet, während sie zu siebt am obersten Fenster der alten Schule im Burgvorhof standen. Sie hatten gelacht. Stunden später, während des Unterrichts, hatte er sie vor die Tür treten lassen. Dann hatte er eine Haselnussrute hervorgezogen und wie außer sich auf die ausgestreckten Handrücken der Buben geschlagen. Nicht ein einziges Wort war ihm über die Lippen gekommen. Schweigend war er gegangen. Die aufgeplatzten Knorpel und blutenden Hände hatte er als Strafe Gottes, als gerechte Strafe betrachtet. Und sie hatte nicht protestiert. Die Buben brauchten sich über den Pfarrer, einen Handlanger Gottes, nicht lustig zu machen …

Doch diesmal war es anders. Das Pack droben in der Burg diente dem Teufel. Da war sie ganz sicher. Marie hatte genug von diesen Leuten. Sie setzte sich auf, zündete eine dicke Kerze an und kramte Papier, Federhalter und ein Tintenfässchen aus der Schublade. Den Kopf auf die Hand gestützt, schrieb sie die halbe Nacht.

Am nächsten Morgen saßen alle schweigend um den Tisch. Die dampfende Schüssel stand längst bereit. Die eingeschnittenen Brotstückchen saugten sich voll mit Milch, sie sanken auf den Grund und lösten sich auf in unzählige Brösel. Nur die steinharten Rindenstückchen blieben oben, festgehalten von der zähen Milchhaut. Marie sprach das Tischgebet, dann verteilte sie die Suppe. Schweigend saßen die Familie, die Magd und Franz um den Tisch und schlürften aus ihren Löffeln. Die Bäuerin gab die Arbeit an, machte die Buben fertig für die Schule und drückte Hans einen zugeklebten weißen Briefumschlag in die Hand, den er bei der Parteidienststelle in Cadolzburg abgeben sollte. Eilig räumte sie das Geschirr ab. Nur Adam saß noch mit ausgestreckten Beinen auf seinem Stuhl. Die Arme verschränkt, bohrte er mit der Zunge nach der Brotrinde in seiner Zahnlücke.

„Und? Hast Zahnweh oder willst heut nicht aufs Feld?", fragte die Bäuerin mürrisch. Adam schüttelte den Kopf. Mit einer heftigen Armbewegung schubste er die zugelaufene schwarz-weiße Katze vom Schoß, die mit einem kräftigen Satz auf seinen Oberschenkel gesprungen war und mit ihren scharfen Krallen Halt suchte. Fauchend, den aufgeplusterten Schwanz in die Höhe gestreckt, zwängte sie sich durch den offenen Spalt der Küchentür.

„Sauluder!", schrie ihr Adam nach. „Und die Irmgard?", fragte er schließlich. „Braucht doch auch einen Bissen, oder?"

Marie schüttelte verwundert den Kopf. „Seit wann interessiert dich, was die Irmgard isst? Kannst ihr aber gern was raufschaffn, wenn du schon so gscheit daherredst."

„Richt halt was her, dann trag ichs rauf."

Marie stutzte. „Meinst es ernst?" Adam nickte. Kopfschüttelnd schmierte sie ein Marmeladenbrot und drückte ihm die halb volle Suppenschüssel in die Hand.

Leichtfüßig stieg Adam die Stufen hoch, mit jedem Schritt pochte sein Herz heftiger. Ein beklemmendes Gefühl breitete sich in ihm aus. Auf der vorletzten Stufe blieb er stehen, angespannt blickte er auf Valentinas Kammertür. Die lauwarme Suppe schwappte hin und her, die zu Boden gesunkenen Brotkrümel stiegen nach oben und tanzten in der Brühe. Ein paar

Spritzer schwappten über den Schüsselrand und landeten auf den Stufen. Schnell verteilte Adam die Flecken mit seinen Filzpantoffeln auf dem gehobelten Brett. Noch einige Schritte, dann streckte er das Bein und drückte mit dem Ellbogen den Türgriff herunter. Er stolperte ins Zimmer, worauf sich die nächste Ladung Milch über den Bretterboden ergoss.

„Hoppala!", meinte er verlegen. „Der Suppe gfällts heut nicht in ihrer Schüssel."

Valentina setzte sich auf. Ihre Beine kamen unter der Decke hervor. Mit den Händen streifte sie durch ihr dichtes Haar.

„Guten Morgn", sagte Adam. Valentina lächelte nur.

„Schaut doch wieder ganz gut aus." Der Bauer deutete auf ihren Rücken.

„Ja, ja, schon bisschen gut. Schmerz nix mehr stark. Macht viele gute Essen von Bauer."

Adam reichte ihr die Schüssel. „Da, kannst leer machn, dassd wieder richtig gsund wirst."

Valentina verzog das Gesicht. Nun schmerzte der Rücken doch. Vorsichtig legte sie sich wieder zurück. Für einen Moment schloss sie die Augen. Adam wischte sich einige Schweißperlen von der Stirn, dann kramte er in seiner Hosentasche und holte einen gelbroten Apfel mit einigen Schrammen hervor. „Hab dir noch was mitbracht, vielleicht magst ihn ja."

Freudig hielt sie die Hände auf. Adam warf ihn ihr zu und machte Anstalten zu gehen.

„Danke. Bauer und Bäuerin viel geben und ich nix können geben zurück."

„Wenn du lachn tust, ists schon ganz viel." Dann schloss er leise die Tür und schlich die Treppe hinab. Auf der untersten Stufe blieb Adam stehen und lauschte. Einige Kühe brüllten, Ketten rasselten, in der Küche klapperte Geschirr. Wortfetzen drangen durch die offene Tür. Marie unterhielt sich mit Großmutter. Sie brauchte nicht zu wissen, wie lange er in Valentinas Zimmer gewesen war. Schnell schlich sich Adam zur Haustür, lief durch den Hof und den Hintereingang zum Waschraum und holte seine Schnürschuhe. Barfüßig tappte er in den Stall, setzte sich auf den Melkschemel und schlüpfte in die ausgetretenen Latschen.

Adam zuckte zusammen, als Franz ihm auf die Schulter tippte. „Melken schon fertig, Bauer zu spät kommen." Franz grinste übers ganze Gesicht.

„Ach, Franz", stammelte Adam. „Hab dich gar nicht gsehn."

„Bauer große Weg machen wegen Schuh."

Adam räusperte sich. „Franz", meinte er schließlich. „Gehst einstweilen in den Rübenacker, ich komm dann mit dem Bulldog nach, gell."

Gemächlich schlenderte Adam übers holprige Kopfsteinpflaster in die Scheune. Die neblige, feuchtkalte Luft um ihn her war so trist wie sein Gemüt, das jetzt keine Ansprache vertrug. Er war froh, dass Franz nicht weiter auf ihn einredete. Gedankenverloren setzte er sich auf seinen Bulldog, drückte die Kupplung, spielte mit dem Ganghebel, legte alle Gänge ein und betrachtete den Auspuff, der sich vor ihm aufbäumte wie ein kleiner Baum ohne Äste. Kummer plagte ihn, Kummer, der im Bauch schmerzte.

Die schwarz-weiße Katze kam zögernd die Heubodenstiege herunter, setzte sich auf die Treppenstufe und starrte Adam an. Ihre grünen Pupillen leuchteten im schwachen Licht. Der Bauer sah ihr ebenso in die Augen, bis die Katze zur Seite blickte, ihren Schwanz streckte und sich dann schnurrend hinlegte.

„Du hast es gut", sprach ihr Adam zu. „Du lässt dich von den Weibern nicht ärgern. Du fauchst sie eine Weile an, später beißt du ihnen ins Genick, dann springst auf sie drauf. Einfach so." Wehmut überkam ihn. Gemächlich trottete die Katze die letzten Stufen herab, hüpfte auf das Trittbrett und von dort auf Adams Schoß. Adam begann, sie zu streicheln. Die Katze schnurrte, und jedes Mal, wenn er ihren Schwanzansatz berührte, streckte sie sich und schnurrte umso lauter.

Das Zuschlagen der Haustür riss ihn aus den Träumen. Die Bäuerin eilte in die Werkstatt, holte die Sichel und huschte auf die Straße. „Siehst du", meinte er zu dem Tier. „Wenn die Bäuerin eine Katz wär, würdst auch du ihr nicht nachkommen, das kannst mir glaubn."

Als die Kälte die Füße gefühllos machte, scheuchte der Bauer die Katze fort und startete den Bulldog. Am Feldrand hielt er kurz an und betrachtete das große Rübenfeld. Ihm graute vor der Arbeit, düstere Gedanken plagten ihn. Missmutig gabelte er die Rüben auf den Wagen. Stets passte er auf, dass sich der Abstand zu den anderen nicht verringerte.

Am späten Nachmittag, als sich der blaue Himmel kurz zeigte, als einige Sonnenstrahlen das fahle Grau in einen lichtdurchfluteten gespenstischen Schleier verwandelten, schöpfte er Hoffnung. Seine Worte kamen ihm in den Sinn: „Wenn du lachn tust, ists schon ganz viel." Das musste ihr doch gfallen habn, dachte er sich. Das war doch philosophisch.

Ein paar Mal wiederholte er den Satz, dann fing er an zu singen. Leise murmelnd kombinierte er die Melodie vom Frankenlied mit seinen Worten: „Wenn du lachn tust, ists schon ganz viel – das ist es, was ich hören will …" Als es irgendwann zusammenpasste, pfiff er wie eine Lerche im Sommerwind. Der Abstand zu den anderen verringerte sich, obwohl der Nebel die Sonnenstrahlen längst wieder verschluckt hatte und alles Lebendige, sich Bewegende unkenntlich machte. Nur das Pfeifen des Bauern und das Poltern der Rüben auf der Wagenplattform hallten über den Acker.

Martin wurde langweilig in seiner Stube. Er fand keinen Schlaf. Den zweiten Tag fehlte er nun schon in der Schule, noch immer konnte er kaum laufen. An der hölzernen Zimmerdecke zählte er elf Löcher, aus denen im Lauf der Zeit Astringe herausgebrochen waren. Wenn Großmutter auf dem Spitzboden die Pfefferminze zum Trocknen auslegte und sie wendete, rieselte feiner Sand durch diese Öffnungen. Sand, der auf die Betten fiel und auf der Matratze wie Sandpapier rieb.

Kurz musste er lachen, als er sich aus dem Bett erhob und wie ein Greis, genau wie Großmutter morgens, steif von der Nacht, Schritt für Schritt in die Gänge kommen musste. Oft hänselte er sie deswegen, nun plagte er sich selbst schrittchenweise den Flur entlang, die Treppe hinab in die gute Stube.

Alle waren sie auf dem Acker und Großmutter hatte angefangen, im Garten zu arbeiten. Martin drehte den Zeiger am Volksempfänger bis zur toten Mücke. Wieder drang Musik aus dem Äther.

„Und nun die neuesten Meldungen." Martin drehte ganz leise, hielt sein Ohr an den Lautsprecher und lauschte den auf Deutsch verlesenen Nachrichten: „An der nördlichen Scheldemündung nahmen die Kämpfe zu. Die Verbände der ersten kanadischen und der zweiten englischen Armee griffen mit Schlachtfliegerunterstützung an und erzielten mehrfach Erfolge ..." Rauschen. Hastig drehte er am Knopf. „... erweiterten amerikanische Truppenverbände ihren Einbruch in die deutschen Stellungen."

Valentina hatte schon eine Weile im Türrahmen gestanden. Martin erschrak so sehr, dass er die Lippen aufeinanderpresste und krampfhaft den Atem anhielt.

„Ich nix verraten." Sie beruhigte ihn.

Martin schluckte den Speichel hinunter, der sich wie eine

klebrige Masse im Gaumen gesammelt hatte. Langsam kam sie näher.

„Was Mann in Radio sprechen? Krieg nix mehr lange?"

Martin überlegte, er zögerte.

„Ich Freund, nix böse denken", beruhigte sie ihn. Bedächtig setzte sie sich auf den sperrigen, dunkel gebeizten Stuhl mit der geschnitzten Lehne. Das viel zu große, blumige Kleid berührte auf der einen Seite den Boden.

Martin rümpfte die Nase. „Wo kommst denn du überhaupt her?"

„Aus Dnjepropetrowsk."

„Hab ich noch nie ghört."

„Ist weit weg, in Ukraine."

„Und warum bist zu uns kommen?"

„Hab gemusst."

„Dann hast ja eine ganz schöne Reise hinter dir."

Valentina schluckte. „Reise? Du denken, eine Reise ..." Beide schwiegen eine Weile.

Martin deutete auf die Plakette auf der Konsole. „Kannst lesn?"

Valentina stand auf und beugte sich über seine Schulter. „Nix ganz gut."

„Wart, ich les dir vor: ‚Das Abhören ausländischer Sendungen ist ein Verbrechen gegen die Sicherheit unseres Volkes. Es wird auf Befehl des Führers mit schweren Zuchthausstrafen geahndet.' Verstehst?"

Die Frau nickte, dann sah sie ihm zu, als er aufstand und zum Sofa schlurfte. „Du laufen wie alte Mann."

Martin senkte den Kopf und setzte sich auf die gedrechselte Armlehne. „Der Fähnleinführer kann mich nicht leidn, wahrscheinlich wegen der Mutter."

„Deine Mutter denken gut in Kopf. Martin, bald alles

besser werden.“ Valentina zwinkerte ihm zu, dann ging sie hinaus.

Großmutter kam gerade von der Gartenarbeit und war derart in Gedanken versunken, dass sie Valentina erst im zweiten Umdrehen bemerkte. Ihre schwarze Schürze triefte vor Nässe und klebte voller Erde.

„Was um Himmels willen habn die Mägde in der guten Stube verlorn?“ Sie schüttelte den Kopf, während sie den groben Schmutz ihrer Hände an der Schürze abstreifte.

Leise schlich Valentina die Treppe hinauf und sackte ins Bett. Die Scham wurde zu Wut, Wut auf die Alte. Sie hatte die gute Stube betreten, einen schlichten Raum, in dem ein altes Sofa, einige Stühle, ein bemalter Schrank, eine große Kommode und ein Kachelofen standen, der kaum angeschürt wurde. Womöglich hingen an ihren Schuhen einige Staubkörner, die den Bretterboden beschmutzten. Oder vertrug die gute Stube ihren Geruch nicht? Glaubte die Alte auch, dass sie ein Untermensch sei, ein Wesen ohne Rechte? Ein Untermensch, genau wie im Lager. Die Tage im August 1944 standen ihr wieder vor Augen …

Der Stiefel

Ein schweres Gewitter wütete nachts über Langenzenn. Die Posten verkrochen sich in ihre Unterstände. Die scharfen Hunde winselten ängstlich am Zaun, sie wollten ins Trockene, während die Wassermassen den Hang herabflossen und sich in den Gräben am Lagerzaun sammelten.

Die Gräben schwollen an und leiteten die braune Brühe in einen großen Graben, der durch die Straße führte und in einen Bach mündete, der sich durch die Wiesen schlängelte, um schließlich dem Fluss die schmutzige Fracht zu überlassen.

Unzählige Bäche aber führten ihre Wassermassen in den Fluss, der Fluss schwoll an, das Wasser im Bach staute sich zurück. Der große Graben lief nicht mehr in den Bach, der kleine Graben am Lagerzaun staute sich auf und die Flut verteilte sich über den Appellplatz.

Als der Appellplatz vollgelaufen war, stieg das Wasser bis in die Sanitärräume, vermischte sich mit dem Dreck der Latrinen und verteilte sich im Hof.

Durch das daumengroße Loch im Blechdach der Baracke lief das Wasser auf den Betonboden und sammelte sich zu einer Lache, die sich immer weiter ausbreitete, bis sie die Schlafenden erreichte. Stöhnend standen die Durchnässten auf und dösten im Stehen. Dabei lehnten sie sich Rücken an Rücken, damit sie nicht umfielen. Beklemmende Enge herrschte in der Stube. Wieder wurden Neue mitten in der Nacht in die Baracke getrieben. Die Luft war stickig und verbraucht. Besonders die Kranken, die ständig husteten, rangen hilflos nach Atem. Einige wurden ohnmächtig und blieben liegen.

Am nächsten Morgen regnete es noch immer leicht, das halbe Lager stand unter Wasser. Die Pumpen sprangen nicht an, es fehlte an Treibstoff. Männliche Häftlinge zogen Wassergräben um die Baracken.

Hundeführer Wagner klopfte während des Appells die Schirmmütze aus, auf der sich Wasser gesammelt hatte. Der Ledermantel hielt dicht, nur der linke Stiefel leckte, längst war der Strumpf durchnässt. Wagner ärgerte sich, dass er in den Innenbereich musste. Die Strümpfe waren neu und nun lief ihm der Dreck der Weiber in die Schuhe.

Während die Frauen in Dreierreihen warteten, unterhielt er sich mit Weber. Langsam liefen die beiden an den Gefangenen entlang. In der Nähe von Valentina blieben sie stehen.

„Sauwetter“, schimpfte Wagner. „Den Stiefel“, ungelenk hob er das linke Bein, „hab ich schon dreimal flicken lassen. Bei diesen Pollacken in der Werkstatt. Schon dreimal war ich dort.“

„Besorg dir halt neue“, riet ihm Weber.

Wagner schüttelte den Kopf. „Hab ihn schon dreimal flicken lassen und jetzt steht die Sohle wieder auf.“

„Pollacken sind schlechte Schuhmacher“, wetterte Weber, „taugen nicht fürs Reich.“

„Aber es gibt kaum gute und es ist scheiße, wenn die Strümpfe nass sind.“

Noch immer standen die Häftlinge in Formation, durchnässt bis auf die Haut. Unruhe kam auf, als der Zaunposten dem Kommandanten die Tür öffnete.

„Heil Hitler!“ Bär hob die Hand zum Gruß. Wie ein Feldherr deutete er zum Himmel. „Das Reich öffnet seine Schleusen. Regen braucht das Reich, Regen für die Felder. Die Weiber schwitzen, seht sie euch nur an. Die sollen sich ausziehen, sonst werden sie krank, die Armen. Na los, runter mit den Fetzen“, brüllte Bär.

Zögernd zogen sie ihre Kleider aus. Mit nackten Oberkörpern wurden sie von Nastasia im Kreis getrieben. „Die haben doch nichts auf den Rippen", meinte Wagner enttäuscht. „Lauter Vogelscheuchen."

Bär lachte lauthals und musterte belustigt eine nach der anderen. „So, jetzt ist es genug." Dann gähnte er und rieb sich die Augen. Von seinem Hosenbein wischte er sich einen Dreckspritzer ab. „Muss weiter. Wichtige Sache. Heil Hitler."

Weber befahl der Aufseherin: „Lass sie in Ruhe, dann holt den Suppenkaspar." Er zog seine Taschenuhr heraus, die an einer dicken Goldkette baumelte, und öffnete den Deckel. Innen war das Porträt einer hübschen Frau zu sehen.

Wagner warf einen neugierigen Blick auf das Bild. „Deine Alte?"

Weber grinste. „Schön wärs. Hab ich nem Juden abgeknöpft, bevor sie ihn nach Flossenbürg brachten. Wahrscheinlich seine Alte. Hatte ein Mordsgeschäft, der Bursche. Aber die Uhr geht genau. Schon halb zehn. Kommst nach in die Mannschaftsstube?" Wagner nickte.

Notdürftig hatte Valentina ihr Kleid um den nackten Oberkörper geschlungen. Während die anderen die Ohnmächtigen und Hilflosen in die Baracke schafften und die Aufseherinnen sich angeregt unterhielten, blickte sie kurz zu Wagner, der nur wenige Meter entfernt seinen Hund streichelte.

„Ist was?", fauchte er sie an, als er ihren Blick bemerkte. „Hast noch nicht genug, Schlampe." Der Hund fletschte die Zähne und zerrte sprungbereit an der Leine.

Valentina nahm ihren ganzen Mut zusammen. „Herr Offizier", sprach sie mit stockender Stimme, „ich haben gelernt, Schuhe machen, dicht gegen Wasser."

„Was willst du mir erzählen." Wagner lachte hämisch. „Ein Weib will Schuhe reparieren." Langsam zog er seinen Knüppel heraus. Die Aufseherinnen wurden hellhörig, sie warteten auf Wagners Kommando.

„Ich gut machen, ich lernen bei Schuhmachermeister Miederer in Nürnberg. Ich viele Schuhe machen, ich gut machen." Valentina flehte ihn jetzt an. Sie schöpfte Hoffnung, als sie die Falten auf seiner kantigen Stirn bemerkte.

Er dachte nach. „Und du denkst, du kannst das?", meinte er schließlich. „Du bist ein verdammtes Weib und willst das können? Na gut. Wenn du mich verarschen willst, geht es dir dreckig." Wagner winkte Nastasia herbei. „Hol das Werkzeug beim Pollacken, aber zackig. Schaff ihr das Zeug in die Krankenstube der Mannschaftsbaracke, dann soll sie zeigen, was sie kann." Missmutig stapfte der Hundeführer ans Tor. Nachdem ihm die Torhüterin geöffnet hatte, bog er ab ins Mannschaftsheim.

Am Nachmittag machte Wagner einen letzten Kontrollgang. Leicht angeheitert stolperte er am Zaun entlang. Aber nur ein paar Meter, denn der aufgeweichte Boden war tief und die Beine schwer. Wagner drehte um, schnell verschwand er wieder in der Mannschaftsunterkunft.

Die Bauern brauchten keine Helfer, wenn es regnete. Über dreißig Frauen liefen mit Steinen beladen sinnlos im Kreis, stumpfsinnig und erschöpft. Einige kratzten mit dreieckigen Schaufeln Furchen in die Erde, um das Wasser abzuleiten.

Am Mittag, als die Sonne die letzten Wolken vertrieben hatte, trockneten endlich die durchweichten Kleider, doch als schwüle Hitze in die Körper kroch und Schweiß sich übelriechend ausbreitete, durchweichten sie erneut. Die Läuse quälten die Frauen. Der Juckreiz war kaum auszuhalten, aber mit den Steinen in der Hand war es unmöglich, sich zu kratzen. Ludmilla fluchte leise vor sich hin. Valentina schwieg, sie war noch nicht lange hier und noch nicht so zerbissen.

Sie erschrak, als die Aufseherin sie heranwinkte. „Komm mit!“, fauchte Nastasia. Folgsam trottete Valentina der Frau hinterher. Durch das Tor gelangten sie an einen Barackenkomplex im Außenbereich. Vor der breiten Tür an der Frontseite unterhielten sich zwei Wachleute.

Durch einen Nebeneingang kamen sie in einen langen Flur, an kläffenden Schäferhunden vorbei, die in erhöhten Käfigen untergebracht waren. Die Aufseherin schubste Valentina in einen kleinen Raum.

„Da.“ Sie deutete auf einen klapprigen Stuhl, vor dem eine Kiste mit Schuhmacherwerkzeug stand. Daneben lag Wagners Stiefel. „Na los“, fauchte sie, dann sperrte sie die Tür von außen zu und rief nach einer anderen Aufseherin, um die Gefangene zu bewachen.

In der kahlen Stube stand nur eine Liege. An der Wand hing ein Schränkchen mit einem aufgemalten roten Kreuz, darunter ein emailliertes Waschbecken. Das Fenster zur Außenseite des Lagers war mit Baustahldraht vergittert. Durch die dünnen Wände hörte Valentina laute Stimmen und immer wieder schallendes Gelächter. Sie schob den Stuhl an die Wand, dann nahm sie den Stiefel. Das matte Leder am Übergang zur Sohle war ungepflegt und runzlig, die Nähte teilweise abgerissen. Den Zeigefinger konnte sie leicht durch den aufklaffenden Spalt schieben, durch den die eingelegte Filzsohle hervorkam. Valentina griff in den Schaft, doch schnell zog sie die Hand zurück, als fürchtete sie einen Stich. Verbrauchte Luft stieg ihr in die Nase, als sie mit spitzen Fingern die Unterlage herauszog. Schweiß? Nein, es war etwas anderes. Verbranntes Stroh? Nein, es roch wie Rattendreck. Entsetzt ließ sie den Stiefel los.

Valentina dachte an die Tritte in den Bauch wehrloser Frauenkörper. In die Seite, gegen die Brust, gegen den Kopf. Wie viele Leiber hatte diese Schuhspitze schon maltrātiert? War der Träger ein Linksfuß? Oder hatte dieser Stiefel nur verharrt, während der Rechte sein Ziel traf? Widerwillig hob sie ihn hoch, Ekel erfasste sie. Naserümpfend löste sie die zerschlissenen Fäden und die abgerissenen Nägel heraus. Mit der Ahle stach sie frische Löcher in das Leder, durch das sie mühevoll die Hanfschnüre und Schweineborsten fädelte.

Valentina ließ sich Zeit, aber sie gab sich große Mühe. Sie machte die Nähte eng und sparte nicht mit den Borsten. Mit dem Bohrer setzte sie feine Löcher neben die Naht, mit Holznägeln trieb sie Schuh und Sohle zusammen. Sogar eine Feile hatte ihr der polnische Schuhmacher in die Kiste gelegt. Mit dem Schuhfett und einer feinen Bürste polierte sie den Stiefel, bis er glänzte wie ein neuer. Ständig fuhr sie auf dem Leder auf und ab und feilte die Nägel, bis sie eins wurden mit dem Schuhwerk.

Polternde Schritte kamen näher. Der Türflügel flog auf. Wagner stand schwankend im Rahmen. Hemdsärmelig hatte er eine Hand unter den breiten Hosenträger geklemmt, in der anderen hielt er seinen rechten Stiefel. Die Krawatte hing lose am Hals. Die obersten Knöpfe seines Hemds waren offen, ein dichtes Büschel gekringelter Haare kam zum Vorschein. Wagners Gesicht war aufgedunsen, die Augen gerötet vom Zigarettenqualm. Valentina sprang hoch und heftete den Blick auf den Boden.

„Und?“, lallte er. „Hat das Großmaul Wort gehalten?“ Wagner riss ihr den reparierten Stiefel aus den Händen, stellte ihn ins Becken und ließ Wasser hineinlaufen. Dann ging er ans Fenster und hielt ihn gegen das Licht. „Dieser Pollack“, schimpfte er. „Dieser Pollack hat mich dreimal verarscht. Dreimal. Verstehst.“ Wagner hielt Valentina drei ausgestreckte Finger vor die Nase. „Ständig nasse Füße. Wochenlang.

Kannst dir das vorstellen? Immer wieder diese Saubrühe vom Scheißlager zwischen den Zehen. Kannst dir das vorstellen?" Mit dem Zeigefinger hob Wagner Valentinas Kinn. Eine Wolke von Schnaps und Rauch kam ihr entgegen. „Sieh mich an, wenn ich mit dir red, Sauruss." Und plötzlich milde, wie verwandelt: „Hast Glück. Der ist dicht."

Umständlich stellte er den rechten Schuh auf den Boden, schüttete den Inhalt des reparierten in den Schaft und hielt ihn ebenfalls ans Fenster. Wasser tropfte auf den Sims. „Hat bestimmt der Pollack in der Hand gehabt, dieser Sauhund. Den steck ich eigenhändig in den Karzer. Bis morgen hast ihn repariert."

Valentina nickte, wieder die Augen auf den Boden gerichtet.

„Sieh mich an", zischte er erneut und musterte sie. „Kannst bedienen?"

Valentina nickte ergeben, obwohl sie nicht wusste, was er meinte. Schnell hatte sie gelernt, niemals Nein zu sagen.

„Sind nur hässliche Weiber da, wirst bestimmt auffallen." Wagner schüttete das Wasser auf den Boden, dann trottete er hinaus.

Es dauerte lange, bis der Schweiß auf Valentinas Stirn trocknete. Mit zittrigen Händen löste sie die Sohle des anderen Stiefels. Was meinte er mit bedienen? Wo sollte sie hin, an wen sich wenden?

Ratlos arbeitete sie, bis die Aufseherin die Tür aufriss und plärrte: „Wann bist endlich fertig?"

Valentina sprach mit ruhiger Stimme: „Offizier hat befohlen, ich soll bedienen ..." Fluchend ging die Aufseherin wieder hinaus, vermutlich ratlos wie Valentina selbst schritt sie vor der Tür auf und ab.

Es dämmerte bereits, als die Aufpasserin ihr einen schwarzen Rock und eine weiße Bluse brachte. „Los, anziehen, den Schuh machst später fertig."

Valentina stand auf und blickte sie an. „Der Schuh ist fertig."

„Na gut", meinte die andere ungehalten. „Umso besser. Also beeil dich, sonst mach ich dir Beine."

Die Bluse passte einigermaßen. Der ausladende Kragen war mit aufwendigen Spitzen versehen, der Stoff aus feinem Leinen, nur an beiden Ärmeln fehlten die Knöpfe. Unterhalb der linken Brust befanden sich mit goldenem Faden eingenäht die Initialen „RB". Der Rock war viel zu weit, er reichte ihr fast bis zum Knöchel. Sie zog ihn bis über den Nabel.

Die Frau führte Valentina bis vor eine Tür am Ende des Ganges und schlich sich schnell davon. Langsam drückte Valentina die Klinke. Sie trat in einen großen Raum. Qualm biss ihr in die Augen. Laute Männerstimmen, vergnügt und überschwänglich, ausgelassen und derb, drangen an ihr Ohr. Essensgeruch stieg ihr in die Nase.

Eine kräftige Hand packte Valentina am Arm und zog sie unauffällig in den Nebenraum. „Spinnst wohl? Kannst doch nicht einfach so hineinplatzen." Die kräftige Frau, Mitte vierzig, mit einer weißen Schürze und rotblonden, gelockten Haaren, die sie unter einem weißen Kopftuch verbarg, mochte sich kaum beruhigen. „Was willst überhaupt?"

„Ich soll bedienen."

„So", brummte sie, die Hände in die Hüfte gestützt. „Kannst gleich den Schweinsbraten reintragen. Haben bisher nur gesoffen. Weißt schon, Schnaps, guten Schnaps. Den kriegst sonst nirgends. Unser Chef hat es schon faustdick hinter den Ohren."

Funktionshäftlinge waren bessergestellt. In eigenen Klamotten mit weißen Schürzen trugen sie Töpfe und Kannen in den Raum, breiteten Geschirr und Schüsseln auf einem großen Tisch aus, dazu verteilten sie Klöße, Soße, Fleisch und Salat auf den Tellern.

„Los, kannst schon anfangen. Und lass dich ja nicht erwischen …“ Energisch deutete die Frau auf ihren Mund. „Bist sonst schneller draußen, als du reingekommen bist.“

Valentina griff nach einem Teller. Der aufsteigende ungewohnte Geruch presste ihr den Magen zusammen. Ihr Herz schlug bis zum Hals, als sie wieder in den Raum trat. Weiße Tücher auf den Tischen, Kerzen funkelten. Auf einer Kommode stapelten sich Geschenke und Blumen. Vorn saßen Bär und Mägerlein. Ihnen gegenüber zwei Männer mit glitzernden Abzeichen auf den Schultern. Valentina hatte sie noch nie gesehen. Wagner und Weber unterhielten sich angeregt mit gut gekleideten Frauen. Simon saß abseits zwischen Wachsoldaten, Steigleder fehlte. Keiner nahm von Valentina Notiz, als sie das Essen servierte. Erst als sie ihre Gläser geleert hatten, blickten sie auf.

„Bier.“

„Ein Glas Riesling.“

„Einen Klaren kannst noch bringen.“ Hin und her gingen die Wünsche.

Je mehr sie soffen, grölten, johlten und kreischten, desto ausgelassener und derber benahmen sie sich.

„Schneller, du Schlampe!“

„Die lässt einen verdursten.“

„Russenpack.“

Gläser gingen zu Bruch, Bestecke flogen auf den Boden. Bär hielt eine Ansprache, begrüßte im Namen des Führers den Gast von der Gestapo und seine Kollegen. Während sie die Hymne sangen, kroch Valentina zwischen den Stühlen und Beinen der Nazis umher, kehrte die Scherben zusammen und wischte die Überreste auf. Ihr ausgelaugter Körper wehrte sich mit aller Kraft gegen die Belastung. Immer wieder wurde ihr schwindlig, sodass sie sich im Vorratsraum gegen die Wand lehnte und mehrmals durchatmete. Sie war so entkräftet, dass sie den eigenen Hunger und Durst vergaß, trotz der edlen Speisen, der verschiedenen Käsesorten, der Salami aus Italien, der Orangen aus Spanien, der süßen Desserts und der exklusiven Getränke, die sie zu den Leuten schleppte.

Valentina verwünschte den Moment, als sie Wagner um die Reparatur seines Schuhes gebeten hatte. Jetzt sehnte sie sich danach, in der Baracke zu liegen, auf dem kalten Betonboden, bei den anderen zu sein, bei Menschen.

Wagner brüstete sich vor Bär. „Sieh mal, den Spatz hab ich ausgegraben, heute Mittag. Hat mir meine Schuhe dicht gemacht."

Bär musterte Valentina. „Hat ein hübsches Ärschchen, die Kleine. Russin?"

Wagner zuckte mit den Achseln. „Weiß nicht, hab sie noch nicht gebumst."

Dröhnendes Gelächter. Valentina holte tief Luft. Sie schämte sich und sie hatte wahnsinnige Angst.

„Heil Hitler", dröhnte es durch den Raum, so gewaltig, dass es Valentina in den Ohren schmerzte. Immer wieder standen die Leute auf. Sie tranken auf den geliebten Führer, auf das Tausendjährige Reich, auf den Sieg und auf die Kameradschaft.

Als sie nicht mehr stehen konnten, tranken sie im Sitzen auf den geliebten Führer, das Tausendjährige Reich, den Sieg und die Kameradschaft. Und sie tranken darauf, dass all die Judensäcke, Kommunisten, Alliierten und Bolschewiken alsbald verrecken mochten in ihrem eigenen Blut.

Bis spät in die Nacht dauerte der Rausch. Irgendwann

schickten sie Valentina hinaus. In der kleinen Kammer legte sie Bluse und Rock gefaltet auf das Feldbett. Die Aufseherin führte sie zurück ins Lager.

Draußen in der frischen Nachtluft blieb sie stehen und atmete tief durch. Die Aufpasserin ließ sie gewähren. Jedes Äderchen, jede Faser wurde durchströmt und tankte scheinbar neue Kraft, doch nach wenigen Schritten schon kehrte die bleierne Müdigkeit zurück.

Valentina konnte nicht mehr, als sie in der Dunkelheit über die Leiber stolperte, die Rücken an Rücken, gekrümmt mit angezogenen Beinen auf der Seite, mit dem Kopf auf dem Bauch der anderen in allen erdenklichen Lagen zu schlafen versuchten. In der Mitte, wo Luft kaum noch vorhanden war, wo die Elendsten, die Halbtoten, die Mürbegewordenen vegetierten, dort übergab sich Valentina. Immer und immer wieder presste sie ihre Säfte heraus, vermischt mit bitterer Galle.

Ludmilla hatte Valentinas Platz freigehalten. Die Große mit den ausgeschlagenen Zähnen schlief fest.

„Und?"

Valentina konnte endlich weinen. Sie legte sich neben Ludmilla, die sie an sich zog. Zärtlich streichelte Valentina ihr über die Wangen, trocknete ihre Tränen und wartete geduldig, bis Ludmilla flüsternd zu erzählen begann. Von der Orgie, den Beleidigungen, den derben Reden und all dem Hass, der ihr entgegenschlug. Nach einer Weile hatte sie sich gefangen. Trotz der Müdigkeit konnte sie nicht einschlafen, das Erlebte kam ihr in den Sinn und immer wieder diese Initialen.

RB. Was hatten sie zu bedeuten? Wer war diese Frau? Wie kam ihre Bluse ins Lager? RB. Rita, Renate, nein. Ria, Rosmarie. Ja, Rosmarie vielleicht. War sie noch am Leben? War sie eine Gefangene, eine Jüdin? Hießen Jüdinnen Rosmarie?

RB … RB … Endlich ließen die Gedanken sie los. Valentina sank in einen unruhigen Schlaf, bis ihr Ludmilla hartnäckig auf die Schulter tippte. „Pssst."

„Was ist?" Valentina gähnte.

„Sei froh, dass du nicht hier warst."

„Warum?"

Ludmilla überschlug sich fast, so schnell begann sie zu reden. „Nach dem Essen mussten wir uns ausziehen, die Kleider kamen alle auf einen Haufen und dann wurden wir in den Waschraum gejagt. Der stand noch halb unter Wasser. Danach haben sie uns eingepinselt mit so einem stinkigen Zeug. Soll die Läuse töten, haben sie gemeint. Irgendein neues Mittel. Die ersten haben es unverdünnt abgekriegt. Was meinst, was dann los war? Die haben gestöhnt vor Schmerzen. Muss irgendeine Lauge gewesen sein, so ein weißes Zeug. Haben es überall hingepinselt, auch da, wo es richtig wehtut." Ludmilla holte tief Luft und stupste Valentina noch mal an: „Hörst mir überhaupt zu?"

„Ja, ja, erzähl nur weiter."

„Zuerst wurden sie feuerrot wie gekochte Krebse. Die Haut hat sich abgeschält, wie von einer Pellkartoffel. Haben sie gleich fortgeschafft, die Unglücklichen. Ein paar Stunden waren wir nackt da drinnen, damit das Zeug einwirkte. Hatte schon geglaubt, sie haben uns vergessen."

Valentina schüttelte nur den Kopf.

„Weißt, was dann kam? Kannst dir gar nicht vorstellen. Haben uns hinausgetrieben in den Hof. Alle auf einmal, und sich einen Jux daraus gemacht, dass keiner sein Zeug fand. Die Frauen sind aufeinander losgegangen. Haben sich gegenseitig an den Haaren gezogen und einander angeschrien, bis die Aufseherinnen mit der Peitsche dazwischen sind. Dann ist es gegangen. Waren Drecksäcke dabei. Liefen mit zwei Hosen herum, mit besseren Schuhen. Manche hatten zwei linke an. Große und kleine. Ein Durcheinander, sag ich dir."

„Und die Deutschen?", fragte Valentina.

„Keiner da, alle ausgeflogen."

Valentina rollte sich auf die Seite und stützte den Kopf auf die angewinkelte Hand. „Waren am Saufen, weißt!"

Martin

Tiefe Spuren zogen sich durch das abgeerntete Rübenfeld, in ihnen stand noch das Wasser. Zwischen den Pfützen stocherten lärmende Krähen im aufgewühlten Erdreich nach Würmern, die sie mit ihren spitzen Schnäbeln aus den Löchern zogen. Startete Adam den Bulldog, flüchteten die Vögel auf die ausladenden Äste der großen Eichen. Nach einer Weile kannten sie den Bulldog und fraßen sich in sicherem Abstand satt.

Milde Luft strömte in jenen ersten Novembertagen ins Land, der zähe Nebel lichtete sich, die Sonne gewann noch einmal an Kraft. Der Boden trocknete ab. Die Würmer krochen in tiefere Schichten und die Krähen suchten nun nach Körnern und Samen. In der warmen Luft tanzten Fliegenschwärme knapp über dem Erdreich. Die Natur erwachte wieder.

Adam ging die Arbeit am Morgen schwer von der Hand. Missmutig ging er zur Bäuerin. „Ich mein, die Valentina ist krank!"

„Du meinst die Irmgard, Adam", ermahnte sie ihn. „Wir müssn weiter auf der Hut sein, der Krieg ist noch lang nicht vorbei. Glaub aber auch, wir solltn den Doktor holn, wer weiß, was die sich im Lager aufgschnappt hat."

„Wenn ich die Fuhre heimschaff, halt ich beim Wirt und ruf ihn an, gell."

Die Bäuerin stimmte verwundert zu. „Wenn du meinst." Noch nie hatte er den Doktor angerufen. Auch nicht, als bei ihr damals die Wehen einsetzten. Als sie schweißgebadet, vor Schmerzen fast ohnmächtig, in der Futterkammer auf dem Heustoß lag und der alte Denzler telefonieren musste, weil

Adam sich genierte. Für einen Moment sah sie ihm in die Augen. In entschlossene Augen, die sich ihrem Blick verweigerten. Sie vermutete darin ein Geheimnis. Adam war irgendwie anders.

Martin trank in der Küche kalten Tee. Er war durstig von der schweren Arbeit, sein Hemd durchnässt. Ganz allein hatte er den Kälberstall ausgemistet, wie es ihm die Mutter aufgetragen hatte. Als er den Bulldog hörte, der mit einer Fuhre Rüben den Dorfberg heruntertuckerte und in die Hofeinfahrt einbog, schlich er sich die Treppe hoch in den oberen Stock. Dem Vater schadete es gewiss nicht, wenn er die Rüben allein in den Keller schaffte. Oft genug saß er um diese Zeit in der Wirtschaft und ließ die anderen arbeiten.

Langsam ging Martin den dunklen Gang entlang, betrachtete die alten Hochzeitsbilder, die verstaubt an der Wand hingen. Leise klopfte er an Valentinas Zimmertür. Er klopfte ein zweites Mal. Als er nichts hörte, öffnete er sie langsam und ging hinein in den abgedunkelten Raum. Verlegen verkrallte er die Hände in den Hosenträgern, spannte den Gummi, den er ein paar Mal auf die Brust schnalzen ließ. Valentina fuhr hoch. Schlaftrunken rieb sie sich die Augen.

„Meinst, wenn die Amis kommen, ist der Krieg aus?“, fragte der Bub.

Valentina gähnte. „Ich sprechen alle Tage zu Gott, dass Amis bald kommen.“

„Warum? In der Schul erzählns, Neger fressn kleine Kinder.“

Valentina lachte. „Ich denke, Neger haben genug zu essen. Neger gleiche Mensch wie du, nur andere Farbe.“

„Hm.“ Skeptisch kratzte sich Martin in den Haaren. Neugierig geworden, fragte er weiter. „Warum bist nicht zu Haus bliebn?“

„Du überhaupt nix wissen." Valentinas Augen wurden feucht.

Martin schämte sich. Er ging zur Tür. „Ich geh dann wieder."

„Bleiben!" Trotz der Tränen drängte sie: „Nix gehen, bitte ... wissen. Ich nach Deutschland muss, nix wollen kommen. Ich leben zufrieden daheim, bis Soldaten kommen ..." Dann begann sie zu reden. Von ihrer Verschleppung, dem Transport nach Neumarkt, dem Schuhmacher ... Nur von Julian sagte sie nichts.

Schließlich fragte sie ihn nach seinen Erlebnissen bei der Jungschar und der Bub schüttete ihr sein Herz aus. Martin berichtete vom Drill und von den Demütigungen. Aber Valentinas Geschichte war für ihn interessanter, gebannt lauschte er ihr und bekam immer wieder eine Gänsehaut.

Valentina erzählte und erzählte, sie fühlte sich leicht wie eine Feder, endlich davon sprechen zu können, was ihr auf der Seele brannte. Hoch und heilig musste Martin ihr schwören, nichts von alldem je weiterzusagen. Dass Valentina ihm ihre Geschichte anvertraute, machte ihn stolz.

Durch das Kammerfenster erkannte Martin den Doktor, der den Dorfberg herunterradelte. Er ließ Valentina allein.

Unsicher steuerte der schmächtige Mann sein Damenfahrrad. Der Schotter knirschte unter den schmalen Reifen. Langsam und bedächtig umfuhr er die groben Steine, dabei konzentrierte er sich auf sein Hosenbein, das er mit einer Wäscheklammer fest um den Fuß gespannt hatte. Für den Denzlerbauern, der auf der anderen Straßenseite freundlich grüßte, hatte der alte Mann kein Auge. Das Geräusch polternder Rüben führte ihn zu Adam, der erschrak, als er ihm mit dem Finger auf die Schulter tippte.

„Grüß Gott, Bauer. Wo fehlts denn? Hab nicht viel Zeit.“

Adam errötete leicht, als er sich umdrehte: „Ach, der Herr Doktor, das ist aber gscheit recht. Wissns, unsere Magd, die Irmgard, ist nicht ganz gsund.“

„So, so, die Irmgard ist nicht gesund. Dann schaun wir halt mal zur Irmgard.“ Umständlich lehnte er sein Fahrrad an die Stallmauer, nahm das schwarze Köfferchen vom Gepäckständer, knöpfte seinen grauen Kittel auf und lockerte die Krawatte. Mit dem Ärmel wischte er sich über die feuchte Stirn, während er dem Bauern ins Haus folgte. Adam öffnete die Tür, hastig trat er in die dunkle Kammer.

Der Doktor rümpfte die Nase. „Am hellen Tag braucht man bei euch Licht, um die Leut zu finden“, schimpfte er.

„Wegen den Bomben“, rechtfertigte sich der Bauer, sogleich nahm er die Verdunkelung ab. Valentina sah den fremden Mann erschrocken an.

„Im Kreuz hat sies“, meinte Adam.

Der Doktor schob ihn zur Tür hinaus. „Das kann sie mir schon selber sagen.“ Und zu Valentina gewandt: „Seit wann hast Schmerzen?“

Valentina zuckte mit den Schultern. Der Arzt zog seine Jacke aus, stülpte die Ärmel hoch und kramte eine Nickelbrille aus dem Etui. „So, jetzt erzähl mal, Mädel, wie hats angefangen?“

Valentina bekam einen roten Kopf. Verlegen zuckte sie mit den Schultern.

„Willst nicht reden?“

Sie schüttelte den Kopf.

„Dann kann ich dir nicht helfen, Mädel.“ Der alte Mann nahm seine Tasche und ging langsam zur Tür.

„Halt. Bitte bleiben. Schon lange haben Schmerzen.“

„Oha, es geht ja doch.“

Valentina redete nun stockend von den ständigen Rückenschmerzen und der Taubheit, die ab und zu das linke Bein heimsuchte.

„Seit wann spürst es denn, Mädel?“

„Seit ich nach Äbiernbobbäli suchen.“

Der Doktor lachte. „Äbiernbobbäli, die gibts bei dir daheim aber nicht, oder? Wo kommst denn überhaupt her, Mädel?“

„Nürnberg!“

Wieder lachte der alte Mann. „Kommst aus Russland, gell? Mir darfst es schon sagen. Sags bestimmt nicht weiter.“

Valentina sah ihn entsetzt an.

„Brauchst dir nichts denken“, beruhigte er sie. „Hab schon viele aus dem Osten ghabt, alles Zwangsarbeiter bei den Bauern. Habens nicht leicht, die Leut. So, jetzt zieh mal das Hemd hoch.“

Valentina zierte sich.

„Na, was denn“, meinte er grob und deutete hoch zur Zimmerdecke. „Gute Frau, der da oben hat schon dafür gsorgt, dass die Russischen nicht anders gebaut sind wie die Unsrigen. Deutsche Frauen hab ich schon genug behandelt und noch keine einzige gebissen.“

Halb nackt saß Valentina auf der Bettkante.

„Na gut“, seufzte er, nachdem er den Rücken abgeklopft hatte. „Hab mir schon so was gedacht. Der Ischiasnerv. Das braucht schon noch eine Weil, also schön liegen bleiben und viel Wärm, gell!“

Beim Hinausgehen löste sich die Wäscheklammer. Umständlich bückte sich der Alte und steckte sie wieder an. Zu Valentina meinte er lächelnd: „Jetzt tätst gern mit mir tauschen, aber bald schon nimmer, bist ja noch so jung, Mädel.“

Der Doktor blickte Adam prüfend in die Augen, als er ihm

im Flur gegenüberstand. „Heubeck", meinte er streng, „bei allem Respekt, Heubeck. Hinter euch hätt ich das nicht gsucht. Eure Dienstboten so zu misshandeln ..."

Adam erschrak, verlegen stammelte er: „Sie hat doch nie was gsagt, dass sies im Kreuz hat. Wenn ich das gwusst hätt ..."

„Und die Narben am Rücken?" Der Doktor hob den Zeigefinger. „Vom Ochsenziemer?"

„Wir sind ehrbare Leut", verteidigte sich der Bauer, und irgendwann glaubte ihm der Doktor.

„Obwohl", meinte er, „ich weiß Fälle, wo Bauern diese Leut gschlagen haben. Einen habens sogar erschlagen, weil er nicht so arbeiten wollt."

Adam wurde wütend, aber er beherrschte sich. „Ich wüsst nicht einen Dienstboten, der von uns im Bösen gangen wär."

Wieder hob der Doktor mahnend den Zeigefinger. „Glaub ich schon, Heubeck. Aber heutzutag ist alles möglich."

Unten im Flur stellte der alte Mann sein Köfferchen auf den Boden und spannte die Wäscheklammer etwas enger. Dann drückte er dem Bauern einen Beutel in die Hand. „Da, gebts der Bäuerin, soll sie einen Tee machen, Weidenrindentee. Nimmt die Entzündung raus. Heiße Kartoffeln solls ihr auflegen. Warme Kieselsteine helfen. Vielleicht habt ihr Franzbranntwein im Haus. Aber ein Klarer tuts auch, gell. Und wenn gar nichts mehr hilft, dann hilft Sauerkraut. Soll sich die Frau auf den Rücken legen, ein paar Schichten drauf und mit dem Nudelholz drüberfahren, aber nicht so grob, gell."

Adam war abwesend, die Narben beschäftigten ihn. Längst wollte der Doktor gehen, er wartete auf seinen Lohn. „So, Heubeck, dann hätten wirs. Bin ja froh, wenn mich die Bauern holen, ein ordentliches Vesper ist heutzutag viel gescheiter als dieses nichtsnutzige Geld."

Adam verstand. „Bin gleich wieder zrück." Eilig wickelte er eine Bratwurst und eine Blutwurst in eine alte Zeitung, schnitt einen Keil Brot vom Laib. Zwei Eier legte er dem alten Mann in die Hand.

„So ists recht, Bauer, habt vielen Dank."

„Und noch was, Heubeck", meinte er, den Fahrradlenker bereits in der Hand. „Denk schon auch, dass es der Frau bei euch gut geht. Hat ja schon einen kleinen Bauch gekriegt. Wie lang ists schon da?"

Adam überlegte. „Keine zwei Monat."

„So lob ichs mir. Sind schon auch was wert, diese Leut. Also nix für ungut, Heubeck. Wenn was ist, ich komm gern."

Zufrieden bog der Doktor in die Dorfstraße ein. Gegenüber grüßte der Denzlerbauer freundlich herüber und er grüßte freundlich zurück, während der Schotter unter den schmalen Reifen des Damenfahrrades knirschte.

Nachdenklich stand Adam noch eine Weile im Hof. „Sind auch was wert, diese Leut", hatte der Doktor gesagt. Hatte ihm Valentina etwas erzählt? Düstere Gedanken kamen Adam in den Sinn. Aber selbst wenn. Der Doktor war ein rechtschaffener Mann, der ihn selbst schon behandelt hatte, als er noch ein kleiner Bub war. Niemals würde er etwas preisgeben. Und Valentina war bestimmt nicht so dumm, sich selbst zu verraten.

Noch vor der Dämmerung wurde die letzte Fuhre Rüben heimgeschafft. Marie stand am Feldrand, ihre Augen schweiften über den kahlen Acker. Bedächtig betrachtete sie die Furchen und Gräben, die der Bulldogreifen in die Erde gedrückt hatte. Kühler Novemberwind hatte die warme Luft vertrieben und wirbelte ihre Haare auf. Das Gefühl, die Ernte eingefahren zu haben, fertig zu sein mit der Plackerei und das Jahr bald zu beschließen, machte sie dankbar und zufrieden.

Marie schloss die Augen. Sie atmete tief durch und faltete die Hände. Die Lippen bewegten sich kaum, als sie dem Herrgott dankte. Dann eilte sie nach Haus.

An der Hofeinfahrt wartete eine Mutter mit einem Kind, das seinen Schopf unter einer viel zu großen Zipfelmütze versteckte. Blonde Zöpfe hingen über dem bis zum Hals zugeknöpften Mäntelchen. Vom löchrigen Schuh hatte sich die Sohle abgelöst. Das hagere Gesicht der Mutter war gezeichnet von Entbehrung, ihre Kleider notdürftig geflickt. Der Weidenkorb in ihrer Hand leer.

„Spät seid ihr dran", tadelte Marie die Frau. Sie kannte die beiden, oft genug kamen sie vorbei.

„Sind seit heut Morgen unterwegs und das Kind muss doch was essen." Die Augen der Mutter waren matt, die Stirn voller Sorgenfalten.

Die Bäuerin nahm den Korb und eilte die Stufen hoch.

Doch der Großmutter entging nichts. „Das Gesindel braucht nix, all paar Tag täts denen einfalln, sind bloß zu faul zu arbeitn." Sie verschluckte sich. Nach Atem ringend, folgte sie der Bäuerin in die Speisekammer. „Habn selber nix und du schenkst alles her", krächzte die Großmutter, von Husten geplagt.

„Wirst schon nicht verhungern", sagte Marie ruhig. Einige Kartoffeln und drei Eier legte sie in den Korb.

„Mach nur den Hof gar kaputt", drohte die Alte, nachdem sie sich gefangen hatte.

Marie schüttelte den Kopf, packte eine Leberwurst am Zipfel, ließ sie vor Großmutters Gesicht einige Male hin und her baumeln und legte sie ebenfalls in den Korb. „Hält der Bauernhof schon aus", meinte sie stur. „Und das merkst dir: Bei mir geht keiner hungrig heim, basta."

Die Augen der Mutter strahlten, als sie die Lebensmittel sah. „Vergelts Gott."

Marie wandte sich an die Kleine und drückte ihr ein paar halbhohe Kinderschuhe in die Hand. „Darfst schon nehmen, Mädel. Meinem Kaspar passns nimmer und die im Dorf habn genug."

Das Kind blickte die Mutter fragend an. Die Frau nickte ihm zu. Das Kind nahm die Schuhe, versteckte sie unter dem Mäntelchen und drückte sie fest an den schmächtigen Körper. Wohlig warm wurde es der Bäuerin ums Herz, als sie den beiden nachblickte, wie sie Hand in Hand den Dorfberg hinaufschlenderten. Erst das Gebrüll der Kühe riss sie aus den Gedanken.

Nach dem Abendbrot stand Adam im Flur. Gerne hätte er jetzt Valentina gesehen, doch die Bäuerin hatte ihr das Essen längst gebracht. Sie zu besuchen, dazu fehlte ihm der Mut. Und was würde Marie denken? Doch die Sehnsucht war da. So schlich er die Stufen hoch und mit jedem Schritt pochte das Herz schneller. Vor Valentinas Kammertür überlegte er, was er sagen wollte, doch es fiel ihm nichts ein. Schwermütig kehrte er um.

Lautes Gelächter schallte Adam entgegen, als er die Wirtsstube betrat. Denzler und Großmann saßen auf der Bank, an der Stirnseite hielt der wortkarge alte Knecht der Froschauers den Krug fest in der Hand. Hin und wieder kam er noch in die Gaststube und sah beim Kartenspielen zu. Gegenüber auf dem Stuhl verteilte Rudi die Karten. Neben ihm sortierte Denzlers Schwager aus Horbach sein Blatt.

Verärgert zwängte sich Adam neben die Wirtin an den Kachelofen.

„Kannst schon mitmachen", ermunterte ihn Rudi. „Jeder setzt mal aus."

Der Schwager kam ab und zu zum Schafkopf. Er hatte viel

Ähnlichkeit mit Denzler. Dürr, wenige Haare auf dem Kopf, dafür einen dichten Bart, der den Mund nur zu erkennen gab, wenn dieser offen war. Und eben das vorlaute Maul hätte ihn noch vor Kriegsbeginn fast nach Dachau gebracht.

Auf einer der vielen Parteiversammlungen in Wilhermsdorf lästerte der damals Sechzigjährige am Tisch über Julius Streicher, dessen haarloses Haupt manchmal großformatig das Titelblatt des Stürmers zierte. „Ich wenn der Streicher wär", dröhnte er in die Runde, „deed nidd olli Dooch mit meiner Bladdn die Leut ihrn Arsch auswischn."

Ein Parteigenosse hatte ihn angezeigt. Nur der Einsatz des Bürgermeisters bewahrte ihn vor dem KZ. „Wissens", meinte der Bürgermeister auf der Polizeidienststelle, „die Bauern sind fleißige Leser und nur die Sparsamkeit und der Mangel an geeignetem Papier zwingt die Leut, bereits gelesene Zeitungen auf ein geeignetes Maß zurechtzuschneiden, um sie für hinterlistige Zwecke zu verwenden."

Adam war durcheinander, selbst mit drei Ober und zwei Sauen verpatzte er seinen Geier. Die Gedanken waren bei Valentina. Seine Unentschlossenheit reute ihn und er malte sich aus, was er ihr vorhin alles hätte erzählen wollen, und er stellte sich vor, was sie ihm erzählte, wie sie sich an ihn schmiegte, ihn ins Bett zog …

Adam spürte die Erregung in seiner Hose. Er nahm den steinernen Krug, trank einen kräftigen Schluck und schüttelte den Kopf.

„Adam, willst nicht spieln?" Denzlers schrille Stimme schreckte ihn auf. Der Nachbar sah ihn prüfend an. „Bist nicht bei der Sach, Adam. Musst viel selber arbeitn, gell. Kein Wunder, wenn die Magd ihr Tagwerk im Bett verbringt."

„Wie meinstn das?" Adam sah ihn böse an.

„Dass du auf deine Karten schaun sollst, das mein ich."

Die Wirtin stellte bereits den zweiten Krug auf den Tisch. „Bin gspannt, wie langs noch Bier gibt“, murmelte sie.

„Ist schon lang kein gscheites Bier mehr“, brummte Großmann.

Als Adam zum Abort ging, folgte ihm Rudi. Es plätscherte in die geflieste Rinne. Schweigend standen sie nebeneinander, ihre Blicke durchbohrten die Wand. Rudi räusperte sich. „Hat mich gfreut, dass du die Möbel rausgschafft hast.“

„Hat schon passt“, sagte Adam kurz angebunden, den Türgriff bereits in der Hand.

„Halt. Wart mal kurz.“ Rudi zog einen zerknitterten Brief aus der Hosentasche und hielt ihn Adam unter die Nase. „Wenn ich den nicht zufällig in die Hände gekriegt hätt, könnst dein Weib in Dachau suchen. Kannst mir glauben.“

Adam versuchte zu lesen, doch das Licht war spärlich. Es war die Schrift seiner Marie. „Siehst“, meinte Rudi selbstgefällig. „Eine Hand wäscht die andere.“

„Wie kommst zu dem Brief?“

Rudi lachte. „Wenn du in der NSDAP-Geschäftsstellenleitung als Schreiberling arbeitest, gehen alle Brief, auch die, die dein dummes Weib schreibt, durch deine Hand. Solltest mal mit ihr reden. So was lässt sich die Partei nicht gfalln.“

Adam wurde langsam klar, was alles hätte passieren können. Die Russin war ja auch noch im Haus. Erleichtert drückte er Rudi die Hand.

Bald zahlte er und stand auf.

Denzler schüttelte den Kopf. „Bist krank, großer Bauer. Daheim erschreckn sie sich zu Tod, wenn du jetzt schon kommst, oder wartet was Junges?“

„Kannst mich mal …“, sagte Adam in scharfem Ton. Sein Kopf lief rot an, entschlossen stülpte er den Ärmel bis hinter die Elle. „Noch ein Wort, Denzler, dann …“

Rudi griff ein, behutsam legte er seine Hand über Adams Schulter. Adam warf Denzler einen letzten bösen Blick zu, dann ging er hinaus. Die Novemberluft kühlte seinen Zorn und machte die Gedanken wieder klar.

Vor seinem Misthaufen starrte er hinauf zu Valentinas Fenster. Was sie wohl machte? Dann ging er in die Hocke und streichelte die schwarz-weiße Katze, die sich schnurrend an seinem Hosenbein rieb. „Na, Katz, kannst nicht schlafn?"

Geschmeichelt legte sich das Tier auf den Rücken und streckte die Pfoten von sich.

„Oha, Katz. Machst es einem Zirkusclown nach? Hab noch nie einen richtigen gsehn. Weißt, die Bäuerin mag so was nicht. In Cadolzburg am Höhbuck war mal einer. Vor dem Krieg. Warn wahrscheinlich Zigeuner mit einem großen Zelt. Habn damals Heu gholt für die Tiger, aber da warst noch nicht auf der Welt. Arme Katz, hast nix anderes erlebt als Krieg, bist schon eine richtig arme Katz."

Als die angewinkelten Knie schmerzten, stand der Bauer auf, schlenderte über den Hof, durch das offene Scheunentor und setzte sich auf seinen Bulldog. Er war froh, dass ihm die Katze folgte, denn ihm war nicht geheuer in der Dunkelheit. Was würde die Bäuerin denken, wenn er schon nach Hause kam. Sie würde sich gar freuen, anstatt sich zu ärgern, und die Freude wollte er ihr ersparen.

Den Ärger mit Denzler hatte er vergessen. Für ihn zählte nur eines: die Sehnsucht nach Valentina. Sie presste ihm den Magen zusammen, ständig starrte er auf die hintere Haustür. Wie schön wäre es, wenn sie jetzt aufginge und Valentina käme heraus, um in seinen Armen zu versinken ... Er hatte ihr Gesicht vor Augen, die Bogen ihrer Augenbrauen, die Fältchen an ihren Wangen, die sich bildeten, wenn sie lachte. Die schmale Stirn, die ihre glatten schwarzen Haare verdeckten.

Die feine Stupsnase, die sie so jung machte. Wie alt war sie eigentlich?

Die Träume, die ihn quälten, waren so wirklich, dass er meinte, ihre Nähe zu fühlen, ihre Hände zu spüren, ihren Herzschlag zu hören. Dabei wusste er, dass sie nicht kommen würde. Jetzt nicht, morgen nicht. Niemals würde sie kommen. Sie war eine Fremde, ein zartes Pflänzchen ohne Wurzeln, das hier vertrocknen würde. Er müsste seinen Stolz opfern, er wäre geächtet unter den Leuten im Dorf. Man würde auf ihn zeigen, wie auf einen räudigen Hund. Man würde sie fortschaffen wegen Blutschande ... und ihn dazu. Die Zeit duldete keine Liebschaft und die eigene Frau würde sie auch nicht dulden. Dabei wusste er nicht einmal, ob Valentina ihn mochte. Aber er war der Bauer, er gab ihr Essen und Schutz. Allein deshalb hatte sie ihn zu mögen. Trotzig ballte er die Faust. Die Katze auf seinem Schoß sprang herab und flüchtete unter die Heubodentreppe.

Adam schüttelte sich. Dann lockte er das Tier erneut, doch es blieb in seiner Deckung. Adam begriff. Die Katze hatte Angst, sie ließ sich niemals locken, weder mit Essen, Trinken noch mit Schutz.

Ratlos beugte er sich dem Schmerz. Mit bleiernen Augen starrte er durch die Einfahrt in die Dunkelheit. Die Umrisse des Hauses konnte er erkennen, die Birke im Hof, die Straße, die Nachbarhäuser, den halben Mond, der immer wieder hinter Wolken verschwand.

Die Augen der Katze glänzten wie zwei weit entfernte Lichter eines Fahrzeuges. Wieder lockte Adam das Tier. Langsam kroch es, neugierig geworden, zurück auf seinen Schoß und machte es sich bequem. Adam strich über das dichte Fell und die Katze schnurrte zufrieden. „Hab dir vorhin einen Schmarrn erzählt“, entschuldigte er sich. „Das Heu habn die

Zirkusleut für die Elefanten gholt." Die Katze schnurrte weiter, bestimmt hatte sie ihn verstanden.

Plötzlich dachte er an den Brief. Adam erschrak, wie schlimm es um ihn stand. Das Schriftstück hätte seine Frau und ihn nach Dachau bringen können! Und er hatte nichts anderes im Kopf als dieses fremde Weib. Aus dem Werkzeugkasten kramte er die Streichholzschachtel und zündete den Lötkolben an. Er zog den Brief aus der Hosentasche und überflog ihn.

„Hiermit möchte ich mich beschweren ... Der Lümmel vom Fähnlein ... Die Burschen sollen in die Kirche, anstatt so einen Unsinn zu machen ... Hochachtungsvoll, Marie Heubeck."

Adam schüttelte den Kopf. Aber er beschloss, Marie noch nicht gleich zur Rede zu stellen. Erst, wenn sich die richtige Gelegenheit bot ...

Auch Valentina wachte. Morgen wollte sie wieder arbeiten, denn die Schmerzen hatten nachgelassen. Dafür plagte sie der Kummer. Sie vermisste Julian. Julian, den sie im Lager aus ihrem Gedächtnis verbannt hatte. Die Liebe zu ihm meldete sich zurück, jetzt, wo es ihr besser ging. Sie hegte noch immer tiefe Gefühle für ihn.

Eine weitere Sorge schnürte Valentina die Kehle zu. Die Blutung war längst überfällig. Wie lange, konnte sie nicht abschätzen, zu schlimm war die Leidenszeit im Lager gewesen. Doch jetzt wähnte sie sich in Sicherheit, die Leute am Hof waren ihr wohlgesonnen. Selbst der bärbeißige Bauer, den sie kaum durchschauen konnte, ging ihr nicht von der Seite. Seine übertriebene Freundlichkeit jedoch beunruhigte sie. Nun ärgerte sie sich, dass sie den Doktor nicht gefragt hatte. Andererseits fürchtete sie seine Antwort.

Die schwarze Sau

Am Hof herrschte große Aufregung. Der Metzger wurde erwartet. Die Bäuerin lief im Gang hin und her und trug allerhand Topfzeug, Geschirr und Holzscheite in die Waschküche. Sie freute sich, dass es ein bisschen gefroren hatte an jenem frühen Morgen im späten November, denn nichts war schädlicher für frisches Fleisch als warmes Wetter.

Zwischendurch stritt sie sich mit dem Bauern und dann mit der Großmutter, die ihr ständig nachlief. Als Marie mit einem Pack Leinentücher auf dem Arm die Treppe hinaufeilte, kam ihr Valentina entgegen, bereits in Arbeitskleidung. Die Bäuerin musterte sie.

„Gut, dassd wieder gsund bist. Heut kommen Saarländer zu uns, Vertriebene, eine Mutter mit ihren fünf Kindern."

Großmutter, die im Flur lauschte, schlug die Hände über dem Kopf zusammen: „Jetzt müssn wir verhungern. Oje, oje, oje!"

Die Bäuerin machte eine abfällige Handbewegung. „Der Gemeindediener hats allen mitgeteilt. Die Mutter und zwei Mädel kriegn wir, ein Bub kommt zum Denzler, einer zum Froschauer und einen gebns dem Müller."

„Der Großmann hat aber keinen nehmen müssn?" Die Alte ließ nicht locker.

„Die Mutter und die zwei Kinder bringn wir schon in der Kammer unter."

Marie drückte Valentina den Stapel Bettwäsche in den Arm. „Vielleicht kannst schnell die Betten in der Kammer neben deiner herrichtn, dann kommst runter. In einer halben Stund ist der Metzger da."

„Oje, oje, oje!", jammerte die Großmutter weiter. „Die Sau

ist doch noch nicht schwer genug, und jetzt müssn wir schon stechn, nur damit die fremden Leut was zu fressn habn."

Es war noch stockfinster, als der Metzger mit dem Fahrrad auftauchte. Er grüßte kurz und drückte Hans sein Köfferchen mit Messern und Beil in die Hand. Dann verschwand er mit der Bäuerin im Saustall.

Das fetteste Tier trieben sie hinüber zum Misthaufen. Der kleine Mann mit der dicken Fellmütze krempelte die Ärmel hoch und schnürte seine blaue Schürze enger. Mit seinen dünnen, sehnigen Händen griff er das Beil, zog auf und schlug der Sau mit der stumpfen Seite gezielt zwischen die Augen. Sie stürzte auf den Boden. Blitzschnell schnitt der Metzger die Kehle durch, während Marie mit Eimern das Blut auffing. Die Buben, die vor Schulbeginn im Stall und beim Abstechen helfen mussten, rührten mit großen Schöpflöffeln die zähflüssige Brühe. Der Metzger passte auf, dass sie nicht verklumpte. Dann hievten sie die Sau in den Brühtrog, übergossen sie mit kochendem Wasser und streiften mit stählernen Glocken die Borsten ab. Die letzten feinen Härchen verbrannte der Metzger mit einem brennenden Strohbüschel.

Adam streute frisches Stroh auf den Boden. Er freute sich, dass Valentina wieder arbeitete. Immer wieder sah er auf und suchte ihre Augen. Wenn er sie fand, lächelte er verschmitzt. Hin und wieder pfiff er leise, oder er summte vor sich hin. Die Umstehenden wunderten sich.

Geschickt spaltete der Metzger den Rumpf, kramte die Innereinen heraus und stopfte Darm, Leber und Niere in bereitgestellte Eimer, die die Frauen eilig in die Waschküche schleppten.

Die großen Teile – die Schinken, das Brät, den Bauch – legten sich die Männer auf die Schultern und folgten den Frauen. Alles ging seinen gewohnten Gang. Die Helfer waren fröhlich bei der Arbeit, sie lachten, sie scherzten und erzählten sich dumme Sprüche.

Die Unterhaltung endete jäh, als das letzte Stück Fleisch hinter der Waschküchentür verschwand. Adam schlich zur Hofeinfahrt und gab ein Zeichen. Marie und der Metzger trieben eine zweite Sau in den Hof. Blitzschnell erfolgten die Handgriffe. Es wurde kaum geredet, die Leute rannten zwischen Waschküche und Hof hin und her. Ängstlich blickten sie zur Straße. Und sie waren erleichtert, als das Fleisch aufgetürmt und sortiert auf den Tischen lagerte.

Es dämmerte kaum, da stand der Metzger bereits am Misthaufen und spülte den Darm für die Würste. Freundlich grüßte er Franz, den der Landsturmposten pünktlich abgeliefert hatte. In der Waschküche blubberte das Wasser im großen Kessel. Die Helfer hatten scharfe Messer in den Händen, mit denen sie das Fleisch zu Scheiben und das Fett zu Grieben schnitten. Sie zerlegten die Innereien, sie sortierten Großgeschnittenes und Kleingeschnittenes, Mageres und Fettes, Sehniges und Feines in große und kleine Eimer. Franz kratzte das Fleisch vom Kopf und von den Haxen für den Presssack, während der Metzger am Hackstock die vorderen und hinteren Schinken richtete.

Die schwarz-weiße Katze lauerte an der Tür. Stand sie kurz offen, schlich sie sich in die Waschküche. Um einen heruntergefallenen Brocken zu ergattern, ignorierte das Tier die Tritte, die es vor die Tür beförderten. Der Duft von Fett und Fleisch versetzte die Katze in einen Rausch. Immer wieder kehrte sie zurück und miaute.

Pünktlich zum Sonnenaufgang kam der Ortsbauernführer, baute sein Mikroskop auf, nahm von den Innereien, vom Fleisch und vom Hirn Abstriche, um es nach Trichinen zu untersuchen. „Eine Sau?"

Adam nickte.

Marie erhob sich hinterm Kessel: „War eine schwere Sau, Schorsch. Hat viel Fleisch gebn."

Der Mann schrieb ein paar Zeilen in seinen Notizblock, dann drückte er Adam die Hand. Der breite gezwirbelte Schnurrbart bewegte sich kaum, als er grinste und mit dem Auge zwinkerte, bevor er schnell wieder verschwand.

Alle Hände waren beschäftigt, das viele Fleisch zu verarbeiten. Die Buben, die zu Mittag von der Schule kamen, drehten den Fleischwolf, banden die Würste ab, die sie auf lange Stangen reihten. Adam kümmerte sich um Blut, Leberwürste und den Presssack. Franz, Anita und Valentina schnitten die restlichen Fettschwarten zu Grieben.

Marie kochte die Würste und alles andere, was gekocht werden musste. Sie schürte den Kessel, wusch die unzähligen Schüsseln, reinigte Fliesen und Wände von Blut und Fett. Ihre Haare klebten zusammen, die Kleidung triefte, vollgesogen mit Schweiß und Schmalz. Während die anderen sich unterhielten und sich freuten über die reichlichen Vorräte, wanderten ihre Augen hin und her. Sie gab den Ton an, sie bewahrte den Überblick.

Erschrocken fuhr sie auf, als ihr Franz zwei Schwänze vor die Nase hielt und ungläubig den Kopf schüttelte. „Mon Dieu. C'est pas possible", meinte der Franzose lächelnd. „Eine Schwein und zwei Schwanz? Ich nix verstehen."

Augenzwinkernd legte Adam seinen Zeigefinger an den Mund. „Kommt vom guten Futter, Franz."

Nachmittags verteilten die Kinder Metzelsuppe an Nachbarn und an die Armen im Dorf. Den Tagelöhnern steckte Marie noch einige Würste zu.

Valentina kämpfte schwer mit der Übelkeit. Der Geruch von rohem Fleisch und Fett, der sich penetrant ausbreitete, machte ihr zu schaffen.

Marie bemerkte die fahle graue Farbe im Gesicht. „Ich denk, Irmgard, das reicht für heut, leg dich ins Bett, du gfällst mir gar nicht."

Valentina ließ sich nicht bitten. Kaum war sie ins Haus verschwunden, endete auch das leise Pfeifen und Summen in der Waschküche. Valentina fiel in ihr Bett, nur langsam wich die Übelkeit. Sie wunderte sich, kannte sie diese Arbeit doch von zu Hause.

Als sie kurz eingeschlafen war, weckten sie Stimmen im Gang. Die Saarländer! Erschrocken fuhr sie hoch. Es klopfte. Marie kam in die Kammer, hinter ihr eine schmächtige Frau mit eingefallenen Wangen und hochgesteckten schwarzen Haaren. Über einem knielangen Kleid trug sie eine graue Strickjacke. Sie roch auffällig nach Parfüm. Valentina sog den süßlichen Duft ein.

Die junge Tochter, Valentina schätzte sie auf siebzehn, hatte schulterlange Zöpfe. Blondes Haar hing ihr tief in die Stirn. Immerzu räumte ihre unruhige Hand die Strähnen aus dem Gesicht. Die Sommersprossen auf der hellen Haut gehörten zu einer forschen Göre.

Das andere Mädchen, kleiner und eher schüchtern, wartete still im dunklen Flur. Immerzu blickte sie auf den Boden. Ihr Mäntelchen trug die Dreizehnjährige zugeknöpft bis zum Hals.

„Das sind die Leut aus dem Saarland", sagte Marie.

Die Mutter reichte Valentina die Hand. „Dreinen, Liselotte. Das sind die Monika und die Sofia."

„Ich bin Irmgard, die Magd." Valentina war sichtlich unwohl beim Gedanken an das aufgeweckte Ding in der Kammer neben ihr. Sie ging mit hinüber in die Nachbarstube, öffnete die Schranktür und zeigte auf das gefaltete Bettlaken. Die Siebzehnjährige setzte sich forsch auf die Bettkante und wippte auf und ab. Sie hörte auf, als die Mutter sie streng ansah. Dann ging Valentina zurück in ihre Kammer, ihr war nun speiübel. Marie polterte die Treppe hinunter.

Unten im Gang stritten sich Adam und Großmutter, in welcher Stube die Fremden essen sollten. Marie hörte eine Weile zu. Sie spreizte die Hände in die breite Hüfte, wie sie es immer machte, wenn es etwas durchzusetzen gab.

„Damit ihrs wisst, die essn mit uns. Solang ich was zu sagn hab, essn alle an einem Tisch. So hats unser Herr Jesus ghaltn, so ists auch hier in diesem Haus."

Schon beim Abendbrot stand der Hackstock im Anschluss an den Küchentisch. Die Augen der kleinen Sofia reichten gerade bis zur Oberkante der mächtigen Platte. Schließlich rückten die anderen enger zusammen, nun aß das Kind mit am Tisch.

Valentina blieb in ihrem Bett. Lange konnte sie nicht einschlafen. Die tote Sau kam ihr in den Sinn und dann das Lager. Schlimme Erinnerungen suchten sie heim …

„Nur so überstehst du diese Hölle!“

Sie mussten überleben. Auch wenn der Geist sich widersetzte, der Körper gehorchte. Er duldete Hunger und Durst, Arbeit, Kälte, Hitze, Läuse, Gestank und Schläge. Der Geist aber rebellierte gegen Hunger und Durst, Arbeit, Kälte, Hitze, Läuse, Gestank und Schläge. Der Geist bäumte sich auf. Er verlangte nach Würde, nach Gerechtigkeit – und er fühlte sich stark. Aber der schwache Körper forderte seinen Tribut.

Irgendwann fror der Körper trotz Wärme, er verspürte keinen Appetit trotz Hunger. Auf der Zunge bildete sich ein weißer Belag, der Gaumen färbte sich rot, er entzündete sich. Es folgte eine schmerzhafte Rauheit. Der Körper begann zu husten, der Husten wurde heftiger und tiefer und der Körper immer schwächer.

Hunger, Durst, Arbeit, Kälte, Hitze, Läuse, Gestank und Schläge schwächten ihn weiter – so lange, bis der Geist gebrochen war, bis er den Körper aufgegeben hatte. Der Körper wurde zur Hülle, willenlos.

Die Hülle hörte die Sirenen nicht mehr. Sie fühlte nicht, dass Unruhe aufkam, spürte nichts von der Hoffnung, die die Herzen der Lebenden in der Baracke erfüllte.

„Fliegeralarm“, Valentina stupste Ludmilla am Arm.

„Kommen von Westen … Amerikaner?“ Ludmilla hatte Ohren wie ein Luchs. Noch bevor die Hunde jaulten, spürte sie die Bomber, die über sie hinwegdröhnten wie riesige Hornissen – mit ihrer tödlichen Ladung für die Stadt. „Ist immer öfter, wirst sehen, bald kommen sie auch am Tag, dann werden wir frei sein.“

„Frei sein? Was heißt das …“ Valentinas Augen glänzten.

Ludmilla lachte verächtlich. „In einem richtigen Federbett schlafen."

„Keine Angst mehr haben müssen", fuhr ihr Valentina ins Wort. „Lieben, so oft und wen man will." Sie dachte an Julian.

Die Große schüttelte den Kopf. „Schweinebraten mit Klößen."

„Was sind Klöße?"

„Die runden Dinger, die es manchmal bei den Bauern gegeben hat. Fünf Stück könnte ich auf einmal essen."

Ludmilla träumte von frisch gebackenem Brot mit Butter und Marmelade. Nur davon zu reden tat schon weh. Dann lauschten sie wieder den Fliegern. Ludmilla streckte ihren Kopf an die vergitterte Öffnung, aufgeregt blickte sie in die Dunkelheit.

Nur die Schwächsten, gekrümmt am Boden liegend, von Husten geschüttelt, hörten nichts. Funktionshäftlinge luden sie nach dem Morgenappell auf Schubkarren und schafften sie hinaus. Gesehen wurden sie nie wieder.

Gleich nach der Essensausgabe führte Nastasia Valentina in die Mannschaftsunterkunft. „Sollst dem Kommandanten seine Schuhe richten." Die Aufseherin verzog das Gesicht. Mürrisch schleuste sie Valentina durch das Tor. Die Torfrau öffnete anstandslos.

Ein böiger Wind riss Valentina das Kopftuch herunter. Es tanzte in der Luft und verfing sich im Gras. Die nächste Bö trug es ein Stück weiter, stülpte es einige Male um, warf es in die Höhe und ließ ab nahe dem Fahrradunterstand, einer offenen Blechhütte neben dem Haupteingang.

Valentina sah Nastasia fragend an. Auf deren Nicken hin ging Valentina langsam zur Blechhütte. Sie bückte sich und erschrak. Unter einer grauen Plane, die der Sturm halb weggerissen hatte, lagen leblose Körper, nebeneinander, aufeinander, Arme und Beine ineinander verschlungen. Leblose Körper, die auf den Abtransport warteten, Körper mit erschlafften Gliedern, ausgemergelten Köpfen, dürr und faltig. Tiefe Höhlen in der Stirn, darin versenkte Augen. Männer und Frauen mit grauen Gesichtern, die Farbe der Toten im Lager, der Toten, die noch lebten. Valentina wich zurück.

„Hast noch keine Leichen gesehen? Alle Tage werden welche abgeholt." Die Aufseherin grinste schief. „Bald bist auch dabei."

Dann gingen sie die paar Stufen hoch in die Mannschaftsbaracke. Das Werkzeug von gestern lag in der Kiste. Zwei Paar Lederstiefel standen auf dem Tisch. Valentina setzte sich und atmete tief durch. Sie löste die Sohle und dichtete die Stiefel ab. Ihre Arbeit verrichtete sie langsam, aber gewissenhaft. Nur wenn die Aufseherin durch die Tür lugte, beeilte sie sich.

Neugierig blickte Valentina durch das Schlüsselloch in den Raum nebenan und lauschte. Vorsichtig öffnete sie die Tür einen Spalt. Sie erkannte die Kammer, ein Nebenzimmer der Wachstube. Nebenan hörte Valentina Stimmen. Ihr Blick streifte den Papierkorb. Sie zog ihn in ihre Stube neben das Waschbecken. Zwischen Papierfetzen, Kronkorken und Schnapsflaschen kamen leere Fleischdosen zum Vorschein. Am Boden lagen Reste angebissener, mit Schimmel überzogener Brotscheiben. Valentina streifte den Schimmel ab, kratzte Fleisch und Wurstreste aus den Büchsen und bestrich das Brot, dann versteckte sie es im Arzneischrank. Erst nachdem die Aufseherin kontrolliert hatte, schob sie den Papierkorb durch den Türspalt zurück. Unzählige kleine Bissen verteilte sie über den ganzen Tag. Sie kaute so langsam, wie sie arbeitete, denn Valentina wusste, dass man sie nicht eher zurück ins Lager brachte, als bis der Schuh fertig war.

Ludmilla hatte an diesem Tag in der Ziegelfabrik geschuftet und frisch gebrannte Steine geschichtet. Die Hitze in der Halle war unerträglich. Die Blasen an den Händen schmerzten. Am Abend verzogen sich Ludmilla und Valentina in die Baracke. Die meisten blieben zum Essen draußen. Eine große Kartoffel schwamm in ihrem Blechnapf.

„Wie hast du das geschafft?" Valentina sah sie neidisch an.

Ludmilla fielen die Augen zu, doch Valentina bedrängte sie. „Sag, wie bist zu der Kartoffel gekommen?"

Ludmilla gähnte. „Krieg ich öfter, ist dir nur nie aufgefallen. Erinnerst dich? Hab dich mal gefragt, ob du Geld hast, weißt noch?" Valentina nickte.

„Schmuck geht auch, Gold, Plomben, Ringe, Kettchen, Diamanten ..." Ludmilla kicherte. „Hast welche?"

„Ja, ganz große sogar."

Ludmilla wurde ernst. „Was?"

Valentina beruhigte sie. „War nur ein Scherz. Hab mir in der Schusterwerkstatt einige Scheine ins Futter meiner Schuhe genäht. Weißt ja nie, was kommt."

Ludmillas Augen glänzten. „Willst mich verarschen, ich warne dich!" Dann deutete sie auf die schlürfende Große mit den fehlenden Schneidezähnen und setzte den Zeigefinger an die Lippen.

Valentina stülpte den Schaft um. Eine enge Naht kam zum Vorschein.

„Wie viel hast denn?"

„Einen fingerdicken Stoß. Und ein Kettchen meiner Mutter, das ich nie hergebe."

„Große Scheine?"

„Gemischt, von allem ein wenig."

Ludmilla atmete tief durch. „Gut, vertraust mir?"

Valentina hob den Zeigefinger. „Aber ich will wissen, wie du es machst."

„Die Küchenhilfe nimmt das Geld. Diejenigen, die bezahlen, bekommen Kartoffeln, die anderen das Wasser."

Valentina kratzte sich an der Stirn. „Ist ja ganz einfach, kann ich selber auch."

Ludmilla zog die Augenbrauen hoch. „Ist nicht so einfach. Die Fette kriegt den kleinsten Kuchen, den größten Teil steckt die Aufseherin ein, den zweitgrößten der Küchenchef, aber der will Zigaretten. Die kann bloß die Blockälteste besorgen, die will aber auch wieder von dem Kuchen."

Valentina ließ sich überzeugen. „Wie viel brauchst?"

„Ändert sich oft genug. Das Zeug wird immer weniger wert. Gib mir einfach ein paar Scheine. Brauch auch etwas für den Brotlieferanten. Schmuggelt hin und wieder einen Laib ins Lager."

Valentina sah entsetzt auf. „Was? Hast alles selbst gefressen?"

„War schließlich mein Geld, oder?"

Entsetzt rollte sich Valentina auf die Seite.

„Bist beleidigt? Sei nicht so naiv." Ludmilla stieß ihr den Ellenbogen an den Arm. „Weißt", meinte sie ruhig, „ist kein Platz für Gefühle hier. Es geht ums Leben. Wer sich nicht selbst hilft, stirbt. Ganz einfach."

Valentina rollte sich auf den Bauch. Wütend stützte sie den Kopf auf die Hand. „Du frisst den andern die Kartoffeln weg, weil du Geld hast, und wer keines hat, soll verrecken ... Du kotzt mich an!"

„Valentina, hör mir zu." Ludmilla redete mit Engelszungen. „Glaub mir, ist der einzige Weg. Sieh sie dir an. Du kannst nicht anders überleben. Nur so überstehst du diese Hölle, und auch nur mit viel Glück. Vergiss die andern, du kannst keinem helfen."

Valentina sah ihr lange in die Augen, sie glänzten, aber sie wirkten kalt. „Werd es mir überlegen."

Die beiden schwiegen, als die anderen in die Baracken strömten. Zuerst drängten die Gesunden und Begüterten zu ihren Plätzen in den wenigen Betten und unter den Fenstern. Dann kamen die Graugesichtigen, die Hustenden, diejenigen, die sich längst aufgegeben hatten, die sich herumschubsen ließen, bis sie dorthin gelangten, wo man nicht mehr schubste.

Der Wind hatte nachgelassen, doch die Hitze blieb. Vergeblich hoffte Valentina beim Morgenappell, dass man sie in die Mannschaftsbaracke schickte. Ein Teil der Häftlinge durfte zu den Bauern, sie musste in die Ziegelfabrik. Der Zählappell fiel aus, hektisch teilten die Kapos die Gruppen ein, denn die Bauern drängten wegen der Ernte.

Am Weg zur Fabrik stupste Ludmilla an Valentinas Oberarm. „Und, hast nachgedacht?"

Valentina blickte geradeaus. Ihre Stimme war abweisend. „Bin am Überlegen."

In der Fabrik teilten sie die Gruppe. Ludmilla und einige Frauen mussten Steine stapeln, Valentina und die restlichen schickten sie in den Sumpf.

Jeder Schritt wurde zur Qual, als man die Gruppe zurück ins Lager führte. Wut überkam Valentina, als ihr die dicke Küchenhilfe die dünne Brühe in den Topf kippte. Nun begriff sie, dass sie als Einzelne nur überlebte, wenn die Brühe der anderen noch ein bisschen dünner wurde. „Ich bin dabei", flüsterte Valentina zu Ludmilla.

Todmüde lag Valentina in der Baracke, zu müde, um Schlaf zu finden. Ständig wälzte sie sich hin und her. Der Sand unter ihren Kleidern knirschte.

Ludmilla beugte sich auf und sah sie an. „Schmerzen?"

Valentina schüttelte den Kopf, sie log. „Kann nur nicht schlafen, hab Hunger, aber …"

„Jeder hat hier Hunger", fiel ihr Ludmilla ins Wort.

„Und du am allermeisten", giftete Valentina sie an, dann schwiegen beide wieder.

Plötzlich setzte sich Valentina auf und zupfte wie von Sinnen in ihren Haaren, kratzte sich, schüttelte sich und rieb sich mit dem Rücken an der Wand. Dann schlug sie um sich und begann zu schreien. Leises Gemurmel keimte auf in der Baracke, die Frauen blickten kurz auf, dann schliefen sie weiter.

Oft genug drehte eine durch. Am Morgen holte man sie dann ab. Ludmilla nahm Valentina in den Schwitzkasten und hielt ihr den Mund zu. „Spinnst jetzt, Mädel. War es so schlimm heut?"

Valentina beruhigte sich. Langsam ließ Ludmilla ab und ließ sie weinen. Zärtlich streifte sie mit den Fingern über Valentinas Wangen. Deren erste Worte erstickten im Schmerz, dann redete sie deutlicher. „Ich will nicht verrecken wie ein Schwein." Die Tränen verloren sich langsam.

„Endlich hat sie es begriffen", murmelte Ludmilla, aber leise, denn sie wollte nicht rechthaberisch sein.

„Ich hab die Leichen gesehen", flüsterte Valentina. „In der Blechhütte liegen sie unter einer Plane."

„Ich weiß. Werden immer mehr. Holen sie mit dem Lkw zum Verbrennen."

„Wohin?"

Ludmilla zuckte mit den Schultern. „Ab und zu ziehen Sträflinge einen Handwagen durch die Stadt, voll mit Leichen, die sie irgendwo einbuddeln."

„Und die Leute in der Stadt …?"

„Die schlafen noch fest, oder sie sehen weg. Außerdem breiten sie eine Decke drüber."

Ungläubig fragte Valentina. „Woher weißt es?"

Ludmilla wiegelte ab. „Man hört so was." Dann wechselte sie das Thema. „Bald geht das Flachsdreschen los. Werden viele Frauen gebraucht."

„Woher weißt es?"

„Man hört es." Ludmilla kicherte leise.

Valentina deutete auf ihren Schuh. „Brauchst du das Geld gleich?"

Ludmilla nickte, das Kichern war ihr vergangen. „Hätte es heut schon gebraucht. Kannst es mir geben?"

„Hast was Scharfes?"

Ludmilla kramte in ihren Taschen. Dann reichte sie Valentina eine Haarspange. Valentina zog den Schuh aus und legte sich auf den Bauch. Eine Weile beobachtete sie ihre Nachbarinnen. Dann zerriss sie die Naht, fischte ein schmales Bündel zerknüllter Geldscheine aus dem Schlitz und reichte es Ludmilla. „Zufrieden?"

Ludmilla nahm es zwischen die Finger und rieb daran. „Passt."

Am nächsten Morgen redete Ludmilla kurz mit der Aufseherin. Unauffällig steckte sie ihr etwas in die Tasche.

Nach dem Appell wurden die Gruppen geteilt und der größere Teil musste in die Fabrik. Valentina, Ludmilla und noch zwei Frauen begleitete der Posten in das Verwaltungsgebäude der Ziegelei. Eine Angestellte führte sie in eine Besenkammer und versorgte sie mit Eimern, Putzlumpen und Schrubbern. Bis zum Abend hatten sie die Büros und den Verwaltungstrakt zu reinigen. Weil erst vor einigen Tagen geputzt wurde, gab es kaum Schmutz. Draußen herrschte eine unerträgliche Hitze. Als sie fertig waren, verzog sich Valentina in die Baracke.

Bald suchte Nastasia nach ihr, um sie ins Mannschaftsheim zu führen. „Wird Zeit, dass du kommst, die Herren warten längst."

Einige Funktionshäftlinge trugen Kannen und Töpfe in den Vorratsraum. Die Geschwätzige verteilte Klöße, Fleisch und Salat auf die Teller, während Valentina bereits servierte. Der schwarze Rock und die weiße Bluse mit dem gestickten Monogramm auf der Brust schlackerten stärker noch als vor einigen Tagen. Hatte sie so viel Gewicht verloren?

Die Männer im Mannschaftsraum waren fein angezogen. Die Uniformen akkurat gebügelt und mit allerlei Abzeichen und Hakenkreuzen versehen. Bär und Mägerlein erkannte Valentina. Einige der ranghohen Parteileute waren gestern auch dabei gewesen. Adrett gekleidete Frauen, Wagner, Weber und einige Posten saßen weiter hinten am Tisch. Dazwischen zwei Herren in Zivil, glänzende Lederjacken um die Stuhllehne gelegt.

Die größte Aufmerksamkeit galt einem hageren, glatzköpfigen Mann an der Stirnseite des Tisches. Sein rundliches Gesicht war leicht gerötet von den vielen Gesprächen, sein Oberlippenbart hing voll Bierschaum. Alle wendeten sich ihm zu, wenn er das Wort ergriff. Sprach er nicht, erwarteten sie, dass er etwas sagte. Die Orden auf seiner Jacke ließen kaum Platz für den Stoff, an dem sie hingen. Seine derbe Ausdrucksweise empfand Valentina als widerlich. Er brachte die Leute in Wallung, er schimpfte über das Judenpack, über alles Nichtarische, bezeichnete es als Ungeziefer. Er prophezeite das Tausendjährige Reich als Himmelreich für die Menschheit und Adolf Hitler als Gott.

Die Herren am Tisch jubelten ihm zu, als wäre er selbst Gott. Sie fraßen und sie soffen und Valentina leistete Schwerstarbeit, denn außer ihr ging keiner der Helfer in den Raum. Aber immer, wenn die Geschwätzige nicht herschaute, griff sie in die Teller und steckte sich kleine Fleischstückchen in den Mund, die so zart und köstlich schmeckten, dass sie es kaum wagte, sie zu zerbeißen. Diesmal wurde Valentina satt, denn den warmen Speisen folgten kalte Platten mit allerhand Köstlichkeiten.

Kaum hatten sie gegessen, fingen die Männer an zu singen. Die Hymne, den „schönen Westerwald“, unzählige Soldatenlieder. Nachdem sie ihren ersten Durst mit Bier und Wein gelöscht hatten, griffen sie zu Schnaps und Cognac. Sie stießen an, die Gläser klirrten. Man jubelte über den Führer, das Großdeutsche Reich und das herrliche deutsche Volk, das einzig wahre auf dieser Welt.

Bär griff Valentina zwischen die Schenkel, als sie sich nach einem heruntergefallenen Glas bückte. Sie fuhr hoch. Entsetzt sah sie ihn an. „Was glotzt so deppert“, lallte er. Sofort wurde es mucksmäuschenstill.

Wagner meldete sich wie ein Schuljunge, das Schnapsglas in der Hand zitterte. „Die ist gut, die macht die Stiefel am wasserdichtesten, die ist gut.“

Alle blickten zu Valentina, die sie bisher kaum wahrgenommen hatten. Die Frauen kicherten, als sie ihre abgelaufenen Halbschuhe unter dem schwarzen Rock entdeckten. Der hagere Mann an der Stirnseite stand auf und schwang den Maßkrug. Bier spritzte auf den Tisch.

„Ha“, winkte er ab. „Ein Weib, das Schuhe repariert, ist unarisch. Ein Weib gehört an den Herd, ein Weib hat Kinder zu gebären, hat zu kochen und Soldaten zu erziehen für das Vaterland. So will es unser Führer.“

Die Leute am Tisch jubelten. Die adrett gekleideten Frauen kreischten, dann schenkten sie sich nach und prosteten einander zu bis zum frühen Morgen. Der Tisch stand voll mit Schnaps und Getränken. Die Tabletts mit Speisen hatte

Valentina bereits hinausgeschafft. Die Reste landeten in einem Eimer, den die beiden Funktionshäftlinge, die das Essen gebracht hatten, nicht aus den Augen ließen.

„Jetzt darfst gehen", sagte die Geschwätzige. „Jetzt wollen sie keinen mehr dabeihaben." Valentina zögerte nicht, zog Rock und Schürze aus, schlüpfte in ihre Klamotten und als niemand herschaute, griff sie in den Eimer und stopfte die Taschen voll mit Brotresten, Wurst- und Käsestückchen. Eilig ging sie hinaus. Die Aufseherin wartete bereits vor der Tür. Die Hunde am Zaun knurrten, als sie die Leckerbissen in ihren Taschen witterten.

In der Baracke bahnte sich Valentina einen Weg vorbei an den Schlafenden. Ludmilla wachte auf, als sie sich neben sie legte, die Große mit den Zahnlücken drehte sich kurz um, stöhnte, dann schlief sie weiter.

„Na, war es wieder so schlimm?", fragte Ludmilla schlaftrunken.

Valentina presste die Lippen so fest aufeinander, dass die Backenknochen hervortraten. „Man wird satt, aber man kann es nicht aushalten."

„Du hast Essen bekommen?" Ludmillas Augen leuchteten auf. Valentina reichte ihr Essensreste aus der Tasche.

„Mann, das duftet." Ludmilla schlang einige Brocken hinunter. „Hast noch mehr?"

„Hab für sie auch was." Valentina deutete zu der Großen.

Ludmilla schüttelte den Kopf. „Die schläft. Die braucht ihren Schlaf, lass sie."

Die beiden legten sich auf den Bauch, sahen einander an, dabei hielten sie den Kopf dicht über den Boden und leerten die Taschen, bis ihnen schlecht wurde. Ludmilla rülpste, dann kicherte sie. „Schon ewig her, dass das ging. Wann musst du wieder rüber?"

Valentina schüttelte den Kopf. „Es macht mich kaputt.“

Ihre Nachbarin begriff nicht. „Was? Du kannst dich satt essen und willst nicht?“

Weinend lehnte Valentina ihren Kopf auf Ludmillas Schulter. „Die werden mir wehtun, es geht nicht gut aus.“

Ludmillas Gesicht wurde streng. „Aber du kannst nicht Nein sagen.“

„Ich weiß“, meinte Valentina. „Aber ich kann nicht mehr.“

Sie sahen einander in die Augen und schwiegen. Ludmilla schlief rasch ein, ihr Mund blieb leicht geöffnet, die Hände lagen über Kreuz am gefüllten Bauch. Valentina konnte nicht schlafen. Zu verzweifelt war sie, zu aufgewühlt, hilflos, erschöpft.

In der Schonung

Adam saß auf der Bank und tauchte seine kalten Füße in eine Wanne mit heißem Wasser. Er gähnte ständig, während die Bäuerin Wolle zu einem Knäuel aufwickelte.

Adams Augenbrauen schoben sich hoch, er spitzte die Ohren. Schritte kamen den Dorfberg herunter und hallten zwischen den Hausfassaden. Schritte, die er hasste, die ihm den Magen umdrehten. Schritte, die die Treppe hoch zum Eingang polterten, denn der Ortsbauernführer nahm mehrere Stufen auf einmal.

„Adam", rief er durch die angelehnte Tür, „richt den Bulldog her, es ist so weit."

Längst hatte Marie die Uniform geholt. Auch sie hasste die eiligen Schritte. Sie hörte die Sirenen aus der Stadt, und die Hunde jaulten wie Wölfe in den Wäldern.

Adam kontrollierte das Öl und schüttete Wasser in den Kühler, er schürte den Lötkolben an und heizte den Glühkopf. Dann nahm er das Lenkrad aus der Halterung und steckte es auf die Schwungscheibe. Nach wenigen Drehungen startete der Motor. Adam wunderte sich, denn schon einige Tage war der Bulldog nicht mehr in Betrieb gewesen.

Während die Kolben tuckerten und der Auspuff schwarze Rauchringe an die Heubodendecke blies, zog er seine Feuerwehruniform an, setzte den Helm auf und steckte das Vesperbrot, das ihm Marie in Zeitungspapier gewickelt hatte, in eine seiner vielen Taschen. Über die Uniform zog er den schweren Wehrmachtsmantel, denn es war kalt an diesem Dezembernachmittag. Schneeflocken tanzten in der Luft. Mit dem Gummiwagen im Schlepptau fuhr er den Dorfberg hoch nach Rossendorf, von dort mit der Spritze und den Feuerwehrleuten weiter in die brennende Stadt. Bis in die Nacht würde er unterwegs sein.

Marie fand keine Ruhe in diesen Stunden. So oft schon war er ausgerückt, spät am Abend, mitten in der Nacht. Und nun am helllichten Tag. Die Angst blieb die gleiche. Die Arbeit ging ihr nicht von der Hand. Immer wieder schaute sie zur Hofeinfahrt hinaus oder ging den Dorfberg hinauf, um nach dem Bulldog zu sehen, obwohl sie wusste, dass er noch nicht kam.

Die Frauen strickten in der Küche, sie stopften Strümpfe. Die Töchter der Saarländerin streunten mit den Dorfkindern, ihre Mutter half im Haushalt und im Stall. Valentina richtete die Schuhe der Buben. Martin sah ihr neugierig zu, denn es war nicht üblich, dass eine Frau Schuhe richten konnte.

Franz und Hans waren im Wald. Im niederen Holz sägten sie zu dicht stehende Bäume ab. Sie hörten nicht auf die Warnung der Bäuerin, denn die Tieffliegerangriffe häuften sich.

Oft legte Marie den Strumpf zur Seite und lauschte. Großmutter tappte in die gute Stube und sah durchs Fenster zum Dorfberg hinauf. Die Menschen redeten kaum. Die Sorge drückte auf ihr Gemüt.

Bald wurde es dunkel, die Arbeit im Stall lenkte ab. Die Buben und die beiden Mädchen räumten Heu durch die Luke in die Graskammer. Sie holten Rüben aus dem Keller, die sie in die Stopfmaschine steckten, um sie zu zerkleinern. Viele Hände halfen. Bald waren die Kühe gemolken, ausgemistet und gefüttert, die Milch fortgeschafft, die Hühner und Schweine versorgt und die Ochsen gehegt und gepflegt.

Längst hatten die Leute zu Abend gegessen. Der Landsturmposten hatte Franz abgeholt und die Frauen packten wieder das Handarbeitszeug aus. Zusammen saßen sie in der Küche, dem einzigen warmen Raum im Haus, wo sie strickten, häkelten, stopften und schwiegen, denn der Bulldog kam noch immer nicht.

Die Leute lagen im Bett, als Marie nach Mitternacht noch immer strickte. Wie besessen führte sie die Nadeln durch die Maschen, um die Zeit zu vergessen, doch ständig blickte sie auf die Uhr. Immer wieder schickte sie kleine Stoßgebete zum Himmel. „Lass Adam bald heimkommen! Herr, erbarm dich!"

Endlich hörte sie den Motor. Schnell löschte sie das Licht, fiel auf die Knie, dankte dem Herrgott und huschte ins Bett. Bevor Adam in die Stube kam, drehte sie sich auf die andere Seite und stellte sich schlafend. Als er zu schnarchen begann, klemmte sie ihr Bettzeug unter den Arm und breitete es wieder auf der Küchenbank aus.

Am nächsten Morgen feilte Adam die Axt und spannte das Blatt seiner Handsäge. Das Jungholz beim Reisenweiher stand zu dicht, es brauchte Licht. Marie fiel aus allen Wolken, als sie erfuhr, dass er Valentina mitnehmen wollte.

„Bald hat sies wieder im Kreuz! Nimm dir halt den Franz mit", raunzte sie ihn an.

Adam wiegelte ab. „Sind lauter kleine Bäum, das ist nichts für ein Mannsbild."

„Wart, dann geh ich halt mit oder die Anita."

Adam verzog das Gesicht. „Die Irmgard will schon längst mal unsern Wald sehn. Mittag könnt ihr dann alle mit und Reisig hackn."

Nachdenklich schüttelte die Bäuerin den Kopf.

Adam mied das Dorf. Schweigend lief er mit Valentina über die Äcker zu einem gepflegten Weg. Schmutziger Schnee lag am Rain, braune Schollen ragten durch die dünne Schneedecke. Die Luft war kalt und schneidend, ein beißender Wind blies den beiden in den Nacken. Adam ging voran, Valentina lief hinterher. Machte Adam kleinere Schritte, machte auch sie kleinere Schritte, obwohl der Weg breit und befestigt war, sodass sie gut nebeneinander hätten gehen können.

Bald endeten die Äcker und die ersten großen Eichen standen neben der Böschung. Dichte Hecken an den Flanken schirmten die Felder ab. Mächtige Kiefern zeigten den Hochwald an. Ihre ausgeschwemmten Wurzeln schlängelten sich über den Weg und machten ihn holprig. Die beiden schwiegen, nur die Nadeln raschelten unter den Stiefeln. Adams Zähne knirschten, fest aufeinandergepresst, den Kiefer schob er hin und her. Die Stirn faltete sich, die Augenbrauen zogen sich tief herab. Valentina hielt Abstand, das machte ihn unsicher.

Der Bauer deutete auf einen vereisten, mit Schnee bepuderten Weiher. „Schau, dort sind wir als Kinder zum Baden gangen, jeden Abend nach dem Dreschen sind wir reingsprungen. Da hats gspritzt."

Valentina lächelte. „Wasser sauber? Viele Fisch, viele Dreck."

Adam brummte: „Weißt, die Fisch habns vertragn und uns hats auch nix gschadet."

Über einen schmalen Pfad kamen sie an ein kleines Gehölz. Die jungen Kiefern standen eng, ihre Kronen kämpften um das rare Licht. Adam spuckte in die Hände und verteilte die Flüssigkeit. Mit wenigen Zügen sägte er die minderwertigen Bäumchen dicht über dem Boden ab und drückte sie Valentina in die Hände. „So, die kannst drüben aufschichtn." Dann machte er weiter. Die Arbeit war mühsam, denn die Kronen waren sperrig und schwer. Schon bald hörte er auf zu schneiden und half Valentina beim Schichten.

„Kannst ganz schön fest arbeitn", meinte er mit seltsam brüchiger Stimme, dabei sah er ihr tief in die Augen. Sie blickte zur Seite und schaffte weiter. Adam holte tief Luft, seine Hand umklammerte den Axtstiel.

„Weißt“, meinte er, „irgendwann ist der Krieg aus. Und was machst dann?“

Valentina zuckte mit den Achseln. „Nix wissen, was kommen, warum?“

„Na ja, so halt, aber so ein fesches Mädel wie du kommt überall unter.“

„Was ist fesch?“

Röte kroch dem Bauern ins Gesicht. „Fesch ist, wenn eine sauber ist. Wenn sie gut passt, wenn die Finger stramm sind und nicht wurstig. Er kam näher und griff nach ihrer Hand. „So wie die da. Fesche Finger, schlank und kräftig.“ Adam hielt sie fest, er spürte die Wärme und die Geschmeidigkeit, aber er schämte sich seiner rauen Haut wegen und der schmutzigen Nägel.

Adam zuckte zusammen, als Valentina sie ihm entzog. Nur mit Mühe verbarg er seine Enttäuschung. Hastig zwängte er sich zwischen die Stämme, schnitt, drückte sie um. Der Frau wandte er den Rücken zu. Die Röte auf seiner Stirn wollte nicht vergehen.

Auf dem Heimweg, als sie den Hochwald verließen, als die Äcker begannen und der Wind wieder schneidend zwischen die Kleider fuhr, kam ihnen der Denzlerbauer mit einer Axt auf dem Rücken entgegen.

„Kieseldonnerwetter“, fluchte Adam leise. „Der hat grad noch gfehlt.“

„Na, wart schon fleißig, ihr zwei? Wird Zeit zum Essen, ist schon längst Mittag.“ Denzler klemmte die Axt zwischen die Beine und schloss die obersten Knöpfe seines Mantels, dabei spreizte er den sehnigen Hals wie ein Gockel, denn der enge Bund ließ ihm kaum Luft. Die wachsamen Augen musterten

Valentina, wie sie einen großen Geldschein mustern würden, und ließen erst ab, als er den obersten Knopf wieder öffnete und erleichtert durchschnaufte.

„Gibts viel dürre Bäum?", fragte er Adam. Seine piepsende Stimme stach dem Bauern in die Ohren.

„Waren in der Schonung zum Freischneiden, da gibts noch keine dürren Bäum."

„So, so, in der dunklen Schonung wart ihr." Denzler verzog den schmalen Mund zu einem hämischen Grinsen. Dann griff er nach seiner Axt, legte den Stiel über die Schulter. Kopfschüttelnd ging er weiter.

Ärger und Scham ließen Adams Schritte wachsen. Bald wurde der Abstand zwischen ihm und Valentina größer, denn sie hielt wieder nicht Schritt. Nicht ein einziges Mal sah er sich um, nur hin und wieder hielt er den Atem an, um den Tritten weit hinter ihm zu lauschen.

Nach dem Essen schickte die Bäuerin Valentina in ihre Kammer. Sie sorgte sich um ihren Rücken. Valentina wehrte sich nicht, denn die Arbeit war schwer und ungewohnt gewesen. Und allein mit dem Bauern wollte sie nicht wieder sein.

Müde fiel die junge Frau auf ihr Bettzeug, ihre geschlossenen Augen presste sie zusammen. Das Erlebte ängstigte sie, denn sie fürchtete weitere Folgen. Dass Adam ihr schöne Augen machte, hatte sie längst gemerkt. Es schmeichelte ihr, aber sie liebte Julian. Außerdem war Valentina schlau genug zu wissen, wohin so etwas führte.

Plötzlich wurde ihr übel, sie spie in den Eimer, der neben der Bettstatt stand, in den sie sich alle paar Tage übergeben musste. Die Veränderungen in ihrem Körper, der fülligere Bauch, die ausbleibende Regel, die straffen Brüste und die ständige Übelkeit waren mittlerweile eindeutig. Sie erwartete ein Kind. Wut stieg in ihr hoch, Wut auf sich, auf ihren Leichtsinn, auf Julian, dem sie so leicht nachgegeben hatte. Wut, dass sie in ihrem Rausch nie an mögliche Folgen gedacht hatte.

Ein Kind – in dieser Zeit. Wie sollte sie ein Kind durchbringen, lag sie nicht selbst am Boden? Außer sich schlug Valentina mit den Fäusten auf das Kopfkissen, bis sie nicht mehr konnte. Dann wurde ihr erneut übel. Die Flüssigkeit, die sie herauspresste, war pure Galle, die fürchterlich stank.

Als sie sich wieder ins Bett fallen ließ und an die Decke starrte, sorgte sich die werdende Mutter, sie könnte dem Kind schaden. Ihr Körper beruhigte sich, doch die Seele rebellierte weiter.

Leise klopfte es an der Tür. Valentina ballte die Hand zu einer Faust. Der Bauer? Die quasselnde Saarländerin? Sie rührte sich nicht. Leise ging die Tür auf. Martin stand davor.

„Komm rein“, erleichtert winkte Valentina mit dem Zeigefinger. Mühsam setzte sie sich auf.

„Ist was Schlimmes?“ Der Bub sah die Röte an ihren geschwollenen Augenrändern, roch das Erbrochene und sah den Eimer mit dem schleimigen Inhalt neben dem Nachtkästchen.

Die Frau schüttelte den Kopf. „Nichts ist, gar nichts.“

„Hab dir was mitgebracht.“ Martin kramte einige geröstete Zwetschgen aus der Hosentasche und legte sie auf das Bettzeug.

„Danke, Martin.“ Valentina lächelte, sie griff nach seiner Hand und legte sie zwischen ihre Hände. Martin zog zurück und versteckte sie wieder in der Hose. Frauenhände waren etwas Ungewohntes, wenn sie nicht der Mutter gehörten.

„Morgen muss ich wieder zum Fähnlein. Da grabn wir im Wald Löcher aus, wo sich die Soldaten reinlegn. Damit sie, wenn die Feindpanzer über sie drüberfahrn, Haftminen dranklebn können. Sind ganz schön mutig, die Soldaten.“ Martin seufzte. „Der Fähnleinführer schickt die HJ, hat er gsagt, wenn ich schwänz. Die holn mich dann mit dem Ochsenziemer."

„Haben auch viele Sorgen, kleine Martin", tröstete ihn Valentina.

„Hab den Amisender ghört", meinte er schließlich. Mit der Schuhspitze rieb er sich die Wade. An der Schraubenmutter in seiner Hosentasche drehte er so lange, bis das Gewinde zu Ende ging, dann drehte er die Mutter wieder zurück. Die Verdunkelung stand abmontiert neben dem Fenster, die angelaufenen Scheiben waren verschmiert, es war ungewohnt hell in der Stube.

„Gestern habn die Amis eine Zitadelle in Saarlouis erobert und die Unsrigen zurückgschlagn. Was ist eine Zitadelle?"

Valentina zuckte mit den Schultern. „Vielleicht Grab oder so was."

„Wegen einem Grab kämpfns doch nicht", meinte der Bub.

Valentina belehrte ihn: „Deutschland um alles kämpfen. Deutschland viel dumm. Kleines Deutschland denken, dass Krieg gewinnen gegen ganze Welt."

Martin rückte den Stuhl an ihr Bett, drehte ihn, breitete die Arme auf die Lehne und legte das Kinn darauf. Wenn er redete, hob und senkte der Kiefer den ganzen Kopf.

„Sofia und Monika kommen doch aus Saarlouis?"

Valentina nickte.

„Bei Merzig, hat er noch gsagt, sind die Amis über die Saar und habn die Deutschen gschlagn und bei Saarbrücken sinds bis an den Westwall rangrückt."

„Martin", meinte Valentina ernst, „wenn die Deutschen alles müssen büßen, was sie Böses getan, dann schlimme Zeit kommen."

„Die Neger, sagns in der Schul, tun den Frauen weh. Meinst

das?“ Valentina sah den Buben streng an. Martin wartete auf die Antwort. „Oder meinst das Lager, wo du warst?“

Valentina stockte. Auf der Treppe polterten Schritte. Monika stürzte zur Tür herein. „Martin, such dich schon die ganze Zeit, willst mit zum Schlittenfahren?“

„Wo?“

„Na, drüben übern Bach.“

„Meinetwegen.“ Eilig huschten die beiden zur Tür hinaus. Durch den offenen Spalt strömte kalte Luft ins Zimmer. Valentina schloss sie und legte sich wieder ins Bett, denn sie fröstelte. Wieder zermarterte sie sich den Kopf, wie sie sich dem Bauern gegenüber verhalten sollte. Keinesfalls konnte sie riskieren, dass er sie fortschickte. Sie wusste keinen Rat. Dann dachte sie wieder an ihr Kind und an Langenzenn, wie so oft in letzter Zeit …

Saufende Bestien

Die Hitze hielt an, trockener Wind aus dem Osten blies die Wolken fort. Er saugte dem Boden das Wasser aus den Poren, machte die Äcker befahrbar und dörrte die Halme. Die Bauern freuten sich, nun konnten sie endlich die Ernte, das Stroh und das Grummet in die Scheunen einbringen. Dann aber ärgerten sie sich, weil der Wind aus dem Osten nicht aufhörte zu blasen, weil er das frische Gras austrocknete und die Hochwiesen braun färbte. Sie ärgerten sich, weil der dritte Kleeschnitt ausblieb, das Kartoffelkraut zu schnell welkte und die Blätter der Rüben auch am Morgen schlaff am Boden lagen, wo sie verdorrten.

Nur die Flachsbauern waren zufrieden. Hatten einige die Saat wegen der Nässe im Frühjahr spät in den Boden gebracht, so reifte nun die Flachspflanze noch in den ersten Septembertagen gleichmäßig ab und wartete auf die Ernte.

In der Baracke war es kaum auszuhalten. Das bisschen Luft, das durch die kleinen Öffnungen strömte, verflüchtigte sich, die Menschen stöhnten im Schlaf. Ludmillas Privileg, unter einem der wenigen Fenster zu liegen, hatte Valentina nie hinterfragt. Sie hatte gelernt, hart zu werden gegen sich und andere.

Am Morgen ließ sich Nastasia allerhand einfallen. Sie schikanierte die Sträflinge bis zum Acht-Uhr-Läuten. Vor der Wachbaracke sah Mägerlein auf die Uhr, dann sprach er kurz mit Bär. Eilig wurden die Frauen eingeteilt und an Wachsoldaten außerhalb des hohen Zaunes übergeben.

Simon übernahm die achtköpfige Gruppe, um sie ins nahe gelegene Dorf zu führen. Die Sonne strahlte bereits am Morgen kräftig und blendete die Frauen, als sie Simon folgten. An der Einmündung in die Hauptstraße entdeckte der Posten einige Scheiben Brot und ein paar Kartoffeln hinter dürren Grasbüscheln. Verbissen zog er am Gewehrriemen und verschärfte das Tempo. Er lauschte den Schritten der Frauen hinter ihm, die ebenfalls schneller liefen.

Bald erreichten sie ein Dorf mit weiträumigen Bauernhöfen und mehreren Weihern im Kern. Durch ein lichtes Wäldchen, an Hecken, Wiesen und einem mit hohem Schilf bewachsenen Waldweiher vorbei kamen sie nach einer halben Stunde an ein Feld voller blauer Blüten.

„Was ist das?“ Ludmilla schüttelte ungläubig den Kopf.

Die Große mit der Zahnlücke schloss zu Valentina auf. „Flachs. Aus dem Samen machen sie Öl und aus den Stängeln Uniformen und so was.“

Die Bäuerin, ein Arbeiter in einer abgetragenen Soldatenkluft und zwei alte Leute hatten bereits angefangen. Die etwa vierzigjährige schlanke Frau mit hochgesteckten dunklen Haaren trug ein dünnes Sommerkleid unter einer schmutzigen Schürze. Als sie die Gruppe sah, kam sie sogleich mit großen Schritten, grüßte freundlich, wechselte ein paar Worte mit Simon. Dann zeigte sie den Zwangsarbeiterinnen, was sie zu tun hatten. Mit den Händen raffte sie ein Büschel Halme zusammen, riss die Pflanzen aus der Erde und formte sie zu einem Bündel. Die Wurzeln klopfte die Frau auf den Boden, die Stängel ordnete sie sorgfältig. Mit einem verkümmerten Halm verknotete die Bäuerin den Strauß, stellte ihn auf und lehnte die Bündel aneinander zu Garben.

„Später“, meinte sie, „wenns Wasser ganz draußen ist, kommens heim in die Scheune.“

Simon suchte sich am Waldsaum ein schattiges Plätzchen; den ganzen Tag rührte er sich nicht vom Fleck. Er ruhte auf dem Feldrain, sein Gewehr lag neben ihm, griffbereit. Seine Augen waren wachsam wie die einer Katze.

Der Flachs erwies sich als widerspenstig, er steckte fest in der Erde, denn der Wind aus dem Osten hatte den Boden hart gemacht wie Stein. Klettenlabkraut wickelte seine borstigen Blätter um die Stängel und kettete sie aneinander. Melde und Knöterich überwucherten die Nutzpflanzen und ließen sie kümmern. Das Ernten ging langsam voran, aber die Bäuerin schimpfte nicht, denn sie wusste, dass die Ackerunkräuter die Arbeit erschwerten. Als ihr Mann noch zu Hause war, hatte er das Unkraut gejätet, solange es klein war, er hatte den Flachs gehegt und gepflegt. Die Pflanzen gediehen und brachten eine gute Ernte. Aber nun war der Mann im Krieg und die Bäuerin allein und der Wind aus dem Osten hörte nicht auf zu blasen.

Die Sonne stand tief, als Simon die Gruppe zurück ins Lager führte. Am dunkelroten Himmel scharten sich Schleierwölkchen um den glutroten Ball, bevor ihn der Horizont verschluckte. Die Frauen bemerkten ihn nicht. Die Augen auf den steinigen Weg gerichtet, torkelten sie dem Posten hinterher. Die Waldluft kühlte die ausgebrannten, schweißgebadeten Körper, aber die Frauen waren zufrieden, denn sie waren satt. Kartoffeln hatte die Bäuerin gebracht, mit Schmalz gefüllt, dazu reichlich Brot, einen Korb Zwetschgen und Pfefferminztee. Die Frauen hofften, wiederkommen zu dürfen, denn der Acker war längst nicht abgeerntet.

Eine Aufseherin fing Valentina bereits am Zaun ab. „Komm mit. Hast Arbeit dort drüben." Sie deutete zum Mannschaftsheim.

Valentina erschrak, aber Ludmilla rieb sich die Hände. „Stopf die Taschen voll", flüsterte sie.

Widerwillig scherte Valentina aus und folgte der Wärterin. Der schwarze Rock und die weiße Bluse mit dem Monogramm lagen zusammengefaltet auf dem Stuhl im Vorzimmer.

Sie dufteten nach Waschmittel. Die Geschwätzige wartete aufgeregt in der Speisekammer.

„Gut, dassd endlich kommst, die wollen was Kaltes, weil es so heiß ist.“ Die Dicke lachte über ihren Witz. „Kannst gleich schauen, ob sie zu trinken brauchen.“

Die Beine zitterten, als Valentina in den Raum trat. Die meisten Stühle waren bereits auf die Tische gestellt. An der Fensterseite des Raumes saßen Bär und Mägerlein, ihnen gegenüber Wagner und Weber. Leere Bierflaschen standen aufgereiht auf dem Tisch, daneben Schnapsflaschen.

„Ah, die Schuhflickerin, wird aber Zeit.“ Wagner hob das Glas und stieß mit den anderen an. Bär erhob sich, der Stuhl kippte nach hinten und fiel um. Es kümmerte ihn nicht. Grimmig sah er Valentina in die Augen. „Kannst nicht grüßen, Russenschlampe? Anstand habt ihr keinen, ihr Russen.“

Valentina wusste nicht, was sie tun sollte, wie versteinert stand sie vor Bär, die Augen auf den Boden gerichtet.

„Willst mich nicht ansehen. Neulich hast mich auch angestarrt. Weißt nicht mehr? Ihr Russen habt kein Hirn. Gehört alle vergast.“ Wagner und Weber grinsten, Mägerlein nippte an seinem Bierglas. Abwesend sah er durchs Fenster.

„Na los, du Schlampe, auf was willst denn warten?“ Bär zog den Knüppel aus der Schlaufe.

Wagner stand auf. Kameradschaftlich legte er Bär die Hand auf die Schulter. Er schwankte. „Lass sie doch. Soll sie das Essen erst reinschaffen.“

„Die soll grüßen, wie es sich gehört.“

Valentina schlug die Hacken zusammen, gleichzeitig hob sie den Arm. Leise wimmerte sie: „Heil Hitler.“

Bär hielt die Hand an sein Ohr. „Versteh nichts. Lauter!“ Wieder griff er an seinen Gurt.

„Heil Hitler.“ Laut und deutlich rief sie nun.

„Lauter!“

„Heil Hitler.“ Valentina schrie, so laut sie konnte. „Heil Hitler, Heil Hitler!“

Bär war beeindruckt. Er setzte sich. Sein Grinsen glich dem eines frechen Schulbuben. „Los“, brüllte er, „hol was zu fressen, bevor du hier anwächst!“

Die Frau huschte hinaus. Wagner schlug mit der Faust auf den Tisch. „Hast es ihr aber gegeben.“

Bär brüstete sich. „Weiber brauchen eine harte Hand, sonst spuren sie nicht. Es lebe das deutsche Reich und der Führer, Prost!“

„Heil Hitler!“, brüllten die Männer. Sie standen auf, hoben ihre Schnapsgläser, dabei passten sie auf, dass jeder ausgetrunken hatte. Weber füllte nach. Die Flasche war leer. Er griff nach einer vollen. Valentina trug neue Flaschen herein.

„Wie sagt ihr Russen zu Prost?“ Wagner stand auf. Seinen Arm schlang er um Valentinas Hals. Er zog sie an sich und hielt ihr das Glas an die Nase. „Na, sag schon, wie heißts?“

Die Frau brachte kein Wort heraus. Der Griff war hart. Wagner wankte, er zog noch fester zu.

„Nastrowje“, hauchte sie.

Alle brüllten und prosteten einander zu: „Nastrowje, Nastrowje.“ Dann schenkten sie sich nach und verlangten nach Essbarem. Wagner ließ los und gab ihr einen Klaps auf den Hintern. „Los, bring was zu fressen.“

Gehorsam hetzte sie ins Nebenzimmer und holte die vorbereiteten Platten mit Aufschnitt, Käse und frischem Weißbrot. Feiner Duft stieg ihr in die Nase, aber sie roch nichts, die Augen musterten die feinen Sachen, aber sie sah sie nicht. Sie roch nicht, sah nicht, fühlte nicht, sie war nichts als eine funktionierende Hülle.

Mägerlein stand auf, die letzten Bissen füllten noch seine

Backen. „Der Führer wirds verzeihen, aber ich muss mal nach Hause schaun."

Bär sah ihn schräg an. „Hast Schiss vor der Alten, oder was?"

Mägerlein blieb gelassen. „Manchmal braucht man sie halt doch. Heil Hitler." Schnell war er hinter der Tür verschwunden.

Valentina lehnte im Nebenzimmer an der Wand, den Kopf im angewinkelten Arm vergraben. Ihr Atem ging heftig, die Füße änderten ständig die Position, als wollten sie die Anspannung in den Boden leiten. Die Geschwätzige stand hinterm Regal und ließ Valentina in Ruhe. Sie hatte Mitleid, denn sie wusste, was kommen würde.

Wieder stießen sie an, Cognac hatten sie eingeschenkt. Zuerst rochen sie daran, dann nippten sie, dann tranken sie ihn, langsam, Schluck für Schluck. Cognac war kostbar und schwer zu besorgen. Bär hielt ihn zurück für besondere Anlässe und Durst galt als besonderer Anlass. Gemeinsam wankten die Männer auf die Veranda und leerten ihre Blase. Sie waren stolz, als sie nebeneinander standen, als der Urin durch das Geländer spritzte. Mit scheuem Seitenblick verglichen sie ihre Männlichkeit. Sie fühlten sich stark, wie richtige Männer, eisenhart und arisch. Die frische Luft machte die Köpfe klar, sie fingen an zu diskutieren und während sie diskutierten, wuchs der Durst. Sie soffen weiter und verlangten wieder nach Essbarem.

Valentina sprach das Vaterunser, ihre Lippen bewegten sich kaum, so schnell murmelte sie das Gebet. Als sie den Raum betrat, wurde ihr schlecht, aber sie riss sich zusammen. Sie stellte die Platte auf den Tisch.

Wagner stand auf und griff Valentina von hinten um den Bauch. Seinen Schenkel spreizte er zwischen ihre Beine. Immer fester zog er sie an sich. Wie Greifzangen wanderten seine

Hände höher. Die Zeigefinger berührten den Brustansatz. Sie wanderten empor, langsam, ohne Druck. Die Daumen legten sich um das weiche Gewebe, dann griffen die Finger zu und verkrallten sich in ihren Brüsten. Immer wieder öffneten sie sich, um erneut zuzupacken.

Valentina spürte Wagners schnellen Atem im Nacken, sie roch den Schnaps, ihr Herz schlug bis zum Hals. Wie eine Steinsäule stand sie mit weit aufgerissenen Augen neben dem Tisch, alle Sehnen und Muskeln, alles Lebende an ihr war erstarrt und gefühllos.

„He“, schrie ihn Bär an. „Lass die Pratzen weg, die gehört mir.“

Wagner lächelte gequält, ließ los. Enttäuscht sackte er zurück auf den Stuhl. „Meinetwegen, holst dir eh nur Läuse und wer weiß, was die sonst mit sich herumschleppt.“

Valentina rührte sich nicht. Noch immer stand sie neben dem Tisch.

„Die hat deinen Fußpilz an den Fingern von den alten Stiefeln.“ Weber kugelte sich vor Lachen. Bär und Wagner stimmten mit ein, als sie begriffen.

„Was stehst hier dumm herum, du Russenschlampe?“, brüllte Weber. „Hörst nicht?“

Die Frau nickte. Langsam ging sie hinaus. Die Geschwätzige, die durch den offenen Türspalt geblickt hatte, machte einen Schritt zur Seite.

Valentina lehnte sich an die Wand, ihr Mund war halb geöffnet, das Gesicht bleich, die Augen fest verschlossen. Verzweifelt wehrte sie sich gegen die Übelkeit.

Weber stupste Wagner an. „Die hat ein hübsches Hinterteil, nicht so wie deine Alte.“

Wagner verging das Lachen. „Halts Maul, du Scheißer, fick erst was Besseres.“

Weber köpfte die nächste Flasche. „Russenweiber darf man doch? Ihr wisst schon, wegen dem Rassezeugs und so."

Wagner grinste verwegen. „Haben alle die gleiche und bei all den anderen hast doch auch nicht gefragt, oder?" Wieder lachten sie und hoben ihre Gläser, sie konnten sich kaum mehr auf den Stühlen halten.

Weber war längst eingenickt, als Valentina das Geschirr abräumen musste. Die Arme lagen auf dem Tisch, zwischen ihnen der Kopf vergraben. Wagner wankte hinaus. Er stieß mit seinem Schädel an den Türflügel. Fluchend stolperte er die Treppe hinunter in die Nacht.

Die Beine weit von sich gestreckt, saß Bär auf seinem Stuhl und nippte an der Cognacflasche. Die andere Hand steckte in der Hose und wühlte umher. Seine Augen waren abwesend und glasig, Valentina schien er nicht zu bemerken. Sie wischte den Tisch ab, sammelte die Scherben zusammen. Leise schlich sie sich an die Tür.

„Halt", befahl der Kommandant. „Komm her." Bleich war sein Gesicht, das Kinn hing schlaff herab. Er versuchte zu reden, doch die Wörter blieben im halb geöffneten Mund stecken. „Los, zieh dich aus", lallte er. „Na los, blöde Ziege."

Wie abwesend öffnete Valentina die Knöpfe ihrer Bluse, ganz langsam, einen nach dem andern, dann zog sie den Stoff aus dem Bund.

Bärs Atem wurde schneller. Er löste seinen Gürtel und machte sich an den Hosenknöpfen zu schaffen. Mit halb geöffnetem Mund stierte er sie an. Ein schwarzer Knopf fiel auf die Bretter, rollte unter den Tisch und drehte sich ein paar Mal im Kreis, bevor er liegen blieb. Bärs Augen folgten ihm, dann wandten sie sich wieder der Frau zu.

Lautlos glitt das Kleid zu Boden. Der Stoff bedeckte die

dreckigen Halbschuhe. Bär rümpfte die Nase, als er die zerschlissene Unterwäsche sah.

Er schlug die Augen hoch und nickte mit dem Kopf. „Hopp."

Valentina schluckte den Speichel hinunter und streifte die Unterwäsche ab. Die Hände bedeckten das Geschlecht, die Augen wichen nicht vom Boden. Mit gekrümmtem Rücken stand sie vor ihm, zitternd, entblößt.

Bär lehnte sich nach hinten. Er streckte den rechten Fuß aus. „Hopp."

Valentina begriff nicht. „Zieh den Schuh ab", brüllte er.

Valentina zog die beiden Stiefel herunter und stellte sie nebeneinander unter den Tisch. Der Kommandant streifte die Hose über die Füße, stand auf. Langsam kam er auf sie zu. Er grinste. Sein Atem wurde schneller.

Valentina ging ein paar Schritte zurück, bis sie an die Tischkante stieß. Sie wollte schreien, aber vor Angst war sie wie gelähmt. Dann drehte es ihr den Magen um, die Backen wölbten sich, um es aufzuhalten, aber es ließ sich nicht aufhalten. Jäh presste der Magen stinkende, grüngelbe Säfte aus dem Mund, die sich auf den Boden ergossen.

Angewidert sprang Bär zurück. Zornesröte trieb es ihm ins Gesicht.

„Du Sau!", dröhnte er. „Du elendige Sau." Benommen vom Alkohol torkelte er zu Valentina und schlug ihr so heftig ins Gesicht, dass sie zu Boden ging und in ihr Erbrochenes fiel. Bär rümpfte die Nase. „Schau dass du verschwindest. Morgen bist dran und wenn du noch mal kotzt, dann knüpf ich dich eigenhändig auf."

Valentina kam langsam auf die Beine. „Raus!", schrie Bär noch einmal, dann fiel er wie ein Sack zurück auf den Stuhl. Er zog noch ein paar Mal von der Flasche. Ein stiller Seufzer kam aus dem Mund. Der Schädel sackte nach vorn, kreiste einige Male und blieb auf der Schulter liegen. Bär schlief, tief und fest. Valentina stand vor ihm, wie erstarrt.

Langsam kehrte Farbe zurück in ihre Wangen, die Waden begannen zu zittern, das Herz schlug wieder. Mit einem Putzlappen wischte sie das Erbrochene von ihrer Haut. Langsam bückte sie sich nach ihren Kleidern. Rückwärts tastete sie sich hinaus, die Augen auf den Schlafenden gerichtet.

Die Geschwätzige öffnete die Tür und schob Valentina ins Nebenzimmer. „Jetzt wirst nimmer braucht."

Ludmilla wachte, als Valentina sich neben sie legte. „Und, wie wars? Hast die Taschen wieder voll?"

Valentina gab keine Antwort, sie lag nur still da. Ihre Augen waren glasig und starr auf die Decke gerichtet, die Brust hob und senkte sich. Die Hände lagen gefaltet auf dem Bauch.

„Fehlt dir was?" Ludmilla beugte sich über sie. Sie glaubte, ihre Freundin wäre tot, aber die Brust hob und senkte sich, gleichmäßig, wie von einer Maschine gesteuert.

Der Schlitten

Die Tage in Gonnersdorf wurden kurz, die Düsternis der Menschen passte sich der grauen Landschaft an. Sie sehnten sich nach Wärme und Licht. Weihnachten stand vor der Tür.

Die Frucht in Valentinas Leib wuchs und mit ihr der Bauch und mit dem Bauch die Sorgen. Lange würde sie die Schwangerschaft nicht mehr verbergen können. Und dann? Zeitweilig suchte sie nach Wegen, das Kleine aus dem Körper zu pressen, es einfach wegzuschaffen, aber wie? Könnte ihr der Doktor helfen? Einen Teil ihrer Wertsachen hatte sie Ludmilla gegeben. Es würde nicht reichen, es war zu gefährlich. Sie war eine Ukrainerin, eine Ukrainerin auf der Flucht. Manchmal glaubte sie, es vergessen zu haben.

Und Julian, was würde er dazu sagen? Er war der Vater, ihn liebte sie. In ihr wuchs der Entschluss, das Kleine zu behalten. Es war ein Teil von ihr. Würde sie es verleugnen, verleugnete sie sich selbst.

Dem Bauern ging Valentina aus dem Weg. Er aber ließ sich nicht abschütteln. Arbeitete sie im Stall, tauchte auch er im Stall auf. Schaffte sie das Heu in die Graskammer, fragte er, ob sie seine Gabel gesehen habe. Zu allen möglichen Arbeiten rief er sie: „Irmgard, kannst die Deichsel hochhaltn“, „… kannst die Kupplung tretn, ich muss das Gestänge nachziehn“, „… kannst den Schlüssel gebn“, „… kannst mir beim Misten helfn“, „… brauch jemand zum Strickmachn“, „Irmgard, kannst mal …“, „Irmgard, musst schnell …“, „Irmgard, willst mit mir in den Wald, den Christbaum holn?“

„Nein! Muss Bäuerin helfen.“ Sie antwortete barsch, ohne zu überlegen. Er verzog keine Miene.

„Gut, geh ich halt allein." Mit der Axt auf dem Rücken marschierte Adam den Dorfberg hinauf, pfeifend, vermeintlich fröhlich. Als er an der Wirtschaft vorbei war, hörte er auf zu pfeifen.

Weit oben an der Hochstraße stand zwischen mächtigen Kiefern eine junge Fichtenschonung. Das Tropfwasser der hohen Bäume und das fehlende Licht hielten die jungen Bäume nieder. Sie wuchsen in die Breite. Die Astreihen standen eng zusammen. Vor Jahren hatte er mit seinem Vater die Samen gezogen und die Bäumchen gepflanzt. Irgendwann, dachte sich Adam, würden sie schon noch in die Höhe schießen und schöne Stämme werden.

Unter Hunderten suchte er einen geeigneten für die gute Stube, nun fand er ihn. Verkümmert, halb verdorrt, zwischen vielen gut gewachsenen Bäumchen. Als er die Handsäge ansetzte, kamen ihm Zweifel. Vielleicht würde aus diesem Exemplar doch noch ein ansehnlicher Baum? Während er sich den nächsten halb verdorrten Kümmerer aussuchte, dachte er an Marie, die sich einen schönen Christbaum wünschte. Er dachte an den Ärger und dass er dann heute Mittag noch mal gehen müsste.

Zufällig fiel sein Blick auf ein einsames Fichtlein im Reichswald nebenan, zweieinhalb Meter hoch, gleichmäßige Äste, eine wunderschöne Spitze. Wie gemalt stand es, majestätisch wie ein richtiger Christbaum, hinter der Grenze – und kein Mensch war in der Nähe. Adam setzte die Säge an. Knapp über dem Boden raspelte sie hin und her. Lautlos kippte der Baum. Flinke Hände deckten den Stumpf mit Moos und Schwarzbeerstöcken zu und zogen das Bäumchen davon.

Heimwärts plagte Adam das schlechte Gewissen. „Fürs Löschen krieg ich keinen Pfifferling für meinen Bulldog. Dürft ich ja den ganzn Wald heimschaffn. Da kann das Reich den einen schon entbehrn."

Marie schlug die Hände über dem Kopf zusammen. „Dass dich der nicht greut hat! So ein schöner Baum!"

Der Bauer setzte einen schelmischen Blick auf. Erleichtert ging er hinüber in die Wirtsstube, während Marie und Valentina den Baum putzten. Anita hatte Urlaub bekommen, sie fuhr zu den Eltern. Die Saarländerin unterhielt sich mit der Froschauerin, die Buben holten eine Gans aus dem Stall, hackten ihr den Kopf ab, und Großmutter riss dem Vieh die Federn aus. Franz musste über die Feiertage im Lager bleiben.

Am Nachmittag nahm Marie die Gans aus und richtete sie für den Abend. Großmutter bereitete den Kloßteig. Früher als sonst gingen sie in den Stall. Marie verschloss die gute Stube. Den Schlüssel versteckte sie auf dem Türbrett. Seit sie am Hof war, lag er auf dem vertrauten Platz. Jeder wusste davon, ihn herunterzunehmen wagte niemand.

Längst hatte die Bäuerin den Wurstkessel in der Waschküche angeschürt und die verzinkte Badewanne zur Hälfte mit warmem Wasser gefüllt. Auf dem Stuhl lagen Kernseife, Handtuch und eine feine Wurzelbürste. Am frühen Nachmittag badeten Monika und Sofie, danach Valentina, dann die drei Buben. Nach der Stallarbeit schüttete die Bäuerin einen Eimer kochendes Wasser in den Trog. Kaum saß sie selbst in der Blechwanne, war sie auch schon wieder draußen, um den Braten zu richten und den Tisch zu decken. Einige Haare und kleine Seifenblasen schwammen auf der trüben Wasseroberfläche. Als Adam als Letzter aus dem Bottich kletterte, hatten sich die Haare zu Knäueln verwebt. Das Wasser war schmutzig wie in einem Karpfenweiher.

Am Abend verteilte Marie die Gans auf die vielen Teller. Jeder bekam ein gleich großes Stück von der Brust, den

Haxen, den Flügeln und den Innereien. Klöße hatte Großmutter genug für alle.

Marie stand auf, faltete die Hände und schloss die Augen. In ihrem Sonntagskleid wirkte sie jünger als sonst. Sie betete laut und ausgiebig. Die Buben konnten es kaum erwarten, der köstliche Duft stieg ihnen in die Nase.

Plötzlich fiel die Verdunkelung herunter. Hektisch löschte Adam das Licht.

Großmutter schimpfte: „In der Futterkammer hast es oft genug brennen, da rennst nicht so herum."

„Heut ists gfährlich", meinte Adam. „Im Wirtshaus habns gsagt, dass heut kommen, weil keiner mit ihnen rechnet. Heut oder die nächsten Tag."

Beim Licht einer Kerze spannten sie das feste Papier wieder auf die Scheiben, dann fingen sie an zu essen.

Marie lobte den Bauern: „So einen schönen Baum hat er heuer heimgschafft." Gleichzeitig schimpfte sie: „Alle Jahr hat er entweder einen krummen oder einen halb verdorrten bracht."

Die Saarländerin nickte zustimmend, die Kinder nahmen ein weiteres Mal von Großmutters Klößen.

Das Lametta glänzte silbern im Kerzenlicht, die wenigen Christbaumkugeln an den Zweigen kreisten in der Luft, die sich allmählich erwärmte, denn es war kühl in der guten Stube. Ihre Geschenke hatte Marie in Zeitungspapier gewickelt. Monika und Sofia bekamen dicke Fäustlinge, Hans erhielt graue Wollstrümpfe, Martin grüne und Kaspar schwarze. Die Buben freuten sich, denn die alten Wollstrümpfe waren durchgelaufen und durchlöchert. Nun hatte Marie Zeit, sie zu flicken und herzurichten. Bis zum nächsten Jahr, wenn die neuen durchgelaufen und durchlöchert waren, hatte sie die alten wieder zu neuen gemacht.

Valentina bekam einen dicken Wollpullover, den gleichen, den die Bäuerin auch Franz geben wollte, wenn er zurückkam. Valentina schämte sich, sie hatte nichts für Marie, aber auch die Buben und die Saarländer hatten nichts. Auch sie schämten sich, doch Marie wusste, dass die anderen weder für sie noch für sich selbst etwas hatten.

Immer wieder suchte Adam Valentinas Augen. Fest entschlossen mied sie seinen Blick.

Marie wurde unruhig, eilig trug sie das Geschirr ab und richtete sich die Haare. Es wurde Zeit für die Kirche. Widerwillig zogen sich Adam und die Buben an. Die Saarländer standen längst bereit. Im Flur sah Valentina Marie erwartungsvoll an.

Die Bäuerin schüttelte den Kopf. „Kannst nicht mit, Irmgard. Ist zu gfährlich. Der Herrgott weiß schon, warum. Aber ich werd für dich betn, bald ist doch der Krieg vorbei."

Auch Großmutter blieb zu Haus, der Weg nach Cadolzburg war ihr zu weit, zeitig legte sie sich schlafen.

Valentina saß auf ihrer Bettkante und grübelte. Der neue Pullover lag auf ihrem Schoß und wärmte die ausgekühlten Beine. Es war kalt in der Stube. Der obere Teil der Verdunkelung hatte sich gelöst. Eiskristalle hingen an der Scheibe. Die warme Luft, die sie aushauchte, wurde zu Nebel. Vergeblich hatte sie gehofft, dass die Bäuerin sie mitnehmen würde. Eine Weihnacht ohne Kirchenbesuch war nur eine halbe Weihnacht. Gewiss, der Herrgott würde es ihr nicht übel nehmen … Aber wer kannte ihn schon, diesen Herrgott? Er duldete ja auch all das Unrecht, diesen entsetzlichen Krieg …

Etwas hinderte Valentina, sich hinzulegen, das warme Federbett über den Körper zu ziehen. Wie erstarrt blieb sie sitzen, dabei flogen die Gedanken. Mit dem Zeigefinger streifte sie über die kratzige Wolle des Pullovers. Die Sorgen raubten

Valentina jede innere Wärme. Wann würde das Kleine kommen? Der Bauch wurde immer größer, die Frucht in ihm bewegte sich bereits. Würde man sie fortjagen? Sie vielleicht anzeigen und ins Lager zurückschicken? Brauchte sie eine Hebamme, vielleicht einen Arzt? Beide mussten bezahlt werden, sie aber konnte nichts mehr arbeiten. Das Kind brauchte die Mutter, einen Namen, eine Taufe, ein Bettchen, Kleider, Essen, Schutz, Liebe ... seinen Vater?

Valentina war hin und her gerissen. Sie musste es Marie sagen. Nein! Vielleicht ging der Krieg bald zu Ende. Vielleicht konnte sie es bis dahin verbergen. Was war mit Julian? Hatten sie ihn auch verhaftet? Lebte er überhaupt noch? Würde sie ihn wiederfinden? Wie ging es ihren Eltern und Geschwistern? So lange hatten sie nichts mehr voneinander gehört!

Ludmilla kam ihr in den Sinn. Die vielen anderen im Lager, die am Boden lagen, in zerlumpten Kleidern, ohne Decken, ohne alles. Die ihre Körper aneinanderschmiegten wie die Tiere im Freien. Das Schuhwerk verschlissen, entkräftet von Hunger, Arbeit und Drill.

Valentina dachte an den Winter im Lager. Er war gewiss grausamer als der Sommer. Es gab keine Arbeit auf den Feldern, somit kein zusätzliches Essen. Der Ton für die Fabrik war kalt, matschig, manchmal gefroren, die Loren eisig. Bloße Hände klebten am Metall, wurden gefühllos und erfroren. Ebenso die Füße, die in Fetzen steckten, mit Papier umwickelt. Leere Zementsäcke stülpten sich die Häftlinge über den Körper, mit Löchern für Kopf und Arme. Der Willkür der Peiniger ausgeliefert ... von Gott verlassen? Wo blieb er nur? Jetzt, wo er so dringend gebraucht wurde.

Was würden Ludmilla und die anderen für diesen Pullover geben! Ihre Würde? Die war ihnen längst genommen. Aber Ludmilla hatte Valentina gelehrt, hart zu sein gegen sich und andere. Sie säße nicht auf der Bettkante, hätte sie den Rat nicht befolgt.

Tausend Sorgen hüllten sie ein wie die Leichentücher Tausender Leichname. Tausend Fragen quälten sie, zu keiner einzigen wusste sie eine Antwort.

Zum ersten Feiertag hatte sich Martins Pate angekündigt. Für den Fußmarsch von Erlachskirchen nach Langenzenn und von dort über den Schulweg nach Rossendorf und Gonnersdorf musste er zwei Stunden einplanen, denn der Weg war mit Schnee überzogen und der sperrige Getreidesack, den er sich am Rücken festgezurrt hatte, erschwerte das Gehen. Das letzte üppige Patengeschenk sollte es an der letzten Weihnacht vor der Konfirmation geben.

Schon in der Früh stand Martin aufgeregt am Stubenfenster.

Die Bäuerin lachte ihn aus. „Jetzt brauchst noch nicht lauern, der ist noch nicht mal losglaufn."

„Meinst, er hat bloß gstrickte Wollstrümpf dabei?"

„Warum? Die kannst doch brauchn, oder?"

Martin rümpfte die Nase. „Aber bloß, wenns kalt ist."

Die Bäuerin richtete das gute Geschirr aus dem Schrank auf den Tisch, es wurde nur zu Taufen, Beerdigungen, Hochzeiten und besonderen Anlässen benutzt. Nachdem sie die Teller und die Leute gezählt hatte, die aus ihnen essen würden, meinte Marie weise: „Es gibt viele Geschenke, die man nur im Winter brauchn kann, warts halt ab." Bevor sie in die Küche ging, fragte sie nachdenklich: „Meinst, der Franz kriegt genug zu essn im Lager?"

„Der Korb, den du ihm mitgebn hast, reicht für drei Franz, Mutter."

Plötzlich rannte der Bub in die Küche. „Er kommt, er

kommt.“ Dann hing er wie eine Klette am Fenster und wischte ein Guckloch in die angelaufene Scheibe.

Adam, Marie und die Kinder standen im Flur, als der knorrige Bauer mit seinen hohen Filzstiefeln die Stufen hochpolterte und Adam die Hand reichte. „Na, passt im Stall alles? Seid ihr auch alle gsund?“

„Geh rein!“, forderte ihn Marie auf. „Bringst die ganze Kält mit.“

Martin schlich sich nach vorn und schüttelte die riesige Hand des Paten, dessen Finger dicken Bratwürsten ähnelten. Der Griff schmerzte, doch Martins Blick wich nicht vom Sack. Der Pate durchschaute ihn. „Gell, willst wissn, was drin ist?“

Martin lächelte verschmitzt und kratzte sich am Hosenboden. „Na ja, wär schon interessant.“

Der Pate legte den Sack ab, knöpfte den Mantel auf und drückte ihn Marie in die Hände. Unter einer dicken grauen Strickweste steckte ein weißes Hemd. Eine schwarze Krawatte schlang sich um den sehnigen Hals. Das breite Gesicht trug freundliche Züge. Martin mochte ihn, denn er kam regelmäßig am ersten Feiertag mit einem Geschenk.

„So“, meinte der Pate mit ernster Miene. „Das letzte Mal, dass das Christkind was bringt, Bub.“ Vorsichtig zog er einen Schlitten aus dem Sack.

Martin gingen die Augen über. „Ein Schlitten, ein richtiger Schlitten!“ Die Kufen glänzten, so glatt war das Metall geschliffen. Das Horn wölbte sich elegant und fügte sich nahtlos in die gehobelten Sitzstangen ein.

„Saustabil ist der“, jubelte der Bub, während ihn Hans und Kaspar enttäuscht beobachteten. Kaspars Pate war längst gestorben, der von Hans war der Vater. Dem Jüngsten liefen dicke Tränen über die Wangen, aber keiner bemerkte es.

Frühzeitig nach dem Essen und nach einer kurzen Stallbesichtigung machte sich der Besucher auf den Heimweg. Vor Einbruch der Dunkelheit wollte er zu Hause sein.

Martin winkte dem Paten vom Schrammsberg zu, als er ihn auf der Straße laufen sah. Den ganzen Nachmittag rutschte der Bub mit dem neuen Schlitten den Dorfberg hinunter. Die anderen Kinder durften mitfahren, nur Kaspar blieb daheim und schmollte.

Feuersturm in Nürnberg

Zwischen den Feiertagen hatten die Buben die abgeschnittenen Fichten vom Reisenweiher auf den Gummiwagen geladen, um sie hinten im Garten neben der großen Linde aufzustapeln.

Zusammen mit Valentina stand die Bäuerin am ersten Tag nach Neujahr bereits morgens am Hackstock. Sie zerkleinerte die Äste und dünnen Stämmchen mit der langschneidigen Axt zu armlangen Prügeln. Valentina sammelte diese auf, sortierte, legte sie auf eine am Boden ausgebreitete Schnur und formte sie zu einem runden, kniehohen Bündel. Marie knotete ins Ende der Schnur eine Schlaufe, fädelte das andere Ende durch die Schlinge und wickelte die Schnur um die Hand, dann drückte sie mit den Knien auf die Äste. Sie stöhnte und ächzte, sie presste und zog die Schnur Stück für Stück fester; so fest, wie es ihre Kräfte zuließen.

„Weißt", belehrte sie Valentina, nachdem sie die beiden Enden verknotet hatte, „im Sommer, wenn der Reisig trocken ist, zerfällt er dir wie ein Stück Marmorkuchen, wenn du die Schnur nicht gscheit festmachst. Dann verlierst die Hälfte schon beim Rübertragn, wenn du nächsten Winter den Ofen anschürn willst."

Nach dem Essen schickte die Bäuerin Valentina in die Graskammer zum Rübenstopfen. Für die schwere Arbeit am Hackstock war sie ihr zu langsam und zu schwach. Obwohl Marie der Rücken schmerzte, schaffte sie wie im Rausch. Das Beil flog herunter wie auf dem Schafott, die Arme griffen wie Zangen nach den Prügeln, die Hände zurrten die Schnüre zusammen, als wären sie eine Knüpfmaschine.

Erst am späten Nachmittag gönnte sich die Bäuerin eine

Rast. Zufrieden setzte sie sich auf den Hackstock und zählte die aufgestapelten Bündel. Sie wischte sich mit dem Ärmel den Schweiß von der Stirn. Mit dem Daumen prüfte sie die Schneide. Ihre Augen blickten zu den Fichtenbäumchen, die kreuz und quer am Boden lagen, dann wanderten sie zum Himmel und sahen der Sonne zu, die ihre letzten Strahlen über das Scheunendach schickte.

Marie fröstelte, sie stellte den Kragen ihrer Jacke auf und schob das Kopftuch in die Stirn. Dann saß sie wieder still. Ehrfürchtig betrachtete sie den mächtigen Stamm des Lindenbaumes an der Scheunenwand, den sie vor zwanzig Jahren, als sie in den Hof einheiratete, mit den Armen kaum umfangen konnte. Nun, so schien es ihr, waren vier Arme nötig, um ihn zu umfassen. Schon nach wenigen Metern teilte sich der Erdstamm in drei Ausläufer, deren weit ausladende Äste sich durch das eigene Gewicht tief herabneigten. Erst weiter oben wurden die Äste feingliedriger und verzweigter, sanft streckten sie sich zum Himmel. Marie bemerkte die Kahlheit, die Nacktheit des Baumes, die vielen Äste, die einfach nur am Stamm zu kleben schienen, unnütz, abgestorben …

Wehmütig dachte sie an das Frühjahr, an die ersten warmen Nächte, an die kahlen Zweige, die, mit winzigen Knospen behaftet, zu neuem Leben erwachten. Sie dachte an den süßlichen Duft, an die prallen Blüten für den Tee, die sie so bequem von den unteren Ästen der alten Linde zupfen konnte. Die saftig-grünen Blätter blieben frisch, auch wenn es lange nicht regnete. Die Wurzeln lebten im Überfluss, sie sorgten für Nahrung und eine üppige Blüte. Die Erde, in der sie steckten, war fett, denn sie speicherte das Wasser wie ein Schwamm.

Und sie dachte an die Bienen, die im Frühjahr kamen, um die Frucht zu bestäuben und den Nektar zu trinken. Zuerst flogen wenige Bienen, doch wenn die Zeit gekommen war, summten Tausende und Abertausende in den Wipfeln, solange die Sonne sie leitete.

Und das Summen der Bienen ähnelte dem monotonen Summen der Motoren, die nun so oft am Himmel die Flugmaschinen vorwärtstrieben. Von Piloten gelenkt, steuerten sie in riesigen Formationen auf die Stadt zu. Die Piloten saßen auf ihrem Platz, angeschnallt, angespannt. Den Steuerknüppel fest in der Hand, führten sie den Befehl aus, den sie von oben erhalten hatten. Sie waren aufgeregt und stolz, dass sie und nicht andere die Maschinen steuerten.

Wenn sie ihr Ziel erreichten, wenn sie die Umrisse der dunklen Stadt erkannten, wenn sie ihre Christbäume und Markierungsbomben abwarfen, sahen sie nicht die Fachwerkhäuser, die Bahnhöfe, die Fabrikhallen, die Kirchen mit ihren mächtigen Türmen, die Burg. Sie sahen keine Menschen, die sich vor ihnen verkrochen, die in dunkle Keller und Bunker flüchteten, die vor Angst zitterten und beteten, weil sie nicht sterben wollten. Sie sahen nur ihren Befehl.

Dann öffneten die nachfolgenden Bomber die Luken. Schwere, röhrenförmige Bomben, gezeichnet mit dem Wappen ihrer Heimat, stürzten in die Nacht. Sie schwebten friedlich in der Luft, bis sie Widerstand verspürten, den Dachstuhl eines Hauses, den Turm einer Kirche, die Betondecke eines Bunkers. Mit einem gewaltigen Knall zerbarsten sie in tausend Teile, verteilten sich in die Gebäude, entfachten unzählige Feuerherde, die sich zu einer riesigen Feuersbrunst aufbäumten und alles Lebende und alles von Lebenden Erbaute vernichteten.

„Treffer!" Durch die Frontscheiben sahen die Piloten Blitze zucken, die nicht vergehen wollten, sie sahen ein wogendes Feuermeer, das sich rasant ausbreitete. Sie freuten sich, dass sie getroffen hatten und noch nicht selbst von den Abfangjägern und der Flak getroffen worden waren. Sie sahen nicht die Menschen, die schreiend aus den Bunkern kletterten, die ihre Kinder, ihre Angehörigen in den Trümmern suchten, wo sie im Feuersturm verbrannten wie trockenes Reisig im Ofen.

Die Piloten waren stolz auf den Befehl von oben, denn die Oberen machten sie zu Helden, damit sie erneut flogen und zerstörten. Wurden sie selbst abgeschossen, legten wiederum die Oberen das Tuch des Vaterlandes auf ihren Heldensarg, und diejenigen, die sie abgeschossen hatten, wurden ebenfalls zu Helden, damit sie erneut abschossen.

Die Helden der Bomber und die Helden der Abfangjäger wendeten nach getaner Arbeit. Sie flogen ihre Maschinen zu den Stützpunkten zurück, dabei brummten die Motoren monoton. Wie das Summen fleißiger Bienen zwischen den Ästen eines Lindenbaumes.

Die Kälte und das Geschrei der Kühe rissen Marie aus ihren Gedanken. Fütterzeit. Marie ging in die Küche, um einige Scheite Holz nachzulegen. Fast stolperte sie über Martins Schlitten, der mitten im dunklen Flur stand. Aufgeregt kam der Bub aus der guten Stube, huschte die Treppe hoch und schaffte ihn in seine Kammer. Die Mutter schimpfte, aber es war sein bisher wertvollstes Geschenk, das er auch nachts neben sich haben wollte.

Bevor Martin die Ochsen fütterte, rannte er zu Valentina, die den Schnee vor der Stalltür wegkehrte. Martins Ohren und die Nase liefen rot an, denn seit sich die Wolken verzogen hatten, seit die tief stehende Sonne hinterm Scheunendach verschwunden war, kühlte es empfindlich ab.

„Irmgard, Irmgard“, rief er von Weitem, „ich glaub, heut kommt noch was.“

Valentina lehnte sich an den Besenstiel. „Was kommen?“

„Der Volksempfänger …“ Aufgeregt deutete der Bub aufs Haus und senkte seine Stimme. „Ich hab am magischen Auge dreht und habs kaum verstandn, aber der hat was gsagt, dass sie vielleicht heut Abend die Stadt zerbombn.“ Dann rannte er in den Stall zur Mutter.

Marie hatte das Futter hergerichtet, das Heu in den Helmkorb gepresst und die gestopften Rüben zwischen die Halme gemischt. Sie drehte sich nicht um, als sie ihn hörte, ihre Hand umklammerte krampfhaft die Schaufel, denn sie spürte, was er sagen wollte. Wieder ein Angriff! Der zehnte, der zwanzigste, der fünfzigste? Wie oft schon musste Adam ausrücken in all den Kriegsjahren? Zehn, zwanzig, fünfzig Mal? Sie hörte dem Buben kaum zu, längst hatte sie die Hände gefaltet und betete leise – wie so oft in letzter Zeit: „Herr im Himmel, mach ein Ende mit dem Krieg! Und schütz den Adam, wenn er wieder fahrn muss!“

Es war fast dunkel, als die Leute vom Dorf ihre Kannen ins Milchhaus schafften und zum Himmel schauten, als die Hunde unruhig wurden und zu heulen begannen. Die Hunde sahen nur die Dunkelheit und die ersten Sterne, aber sie hörten das Summen von Motoren. Auch die Menschen hörten jetzt das Brummen, das anschwoll zu einem eintönigen, vibrierenden Dröhnen.

Nach den Hunden heulten die Sirenen. Schweigend gingen die Leute nach Haus. Aber nur wenige gingen in die Keller, denn sie fühlten sich sicher.

Adam hatte längst heißes Wasser in den Kühler seines Bulldogs gegossen, den Glühkopf angewärmt und den Tank gefüllt. Der Gummiwagen hing am Zugmaul, die Kurbel steckte auf dem Schwungrad. Marie hatte die Uniform hergerichtet und ein Vesper in die Tasche gesteckt.

Adam saß nur kurz auf der Küchenbank, schon hörte er die verhassten Schritte zwischen den Sandsteinfassaden hallen und auf der Treppe poltern. Er öffnete die Tür. Der Ortsbauernführer stand davor und zupfte an seinem gezwirbelten Schnurrbart. „Adam, richt den Bulldog her, es ist so weit. Und nimm den Froschauerbuben mit, der ist jetzt auch alt genug."

Der sechzehnjährige Georg wartete an der Hofeinfahrt. Der viel zu große Helm verdeckte dem schmächtigen Burschen die Augen. Ständig rückte er ihn nach hinten. Die Feuerwehruniform schlackerte an den dünnen Armen und Beinen, die nicht nur wegen der Kälte heftig zitterten.

Adam zog sich schnell an, er streifte eine zweite Hose über und tauschte die Filzstiefel gegen die Lederschuhe. Im Hof musterte er den Burschen. „Das wird kein Zuckerschleckn, Bub."

Georg zog forsch die Augenbrauen hoch. „Schaffn wir schon, Nachbar."

Das heiße Wasser wärmte den Motorblock, zügig startete der Motor. Marie stand an der Hofeinfahrt, als der Bulldog den Dorfberg hinauftuckerte. Schnell verschwand er in der Dunkelheit. Adam ließ die Lichter aus, denn die Bomber brummten noch immer am Himmel.

Kaspar und Hans waren längst auf der Anhöhe am Rübenacker, wo sie freien Blick in Richtung Stadt hatten. Martin rief aufgeregt nach Valentina: „Schnell, komm mit. So was hast noch nie gsehn."

Valentina folgte ihm widerwillig. Ihr war unwohl und sie fror. Der Bub führte sie den Weg am Bach entlang zur Anhöhe. Die Gänsehaut, die sie überzog, kam nicht von der Kälte. Sie traute ihren Augen nicht, als sie am Horizont eine riesige Feuerwand erblickte, von der einzelne Fontänen immer wieder in den Himmel schossen, wo sie sich verstärkt durch unzählige Blitze miteinander verflochten. Den Detonationen folgten neue Blitze, die Feuersäule schwoll immer mehr an.

Valentina dachte an Julian und die Angst schnürte ihr die Kehle zu. Sie dachte an das Schuhmacherehepaar. Dass auch der verhasste Blockwart und die Gestapomänner, die sie abgeholt hatten, vielleicht in dieser Hölle schmorten – sie verschwendete keinen Gedanken daran. Sie dachte nicht einmal daran, dass dieses entsetzliche Feuer ihr selbst die Freiheit ein Stückchen näherbrachte ...

Zu den Kindern gesellten sich die Leute vom Dorf. Sie standen weit voneinander weg. Gebannt starrten sie nach Osten. Kein Laut war zu hören, nur Explosionen, die wie das Grollen eines fernen Gewitters hallten. Stillschweigend nahmen sie es hin. Sie ahnten zwar das Leid, nicht aber das ungeheuerliche Ausmaß der Zerstörung.

Die eisenbereifte Spritze stand vor dem Feuerwehrhaus. Alte Feuerwehrleute rollten eilig Hanfschläuche zusammen und sortierten sie nach Größen.

Der Gruppenführer kommandierte: „Nehmt die alten C-Schläuche mit! Packt die B-Schläuche extra! Hans, hol den Ersatzkanister für die Pumpe! Vergiss das Öl nicht! Schorsch, wir brauchn Schaufeln, Spitzhacken und die Kübelspritze! Michel, denk an das zweite Strahlrohr!“

Dem Gruppenführer standen trotz der eisigen Kälte Schweißperlen auf der Stirn. Unter dem Helm trug er eine Wollmütze. Der Riemen steckte im letzten Loch und ließ dem Kinn kaum Platz.

Die Feuerwehrleute verstanden ihn kaum, aber sie brauchten ihn nicht zu verstehen. Längst hatte Hans den Ersatzkanister kontrolliert, Michel an das zweite Strahlrohr gedacht, Schorsch Schaufeln, Spitzhacken und Kübelspritze hergerichtet. Sie wussten, was zu tun war. Sie kannten die Schwelbrände, die Feuerstürme, die einstürzenden Häuser, die verbrannten Leichen, die verschütteten Leichen, die erstickten Leichen …

Sie waren die Feuerwehr. Sie hießen Hans, Michel und Schorsch und sie waren alt, denn die Jungen waren im Krieg und die Burschen, die sie mitnehmen mussten, waren noch Kinder, aber keine Feuerwehrleute – die Alten waren die Feuerwehr, auf dem Weg in die Stadt.

„Hans, hast den Ersatzkanister nachgschaut? Schorsch, wir brauchn Spitzhacke, Schaufel und Kübelspritze. Legt die C-Schläuche extra, die nehmen wir erst am Schluss. Wo bleibt der Heubeck? Donnerwetter! Hans, hast den Ersatzkanister kontrolliert? Hans? Hans, wo bistn? Du sollst den Ersatzkanister kontrolliern!“

Geschickt rangierte Adam den Gummiwagen an die Spritze. Hastig befestigten sie die Deichsel an die Anhängerkupplung und luden die Schläuche und Schaufeln auf die Plattform. Dann setzten sich die vier Alten zu den zwei Burschen auf die aufgerollten Schläuche. Die Alten zogen dicke Mäntel über ihre Uniformen, stülpten wollene Mützen unter ihre Helme und kramten Fäustlinge aus ihren Taschen. Den Jungen genügte die Uniformjacke und der Helm. Fäustlinge und Mützen waren was für Alte.

Georg setzten sie auf den Spritzenwagen. Georg war ein Frischling, ein Neuer. Neue saßen zuallererst auf dem Lattenrost zwischen den beiden Haspeln auf der Motorpumpe. Während die Alten der Kälte den Rücken zuwendeten, sich dabei eng aneinanderkauerten, wachte der Frischling über die Pumpe. Er beobachtete die eisenbereiften Sprossenräder, den Sitz der Haspelverankerung, er lauschte den Lagern, er erkannte unnormale Geräusche und hatte den Verlust des Spritzenwagens zu melden.

An der Abzweigung nach Greimersdorf, einer abschüssigen Strecke auf dem Weg in die Stadt, passte Georg nicht auf. Der Splint des Anhängebolzens brach entzwei, der Bolzen hüpfte aus der Führung, die Deichsel des Spritzenwagens löste sich, schwenkte leicht, die Räder folgten den ausgewaschenen Rillen zur Böschungskante. Zügig rollte das Gefährt in die Hecke neben der Fahrbahn. Wie angewurzelt blieb der Bursche auf seinem Sitz. Zwischen Brombeerranken und Holunderbüschen eingequetscht hing sein Helm im Geäst.

„Halt, halt!“, riefen die Buben auf dem Brückenwagen. Adam wendete. Schnell hatten sie die Pumpe herausgezogen, angehängt, den Bolzen mit einer Schnur gesichert.

Ihr Weg führte sie nach Seukendorf. Dort trafen sich die Wehren aus den Dörfern.

Ein Kradfahrer kam aus der Stadt herangebraust und lehnte seine Maschine an einen Baum. Der Motor tuckerte weiter. Im Laufschritt schnallte er den Helm ab, die Haare waren verklebt, das Gesicht leichenblass.

„Die Altstadt habens zusammengehauen, die Krüppel, die damischen“, schimpfte er und reckte die Faust drohend zum Himmel. „Die ganze Altstadt brennt. Los, schaut, dass ihr über Poppenreuth reinkommt, bis zum Hallertor gehts vielleicht noch. Dann müsst ihr schauen.“ Sein Blick ging wieder zum Himmel, um ihn nach Flugzeugen abzusuchen. Auch die Feuerwehrleute reckten den Kopf.

„Das ist das Inselpack, das verdammte, die soll der Adolf alle miteinander zum Teufel schicken!“ Noch einmal sah der Kradfahrer auf. „Krüppel, ihr mistigen, ihr …“ Und zu den Männern gewandt: „Holt die Leut zuerst aus den Kellern, die ersticken allesamt. Die Altstadt brennt. Alles ist kaputt …“ Fassungslosigkeit stand in seinen Augen. Eilig stieg er auf die Zündapp, gab Gas und verschwand in der Dunkelheit.

Adam kannte den Weg. Burgfarrnbach, Fürth, über die Maxbrücke nach Poppenreuth, danach auf der Schnieglinger Straße nur noch geradeaus. Einzelne Häuser hatte es in Fürth erwischt, die Flammen leuchteten von weit her. Ein Stück nach Poppenreuth stockte ihnen der Atem, eine glühend rote Feuerwand loderte in den Himmel. Gewaltige Rauchwolken, schwärzer als die Dunkelheit, vermischten sich mit den Flammen. Wie riesige Gewitterwolken stiegen sie in den klaren Nachthimmel.

„Schaut nur“, rief er den Männern am Wagen zu, „jetzt müssn wir die Höll auch noch löschn!“

Immer näher rückte der Trupp dem Flammenherd. Detonationen erschallten. Bomben mit Zeitzündern explodierten. Am Neutorgraben spürten sie bereits die Hitze. Adam steuerte den Bulldog bis zum Hallertor. Löschfahrzeuge versperrten die Fahrbahn. Menschen mit Decken über den Köpfen rannten hinüber in den Wiesengrund. Aufgeregte Leute mit Armbinden dirigierten.

Adam fuhr die schmale Gasse hinab zum Fluss. Nach dem Kettensteg schoben die Männer die Pumpe nah ans Flussufer, schlugen eine Schneise durchs Gestrüpp, die Saugleitung warfen sie die steile Böschung hinab.

„Einen Pickel!“, schrie Adam. „Schnell!“ Eine Eisschicht bedeckte das Wasser. Der Angriffstrupp rollte die B-Schläuche bis zum Verteiler aus. Der Schlauchtrupp hetzte mit den Schlauchtrommeln zu den ersten brennenden Häusern.

Ab der Weintraubengasse gab es keine Häuser mehr, nur noch Flammen. Das gewaltige Feuer hatte bereits allen Sauerstoff aufgebraucht und saugte mehr Nahrung von ringsum an. Ein zischender Feuersturm griff um sich, die Flammen schossen immer höher, immer weiter auf der Suche nach Brennbarem. Es rauschte, zischte, knisterte, krachte. Die trockenen

Balken der Dachstühle, der mittelalterlichen Fachwerkhäuser, der Fehlböden, voller Stroh und Getreidestreu, nährten das gefräßige Feuer. Verstärkt durch unzählige Brandbomben, breitete es sich mit unglaublicher Geschwindigkeit aus.

Aus Kellern, die den Sprengbomben standgehalten hatten, rannten Menschen ins Freie. Die Hitze in den Schutzräumen raubte ihnen den Atem. Doch in den Straßen wütete der Feuersturm. Wände stürzten ein wie Kartenhäuser, Dächer krachten berstend herab. In den Kellern erstickten die Menschen, zwischen den Häusern verbrannten sie.

Adam stand an der Pumpe und kontrollierte den Druck und den Treibstoff. Immer wieder sah er Menschen mit Decken über den Köpfen aus der Flammenhölle fliehen. Mütter mit Kindern im Arm kreischten, Feuerwehrleute spritzten Wasserbrücken durch die züngelnden Flammen und schafften Korridore für die Eingeschlossenen in den glühend heißen Bunkern. Helfer rückten mit Schaufeln an, Feuerwehrleute bargen brennende Menschen und löschten ihre Kleider. Die Toten legten sie an den Straßenrand. In die Altstadt wagte sich niemand mehr.

Das Wasser, das die Pumpen durch die Schläuche pressten, verdunstete in der Hitze. Was nicht verdunstete, floss das Pflaster hinunter und gefror zu einer spiegelglatten Eisplatte.

Längst verloren die Feuerwehrleute den Überblick. Die Einheiten lösten sich auf, jeder half, wo er gebraucht wurde.

Den jungen Georg trieb die Neugier hinauf zur Karlstraße. Mit aufgerissenen Augen, die Arme am Rücken gekreuzt, stand er fassungslos neben einem brennenden Automobil und starrte in die Hölle.

Eine heisere Stimme riss ihn aus der Starre. „Ist dir langweilig, Bursche?“, fragte ein fettleibiger Feuerwehrmann mit rußverschmiertem Gesicht und rot angelaufenen Augen.

„Nein, nein“, wehrte Georg eingeschüchtert ab.

„Dann kommst mit.“ An der Straßenbiegung zur Weintraubengasse lehnten Feuerwehrleute eine hohe Stufenleiter gegen eine mehrgeschossige Hauswand. Aus den Fenstern schlugen kräftige Flammen. Der Dicke deutete nach oben.

„Das Haus können wir vielleicht retten. Nimmst das Strahlrohr, gehst die Leiter hoch und spritzt durch die Fenster. Weißt, die Leiter ist nicht mehr die beste, und du bist bloß ein Spund.“ Mit beiden Händen rieb er sich den Bauch, dann winkte er einen zweiten Burschen heran und wies ihn an: „Gehst ein Stück hinter ihm hoch und ziehst den Schlauch nach. Aber passt gut auf, Buben, wegen der Leiter, gell.“

Zwei Männer brachten das Strahlrohr und sicherten die Steighilfe. Bis zum ersten Stock waren die Sprossen breit, die Hölzer stabil. Georg kam schnell voran, der andere Bursche folgte ihm. Weiter oben, als die Hitze zunahm, die Leiter schmaler, der Hanfschlauch schwerer wurde, kam Georg kaum weiter. Mit einer Hand krallte er sich an das Rundholz, mit der anderen zog er den Schlauch nach, der Bursche unter ihm kämpfte mit der Angst. Sprosse für Sprosse mühten sich die beiden weiter hoch.

Bis an den vierten Stock, hatte der Mann befohlen. Noch zehn Tritte. Die Leiter bog sich bedrohlich, während die Männer unten gespannt heraufblickten. „Gleich bist oben“, schrie der Dicke. „Halt dich gut fest. Wenn du das Rohr aufmachst, ziehts dich nach hinten.“

Georg hörte ihn nicht. Das Herz schlug ihm bis zum Hals, die Knie fingen an zu zittern. Der Gluthauch aus den Fenstern dörrte ihm die Zunge. Mit letzter Kraft schob er das Strahlrohr durch die Sprossen über seinem Kopf, öffnete den Schieber und hielt es seitlich auf die züngelnden Flammen. Zischend prallte der Sprühstrahl gegen die Hauswand. Dunkler

Rauch drängte aus der Öffnung und bald folgten neue Flammen.

„Musst weiter reinspritzen, du Hanswurst", schimpfte der Dicke, „halt dein Rohr direkt unter den Sockel."

Georg zerrte am Schlauch, doch der war zu schwer. Der Bursche unter ihm hing wie ein Sack an den Sprossen.

„Karl, komm runter, schnell." Die Stimme des Dicken klang sanft und besorgt. Vorsichtig tastete sich der Bursche hinab, während der nächste Bub schon an ihm vorbeihuschte. Bedrohlich schwankte das Gestell, als der Helfer am Schlauch rüttelte und Georg das Rohr weiter nach unten schwenkte. Die Dichtung hatte sich leicht gelöst, ein dünner Strahl rann dem Buben auf die Schulter und lief ihm die Ärmel hinab. Anfangs kühlte das eiskalte Wasser die erhitzte Haut, dann machte es die Kleider stramm und die Glieder steif.

Als nur noch schwarzer Rauch aus dem Fenster drang, rief ihm der Dicke zu: „Wasser halt! Jetzt kannst wieder runter."

Ein Brand war gelöscht. Währenddessen peitschten aus den anderen Fenstern die Flammen umso heftiger. Ächzend wie ein altes Segelschiff, das in den Fluten versank, brach der Dachstuhl in sich zusammen, mit ihm die Decken und Gebinde.

„Weg, schnell weg!" Balken und Mauerteile prasselten herab und krachten auf die Schläuche, die platzten und umhertanzten wie wild gewordene Schlangen.

„Es hat keinen Wert." Atemlos stützte sich der Anführer auf seine Schenkel. Die Lunge pumpte schnell, die Luft reizte die ausgetrockneten Schleimhäute.

Weg von der Hölle war es bitterkalt. Georg aber rannte weiter, keinesfalls wollte er noch einmal die Leiter hoch. Erst am Flussufer, als er Adam an der Pumpe erkannte, blieb er stehen.

„Du kommst grade recht“, meinte der Maschinist, dem die Zeit am Fluss zu langsam verging. Nicht ausgelastet fühlte er sich, überflüssig … Außerdem wollte Adam nach dem Bulldog sehen, dessen Motor er aus Sorge, das Kühlwasser könnte gefrieren, hatte laufen lassen.

„Bleib an der Pumpe. Schütt rechtzeitig Treibstoff in den Tank und acht auf den Druck, sonst brauchst nix machn, gell.“

Der Bub nickte. Er war froh, dass ihn niemand zurückschickte, obwohl er nun entsetzlich fror.

Adam sah nach dem Lanz. Er leitete das Kühlwasser in einen mitgebrachten Eimer und stellte den Motor ab. Dann nahm er eine Schaufel vom Gummiwagen und eilte den Häuserblock hoch, dorthin, wo das Feuer nicht so stark wütete. Adam stieß zu einer Gruppe von Feuerwehrleuten, die herabgestürzte Trümmer zur Seite räumten.

„Was ist da?“, fragte er die Männer.

„Der Keller ist verschüttet. Der Blockwart meint, dass Leute drinnen sind.“

Bis zum Morgengrauen räumten sie Gestein und Balken weg. Treppenstufen wurden sichtbar. Ihr Anblick verlieh den Männern neue Kraft. Eilig schoben sie die Sandsteinquader zur Seite und stießen auf den oberen Teil einer kräftigen Eichentür. Sie klopften. Nichts. Sie klopften erneut. Dann machten sie weiter und legten den Gang frei. Ständig klebten die Augen an den glimmenden Fachwerkbohlen über ihnen. Würden sie halten?

Weitere Treppenstufen führten hinab. Der Gang war intakt. Hoffnung keimte auf. Eine zweite Tür versperrte den Weg. Die Männer klopften. Nichts. Sie öffneten die Tür. Die Luft war rauchgeschwängert und stickig. Nur das klamme Licht der Morgendämmerung ließ einzelne Konturen erkennen. Dann hörten sie leises Husten, Röcheln, Geflüster, das sich rasch verstärkte.

Leben kroch in den Keller. Frauen, Frauen mit kleinen Kindern am Arm drängten zum Ausgang, alte Leute, wimmernde Mädchen und Buben wankten dem Licht entgegen. Ängstliche Blicke streiften die Feuerwehrleute. Ohnmächtig, fassungslos standen die Menschen zwischen Trümmern auf der Straße und schauten ins Leere, wo sie ihre Wohnungen vermuteten. Als sie begriffen hatten, liefen sie zur Hallerwiese, der Grünfläche vor dem zerstörten Klinikum.

Zwischen unzähligen Ausgebombten fanden sie sich nur langsam zurecht. Sie saßen auf Decken, sie gingen planlos umher. Sie wimmerten, hatten sie Angehörige verloren, sie jammerten, hatten sie Schmerzen, sie waren still, hatten sie nur ihre Häuser eingebüßt, und sie froren erbärmlich, denn der Himmel war klar und die Sonne ließ sich Zeit, bis sie den Platz am Flussufer erreichte.

Der Feuersturm war abgeebbt, aber noch immer brannten die Altstadt, Burg, Pellerhaus, Behaimhaus, Hans-Sachs-Haus, Meistersingerkirche, Frauenkirche, Rathaus … Der komplette mittelalterliche Kern war zerstört, des Reiches Schatzkästlein lag in Schutt und Asche.

Es war bereits später Nachmittag und schon dämmrig. Die Sonne, die sich morgens kurz gezeigt hatte, versteckte sich hinter dichten Wolken. Valentina holte Brennholz für die Küche. Beizeiten hatte Franz die klein gehackten Scheite in die Scheune geschafft und sie zu einem mächtigen Stoß aufgeschichtet.

Die Frau stand auf der obersten Stufe einer wackligen Bockleiter, stapelte sich Scheite auf den Arm und warf sie in den Korb unter ihr. Plötzlich stieg sie herab, leerte den Korb aus, rückte ihn einige Meter weg bis zur Sandsteinmauer, stieg hoch, nahm ein Holzstück in die Hand, zielte, warf und zählte diejenigen, die im Korb landeten. Jedes, das ihn verfehlte, zählte sie dreifach.

Sie zielte genau und die Zeit verging wie im Flug, aber der Korb füllte sich nur langsam. Treffer, Treffer, Niete, Treffer, Treffer ... Je voller der Korb wurde, desto mehr Scheite purzelten heraus.

Valentina ärgerte sich. Sie zog den Handschuh aus, spannte das Scheit zwischen Zeigefinger und Daumen, kniff das linke Auge zusammen. Nun blieben auch die oberen im Korb. Achtundsiebzig zählte sie. Achtundsiebzig Tage, so sagte ihr die Zahl, würde der Krieg noch dauern. Achtundsiebzig Tage musste sie noch überstehen. In achtundsiebzig Tagen durfte sie heim – wenn das Orakel der Holzscheite stimmte.

Zu viele! Erneut stieg sie von der Leiter, leerte den Korb aus, dann zielte und zählte sie weiter, wie eine Besessene. Sie wählte nur große Scheite aus und rückte den Korb näher heran.

Achtundsechzig! Enttäuscht legte sie die Hand auf den Bauch. Sie fühlte seinen Umfang und war sich sicher, dass der Krieg schneller enden musste, als Scheite im Korb lagen. Und sie hatte Hoffnung, denn die Angriffe auf die Städte wurden immer zerstörerischer und verbrecherischer, wie Martin es ihr schilderte.

Die Nachrichten im Feindsender überschlugen sich täglich mit Erfolgsmeldungen der Alliierten. Valentina betete zu Gott, dass die Flieger weiter flogen und die Bomber weiter bombten. Sie betete, dass Julian verschont bliebe und auch das Schuhmacherehepaar. Aber sie konnte nicht wissen, welch entsetzliches Leid die Bomben anrichteten.

Es schneite, als Adam an der Hofeinfahrt hielt und der Nachbarbursche vom Wagen hüpfte. Langsam steuerte der Bauer den Lanz durch das offene Scheunentor. Valentina wich hinter den Holzstoß, neugierig lugte sie durch einen faustgroßen Spalt. Adam zog am Abstellring. Zögernd erstarb der Motor. Umständlich streifte er die Wollfäustlinge von den Händen, öffnete den Helmriemen und legte die Schale auf den Beifahrersitz. Die Wollmütze hing ihm tief in die Stirn. Er nahm sie ab, strich mit den Fingern durch das verklebte schüttere Haar, dann setzte er sie wieder auf.

Reglos saß der Bauer auf dem Sitz. Den Mantelkragen hochgezogen bis zu den Ohren starrte er die Sandsteinwand an, die Augen ausdruckslos und glasig, gerötet von Rauch und Staub. Nur der Kiefer bewegte sich und schob die untere Zahnreihe auf die eingezogene Lippe.

Valentina erkannte ihn kaum, so sehr war das Gesicht verschmutzt, die Backen eingefallen, die Stirn faltig. Um Jahre schien er gealtert.

Erst als die schwarz-weiße Katze miauend um das Vorderrad schlich, den buschigen Schwanz hochstellte und zu schnurren begann, stieg er ächzend vom Sitz, streichelte das Tier am Schwanzansatz, ließ das Wasser aus dem Kühler und stapfte hinüber ins Haus. Das Essen, das ihm Marie auf den Tisch stellte, rührte er nicht an.

Schweigend lag er nachts im Bett. Er starrte an die dunkle Decke. Marie konnte nicht einschlafen, obwohl er nicht schnarchte.

„Adam", sagte sie sanft. „Was war denn los in der Stadt?"

„Zusammenghaun habn sie sie halt."

Als sie weiterfragte, wurde er wütend. Da schwieg sie und er starrte wieder an die Decke.

In den nächsten Tagen machte Adam seine Arbeit, aber er ging nicht ins Wirtshaus. Saß er auf der Küchenbank, lauschte er den Schritten des Ortsbauernführers. Glaubte er sie zu hören, presste sich ihm der Magen zusammen.

Erst als er mit Valentina den Saustall ausmistete, taute er auf. Es stank fürchterlich im Stall. Die Schweine sprangen aufgeregt von einer Ecke zur anderen. Valentina fürchtete sich.

„Brauchst keine Angst habn, Mädel. Ich pass schon auf, dass sie dich nicht fressn."

Still lächelte sie, ohne aufzusehen. Umständlich gabelte Valentina den losen Mist auf den Schubkarren. Adam schaufelte die aufgetürmten Kothaufen aus der Ecke.

„Siehst, Säue sind viel gscheiter und sauberer als die Leut. Sie machn ihr Geschäft immer in die gleiche Ecke. Säue sind keine Säue."

Selbstbewusst sah Valentina Adam in die Augen. „Bauer wieder reden?"

„Warum?", fragte er überrascht.

„Bauer drei Tage nix sprechen. Bauer krank?"

„Weißt", meinte er mit ruhiger Stimme. Mit dem Zeigefinger deutete er an die Decke. „Die da oben, diese Teufel, machn alles kaputt. Die lassn ihre Bomben runterfalln und die ganzen Leut in den Häusern verbrennen. Die machn nur die Klappen auf und dann sinds wieder fort. Und die Leut können doch nix dafür. Die habn doch nix gmacht." Tränen standen ihm in den Augen. Seine Stimme stockte. Er nahm die Schaufel und schaufelte schneller als zuvor, dabei wandte er Valentina den Rücken zu.

Sie öffnete ihm die Tür. Adam schob den vollen Karren durch die Öffnung und leerte den Dreck auf den Misthaufen. Sie wartete außen, bis er wiederkam.

„Aber warum nix aufhören diese Krieg? Warum deutsche Mann erst aufhören, wenn alles kaputt?“

Adam zuckte mit den Schultern. „Die Großen gebn an, nicht die Kleinen.“

Valentina nahm ihren ganzen Mut zusammen. „Aber wenn Kleine nix machen, was Große wollen, dann doch nix Krieg?“

Adam stützte sich auf die Schaufel und überlegte. Dabei sah er ihr ins Gesicht. Seine Augen blieben wie festgeklebt an den ihrigen hängen.

Sie erschrak. Es war genau dieser Blick, den Männer bekamen, wenn sie mehr von Frauen wollten als nur reden. Rasch gabelte sie weiter und Adam schaufelte weiter.

Die Tür ging auf. Marie kletterte übers Gatter und nahm Valentina die Gabel aus der Hand. „Kannst der Großmutter in der Küche helfn, das Einstreun mach ich selber.“

Die Schweine umringten die Bäuerin, sie ließen sich von ihr streicheln und rannten nicht mehr aufgeregt hin und her, denn die Bäuerin war es, die ihnen täglich zu fressen brachte. Marie freute sich, sie redete mit den Tieren, als wären es Menschen. Und Adam schaufelte schweigend den Mist auf den Karren.

Am 20. Februar musste er wieder mit der Feuerwehr los. Am späten Vormittag heulten die Sirenen, lange nach den Hunden. Ein Heer von Maschinen flog von Westen auf die Stadt zu.

„Kieseldonnerwetter“, fluchte Adam, als er den Ortsbauernführer hörte. Doch er trug bereits seine Uniform und hatte den Bulldog hergerichtet.

Der Kradfahrer wies den Feuerwehrleuten den Weg nach Nürnberg über die Nürnberger Straße in die Nähe des Bahnhofes. Sprengbomben hatten die Südstadt und die Gleisanlagen verwüstet. Die ganze Nacht kämpften die Feuerwehrleute mit den Flammen. Ein aussichtsloses Unterfangen. Neue Brandherde flackerten auf, fortwährend stürzten Wohnhäuser und Industriegebäude in sich zusammen. Aus der ganzen Region stießen immer neue Wehren hinzu. Bergepanzer schoben den Schutt von den Straßen und schafften einen Korridor. Adams Truppe löschte in der Nähe des Opernhauses, doch die meisten Männer schaufelten mit bloßen Händen, um Verschüttete zu bergen.

Am 21. Februar, kurz vor Mittag, heulten erneut die Sirenen. Die Helfer ließen ihre Schaufeln und Pickel fallen; sie rannten um ihr Leben. Ein Obmann schickte Adam und die anderen Feuerwehrleute zum großen Bahnhofsbunker. Unzählige Menschen drängten, zerrten, kreischten am Eingang und versuchten, sich Platz zu verschaffen.

Plötzlich teilte sich die Menge. SS-Männer in schwarzen Ledermänteln und mit Helmen prügelten einige schäbig gekleidete Zwangsarbeiter die Stufen hoch und trieben sie ins Freie. „Dort könnt ihr verrecken, ihr Hunde“, brüllte ein breitschultriger Unterscharführer.

Ein auffälliger junger Mann mit einer Nickelbrille und einem Leberfleck im Gesicht, eingehüllt in einen abgetragenen schwarzen Mantel, wagte es, sich zu wehren.

„Warum nix Bunker?“, fragte er verzweifelt. „Ist Platz. Warum? Warum?“

„Halts Maul, du Hund!“, schrie ihn der SS-Mann an. Mit dem Knüppel schlug er auf ihn ein.

Der Mann fiel zu Boden, raffte sich wieder auf und sackte auf die Knie. „Bitte, bitte ...“

„Schau dass du weiterkommst, du Sauhund!“, brüllte der SS-Mann, holte aus und trat nach dem Knienden.

Mit schmerzverzerrten Zügen erhob sich der Bursche und wankte zu den anderen Zwangsarbeitern auf die Straße. Die

Menschen strömten an ihnen vorbei in den schützenden Bunker.

Adam stand mit ohnmächtiger Wut daneben, aber er schwieg. Die ganze Zeit, als die Einschläge krachten, die Mauern erzitterten und Putz von den Wänden fiel, als das Licht erlosch und neue Einschläge folgten, als die Leute den Atem anhielten und das Vaterunser murmelten, während die Luft von Rauch geschwängert immer heißer wurde, dachte Adam an die Draußengebliebenen. Er schämte sich für sein Schweigen; so sehr, dass er die Angst vergaß.

Als die Einschläge aufhörten und die Feuerwehrleute den Bunker verließen, hatte der Bulldog Feuer gefangen, das Vorderrad brannte lichterloh. Adam warf seinen Uniformkittel über die Flammen. Der Geruch von verbranntem Gummi stieg ihm in die Nase, der Reifen war an einigen Stellen angesengt, aber noch hielt er die Luft.

„Kieseldonnerwetter", fluchte er, „den brauch ich doch noch!"

Als Adam am Abend erschöpft nach Hause kam, stand ihm die Verzweiflung im Gesicht. Diesmal wollte er nicht schweigen. Beim Abendessen, vor der Familie, vor Valentina, den Saarländern, Franz und der Magd, erzählte er von dem Erlebten. Erst stockend, dann fanden sich die Worte ganz von selbst. „... und die Nazi habn die Russen einfach raustriebn. Wie Vieh habn sie sie gschlagn, wie Vieh. Mit Prügeln. So ein junger Bursche mit einem Muttermal auf der Backe ist vor dem Teufel auf die Knie gfalln und hat gwimmert. Wie ein Hund hat er gwimmert. Die Hände gfaltet wie ein Bettler. Aber die habn die Leut raustriebn zu den Bomben. Dabei war im Bunker genug Platz für alle, war doch genug Platz für jeden."

Valentina wurde bleich. „Julian? Um Himmels willen.

Julian." Sie vergaß ihre Vorsicht. Ihr verzweifelter Blick traf Adam unerwartet. Er schaute in ihre wässrigen Augen. Sofort hörte er auf zu reden.

„Welche Kleider haben diese Mann? Schwarze Mantel, lange schwarze Mantel?" Valentinas Stimme klang leise und leer, die Lippen bewegten sich kaum, während sie redete.

Adam besann sich. „Na ja, einen schwarzen Mantel hat er, glaub ich, anghabt. Ja, ich denk schon."

„Und runde Brille, mit verbogene Draht?"

Adam kratzte sich in den Haaren. „Eine Brille hat er auch ghabt. Ob sie verbogn war? Kann ich nicht sagn. Warum? Was ist mit ihm?"

Valentina errötete, sie sah zu den neugierigen Saarländern, die nichts von ihr wissen durften. „Hab mal in Stadt gearbeitet. Mann mit Fleck auf Wange bei Nachbar arbeiten in Fabrik."

„Wo hast denn da gearbeitet?", fragte Kaspar neugierig.

„Kaspar!" Marie warf ihm einen strengen Blick zu. Eine Weile schwiegen alle. Dann klapperten Messer und Gabeln auf den Tellern und der Eichentisch knarzte unter dem Gewicht der Arme, die sich auf ihn stützten.

Nach einer Weile berichtete Adam weiter. Die schwarz-weiße Katze, die sich in die Küche geschlichen hatte, sich um sein Hosenbein wand und leise schnurrte, bemerkte er nicht.

Die Flucht

Seit einigen Tagen strömte milde Frühlingsluft ins Land und überzog Wiesen und Felder mit einem grünen Schimmer. Obwohl die Erde bereits abgetrocknet war und die hellen Kämme zur Frühjahrssaat lockten, blieben die Eggen und Sämaschinen in den Scheunen. Denn es war noch eine Woche Februar. Oft genug kehrte der Winter zurück und zerstörte die frühe Saat.

An diesem Sonntag saß Valentina hinter einem Holzstoß im Garten. Sie beobachtete die Hühner, die in der Erde wühlten und sich den feinen Sand zwischen das Gefieder streuten. Laut gackernd versuchten sie sich gegenseitig von den ergiebigen Sandlöchern wegzuscheuchen. Immer wieder schlüpften sie durch ein Loch im rostigen Maschendrahtzaun, um auf dem Nachbargrundstück nach Würmern zu graben.

Valentina streckte die Beine aus. Ihr Bauch wölbte sich wie eine kleine Kugel unter ihrem Kleid und zeichnete sich in dieser Stellung deutlich ab. Sie genoss die Sonne, die Wärme entspannte sie, aber sie blieb wachsam.

Vor ihr bauten Stare bereits Nester in die Mauerlöcher am Scheunengiebel. Überall herrschte emsiges Treiben, überall richtete sich die Natur für den Nachwuchs. Bald mussten die ersten Schwalben kommen, dachte sich Valentina. Schnell war die Zeit vergangen, aber der Krieg dauerte noch immer an. Als sie Martin durch das Scheunentor kommen sah, zog sie die Beine an und spannte ihr Kleid über die Knie.

Martin schlenderte über das spärliche Gras zum alten Apfelbaum. Er betrachtete die kahle Krone. Ein zahmes Huhn setzte sich vor seine Füße, streckte den Kopf und spreizte die Flügel, bereit für den Hahn. Der Bub bückte sich und nahm das Federvieh an die Brust. Zärtlich streifte er mit der Hand über das weiche Gefieder.

„Na, hast dein Ei schon glegt, Anita?“ Dann hob er Anita auf einen kräftigen Ast über seinem Kopf. Seine Lippen formten sich zu einem schelmischen Grinsen. „Irgendwann“, sagte er, „wirst das Fliegen schon noch lernen.“

Er ging einige Schritte zurück, zwickte die Hände zwischen die breiten Hosenträger und zog die dicke Manchesterhose hoch, bis sie am Gesäß spannte. Als das Huhn um Gleichgewicht rang und verzweifelt mit den Federn zu schlagen begann, dabei aufgeregt gackerte, lachte Martin frech. Immer wieder ließ er die Hosenträger auf das karierte Hemd schnalzen.

„Was du machen, du Lausbub?“ Valentina hatte ihn beobachtet und er wusste es. Gerne setzte er sich zu der Frau in den Sand und lehnte sich an den Stoß.

„Huhn nix gut denken von dir!“, schimpfte Valentina.

Martin zuckte mit der Schulter. „Die ist bloß zu faul zum Fliegen.“

„Hat sie Name?“

„Anita.“ Wieder grinste er schelmisch. „Wie die Magd.“

Valentina schwieg, sie legte den Kopf nach hinten und atmete tief durch. Dann sah sie dem Buben tief in die Augen. „Martin, deine Eltern mich fortschicken, wenn ich was machen, was nix gut?“

Martin lächelte. „Warum, hast was ausgfressn?“

„Nix, nix, aber wenn doch?“

„Mutter würde nie wen fortschickn.“

„Und Vater?“

Der Bub überlegte länger. „Der muss machn, was Mutter will.“

Beide lachten laut. Erschrocken hüpften einige Hühner aus den Sandlöchern und suchten zeternd das Weite.

Valentina zog die Strümpfe aus, mit der großen Zeh malte sie ein Herz in den Sand. Martin blickte die Frau mit großen Augen an. „Bist wohl verliebt?"

„Warum?"

„Weil du ein Herz in den Sand malst."

„Ist doch Apfel", sagte sie leicht gerötet, dann lachten beide wieder von Herzen. „Lachen so schön, warum Menschen Krieg machen? Krieg nix lachen, nix Sonne sehen, nix Grün sehen auf Wiese, nur kaputt machen alles, was gut." Wehmut lag in Valentinas Augen, ihr Atem ging schneller, die Zehen bohrten sich in den Sand. „Martin", fragte sie erneut, „wissen Neues von Kasten in Stube?"

„Ja freilich." Martins Augen blitzten auf. „Neulich sind die Amis bei Oppenheim mit Panzern – hat der Sprecher gsagt – durch den Rhein gschwommen und das Letzte, was ich ghört hab, ist, dass sie bei Hanau und Aschaffenburg den Main erreicht habn."

„Wo Aschaffenburg?"

„Nicht mehr weit weg, glaub ich. Mutter hat gmeint, das ist bei Würzburg."

„Wo sein Würzburg?"

„Ganz nah. Mutter meint, dass es nimmer lang dauert …"

Valentina atmete tief durch. Sie zog die Fußspitze aus dem Sand und malte ein neues Herz. An der Oberseite wischte sie einen Stiel hin. Martin rutschte ungeduldig auf dem Hintern hin und her, dann sagte er: „Hast mir doch noch was erzähln wolln."

„Was denn?"

„Na, wie du damals abghaun bist."

Valentinas Lächeln gefror. Sie überlegte eine Weile, langsam tauten ihre Gesichtszüge wieder auf. „Meinetwegen." Ihre Gedanken wanderten zurück …

An jenem sonnigen Morgen am 5. September 1944 brachte Valentina die Augen kaum auf, als Ludmilla sie kräftig rüttelte. „Los auf, oder willst hierbleiben."

Valentina schoss hoch und streckte sich. Als die anderen zur Barackentür drängten, reichte sie Ludmilla einige zerknüllte Geldscheine. Die Freundin sah sie überrascht an. „Bist todkrank, oder was soll das? Das reicht ja mindestens fünf Wochen."

Valentina nahm Ludmillas Finger in die Hand und drückte sie fest zusammen. „Nimm es. Meine Schuhe klaffen auf. Ich will nicht alles auf einmal verlieren."

Der Appell ging rasch vorüber. Nach der Essensration teilten die Aufseherinnen die Gruppen ein und führten sie hinter den hohen Zaun, wo die Posten bereits warteten. „Flachsdrescherinnen zu mir." Steigleder winkte die Erntehelferinnen zu sich.

Ludmilla reagierte und zog Valentina am Ärmel. Geschwind schlossen sie sich der gestrigen Gruppe an. Valentina war nun hellwach und innerlich unruhig. Immerfort schluckte sie den Speichel hinunter, der sich wie ein Kloß in der Mundhöhle sammelte.

Steigleders Gewehr hing lässig wie ein Holzprügel über seiner breiten Schulter. Der Uniformrock war verknittert, die Lederstiefel wie üblich mit Jauchespritzern behaftet.

Mit langen Schritten trieb er die Zehnergruppe bis zur breiten Straße. Als das Lager nicht mehr zu sehen war, drosselte er das Tempo. Gemächlich marschierte er die Steigung hoch in Richtung Feld.

Aufmerksam wanderten Valentinas Augen umher. Jeden Busch, jede Hecke, Feldwege, Abzweigungen, Hohlgassen, Feldgehölze, die breite Straße, das Dorf auf der Höhe, seine Häuser, seine Scheunen, die Wege, die vom Dorf hinüber in den Wald führten, versuchte sie sich einzuprägen. Dabei murmelte sie leise vor sich hin.

Ludmilla bemerkte ihre Abwesenheit. „Valentina, was ist los, wo hast deinen Kopf?“

Valentina reagierte nicht, ihr Blick richtete sich auf den Weiher, auf das dichte Schilf an seinem Ufer.

„Möchtest gern baden, oder?“ Ludmilla redete deutlicher.

Valentina erschrak, als hätte man sie bei etwas Verbotenem ertappt. „Was willst du?“ Ihre Stimme klang bleiern und unnatürlich.

„Nichts“, sagte die Freundin beleidigt und schwieg. Valentina fing wieder an zu murmeln.

Die Frauen arbeiteten längst auf dem Feld, als Steigleder sich angeregt mit der Bäuerin unterhielt. Sie gingen zu einer von Unkraut überwucherten Stelle, rissen einige Büschel heraus und berieten. „Mir fehlt die Zeit“, jammerte die Bäuerin. „Hab den Stall und die Kinder und der Kriegsgefangene versteht nix vom Flachs.“

„Ach“, beruhigte sie Steigleder. „Dein Mann kommt doch bald wieder zurück. Irgendwann ist der Scheißkrieg aus, dann brauchns auch keinen Flachs mehr.“

„Hab keinen gwollt“, schimpfte die Frau. „Gezwungen habns mich dazu. Und jetzt ist alles verkrautet.“

Steigleder zog eine Nutzpflanze heraus und streifte sie durch die Finger. Kleine Samen kullerten in die hohle Hand. „Aber schöne Körner hat er. Glaub mir, die Russinnen bringen dir die Ernte schon heim.“

Die Frau machte eine abfällige Handbewegung. „Schau sie dir halt an, sind doch nur Haut und Knochen. Die habn doch schon zu tun, dass sie sich selbst auf den Beinen haltn. Nichts wie Haut und Knochen“, seufzte sie. Dann ging sie zu den Zwangsarbeiterinnen, die sich zwischen Klettenlabkraut,

Melden und Flachsstängeln plagten, denn die Pflanzen hingen fest aneinander, stachen und röteten die Haut.

Die Sonne brannte unbarmherzig auf die Leiber, die Schwüle trocknete die Kehlen und der Schweiß klebte auf der Haut. Der Wind hatte nachgelassen. Die heiße Luft stand wie eine Wand auf dem Feld.

Steigleder öffnete die Hand und ließ die Samen auf die Erde purzeln, dann suchte er sich ein schattiges Plätzchen unter einem Holunderbusch und legte das Gewehr auf die Seite. Bald schlief er tief und fest. Schon früh am Morgen hatte er aus den Federn steigen müssen, um den Stall zu misten und mit seiner Frau die Kühe zu melken.

Immer wieder sah Valentina auf und musterte den Schlafenden, der anders als Simon überhaupt nicht daran dachte, die Gefangenen zu bewachen.

Bald schon zog die Altsitzerin einen Milchwagen über das Feld und versorgte die Frauen mit frischem Wasser. Mittags und abends brachte sie reichlich zu essen und erneut einen großen Korb mit saftigen Zwetschgen.

„Iss nicht zu viel“, warnte Ludmilla, „sonst pfeift es dir alles hinten raus.“ Ludmilla wollte reden. Jetzt, wo sie reden konnte, so viel sie wollte, wo sie niemand überwachte, blieb Valentina abwesend und kühl. Nach einer Weile wandte sich Ludmilla endgültig ab und gesellte sich zu den anderen.

Zum Abendbrot hatten sie ein von außen nicht einsehbares Plätzchen im Feld freigeschnitten und setzten sich im Kreis. Nur Steigleder blieb am Feldrand. Der Bäuerin hatte er geraten, sich nicht erwischen zu lassen, wenn sie für Essen sorgte. Die Frauen zu verpflegen war strengstens verboten, nur was er nicht sah, war erlaubt.

Die Bäuerin breitete eine Decke auf den Boden und reichte gekochte Kartoffeln, Butter und einen frisch gebackenen Laib

Brot, der so herrlich duftete, dass Ludmilla glaubte, er stamme aus dem Paradies.

Valentina hatte keinen Appetit. Sie zwang sich zu essen, weil sie musste, wollte sie nicht verhungern, aber der Magen wehrte sich.

Es dämmerte schon leicht, als sie sich aufrafften. Steigleder schwang sein Gewehr über die Schulter und pfiff. Sofort stapften die Frauen zum Feldweg. Valentina stolperte hinterher. Sie alle waren müde von der schweren Arbeit und vom reichlichen Essen. Die süßen Zwetschgen blähten ihre Bäuche auf.

Steigleder murrte: „Wird ja Mitternacht, bis wir heimkommen. Schneller!“, rief er von hinten. Er dachte an seine Kühe und an seine Frau, der er die Arbeit nicht allein überlassen wollte.

Steigleder verlor die Geduld. Mit weit ausholenden Schritten ging er nach vorn und trieb die Frauen an. „Na los, jetzt wird Gas gegebn, hab schließlich noch Arbeit zu Haus.“

Immer wieder drehte er sich um. Nun war er zufrieden, denn die Frauen blieben dicht hinter ihm.

Während der Posten seine Arbeit im Stall plante und an das Grummet dachte, das seine Frau und der Vater mittags aufgeladen hatten, das er noch in den Heuboden gabeln musste, ließ sich Valentina zurückfallen.

Ludmilla war sauer, beleidigt ging sie der Freundin aus dem Weg. Trotzig blieb sie hinter Steigleder, der sich kaum noch umblickte.

Niemand bemerkte, dass Valentina nun schon einige Meter nachhinkte. Sie musste sich fast übergeben, so aufgeregt war sie, so heftig schlug ihr Herz, so fest presste es ihr den Magen zusammen. Der Wald kam in Sichtweite, kurz vorher der binsenumsäumte Weiher. Die Bäume warfen lange Schatten, die

Hitze hatte nachgelassen. Kein Laut, kein Tier war zu hören, nur die gedämpften Schritte der Gruppe.

Noch wenige Meter. Valentina musste sich entscheiden. Gleich kamen der Weiher und die Stelle, die sie sich ausgesucht hatte. Dort, wo die Böschung, mit hohen Brennnesseln bewachsen, flach bis zum Wasser abfiel. Dort wollte sie sich hineinfallen lassen und hoffen, dass es niemand sah.

Jetzt. Sie blieb einen Moment stehen und beobachtete den Zug. Keiner drehte sich um. Ein kurzer Sprung. Sie rollte sich auf die Seite. Es raschelte kurz, dann glitt der Körper in die Brennnesseln. Valentina setzte sich auf und lauschte. Die Schritte hallten weiter, wurden leiser. Stille. Nur einige Frösche quakten auf der anderen Seite.

Als die Anspannung wich, übergab sie sich. Sie begann sich zu kratzen, die Haut an Armen und Beinen war gerötet von den Nesseln. Aber sie verharrte weiter im Dickicht.

Bis zur Dunkelheit wollte sie warten, knapp neben dem Weg. Wenn Steigleder sie suchte, konnte sie sich noch immer bewusstlos stellen, zusammengebrochen von den Strapazen. Steigleder war kein Teufel, wie viele andere im Lager, aber auch er würde sie nicht ungeschoren lassen, dies war ihr bewusst.

Noch vor dem Dorf bemerkte Ludmilla Valentinas Fehlen. Jetzt erst begriff sie ihre Worte: „Die werden mir wehtun. Ich kann nicht mehr." Deshalb also das Geld. „Ach, Valentina", seufzte sie. Ihre beste Weggefährtin hatte sie nun verloren.

Auch die anderen hatten es bemerkt. Obwohl sie wussten, dass fürchterliche Strafen warteten, schwiegen sie. Nur Steigleder ging unbeirrt seinen Weg.

Ein Fuhrwerk ratterte heran. Valentina kauerte im Gestrüpp und hielt die Luft an. Plötzlich raschelte es. Ein langhaariger Köter mit funkelnden Augen, den Schwanz zwischen die Hinterbeine eingezogen, starrte sie an. Valentina streckte den Arm aus und versuchte, ihn zu streicheln. Das Tier wich zurück und begann zu bellen.

„Pscht, pscht“, flüsterte Valentina, „brauchst dich nicht fürchten, ich tu dir doch nichts.“

Der Hund hörte auf zu kläffen, die Frau aber ließ er nicht aus den Augen. Valentina stockte der Atem. Das Fuhrwerk hielt an. Eine raue Stimme kam näher. „Anton, Anton, wo bist denn?“

Ein alter Mann? Valentina überlegte: Sollte sie sich zeigen, vielleicht konnte er sie mitnehmen. Schnell ließ sie es sein. Genau hier würde man sie suchen. Wieder fing der Hund an zu bellen. Die Stimme war ganz nah. Durchs Gestrüpp erkannte Valentina braune Schnürschuhe.

„Lass die Fisch in Ruh, du alter Depp“, sagte die Stimme. Das Tier ließ ab, es hüpfte zu seinem Herrn. „Braver Anton.“ Die Schritte entfernten sich, dann setzte sich der Wagen mit der eingespannten Kuh in Bewegung.

Valentina atmete auf, zugleich ärgerte sie sich. Vielleicht hätte sie sich doch zeigen sollen, aber jetzt war es zu spät.

Langsam setzte die Dämmerung ein, die Frösche fingen an zu quaken und die Schnaken surrten um Valentinas Kopf. Sie musste unbedingt weiter. Noch länger zu warten wäre töricht. Steigleder musste längst im Lager sein.

Der kleine Wald, den sie durchquerte, reichte bis nah an die Ortschaft. Vor Valentina lag die breite Straße, die nach Langenzenn führte. Im Heckensaum der Straße versteckte sie sich. Das Gehölz war dicht, von außen kaum einsehbar. Hier wollte sie abwarten bis zur Dunkelheit. Noch immer leuchtete der Himmel glutrot am Horizont, obwohl die Sonne längst untergegangen war. Grillen spielten ihre Musik und dann diese vielen Schnaken. Plötzlich heulte die Lagersirene.

Alarm. Valentina zuckte zusammen. Sie zitterte am ganzen Leib.

Zwei Lastwagen mit Männern und Hunden auf der Plattform rasten die Straße hoch und bogen in den Feldweg ein. Starke Scheinwerfer gingen an. Ihr Lichtstrahl leuchtete in den Wald von Baum zu Baum, schwenkte auf die Fahrbahn, auf die Böschung vom Weiher. Dann wurde es wieder still.

Das grelle Rot am Himmel färbte sich zu einer einheitlichen Schwärze. Nun war es dunkel. Valentina wagte sich aus ihrer Deckung. Rasch kreuzte sie die Straße und lief weit an der Ortschaft vorbei, quer über die Äcker auf den nahen Wald zu.

Der Mond ging langsam im Osten auf. Bald stand er in seiner vollen Größe am wolkenlosen Himmel. Sein Licht verwünschte sie, solange sie den Schutz der Bäume nicht erreicht hatte. Der Rücken schmerzte vom gebückten Laufen. Von panischer Angst getrieben, hetzte sie vorwärts zum Wald, dessen Konturen sie bereits schemenhaft erkennen konnte, doch immer öfter zwang ihr geschwächter Körper sie zum Halten.

Die Arme auf die Knie gestützt presste sie Atem in ihre Lunge. Den Weg, den sie letzte Woche mit Simon ging, hatte sie verfehlt. Dichtes Gestrüpp und Brombeerranken erschwerten das Weiterkommen. Die Dornen zerrissen alles an ihrer Kleidung, was noch nicht zerrissen war.

Endlich stand Valentina mitten im Wald. Gerettet, war sie endlich frei? Erst nach einiger Zeit fragte sie sich, wohin sie überhaupt wollte. Hatte ihr Gefühl sie auf den richtigen Weg geleitet? Krampfhaft überlegte Valentina. Sie brauchte eine Unterkunft, Nahrung, Wärme, Geborgenheit. Vor allem brauchte sie Schutz. Sie brauchte Menschen, die ihr halfen, die sie nicht verrieten, die sie verstanden, die sie nicht hassten und die sie nicht hasste. Doch sie war allein. Um sie herum herrschten Elend und Krieg.

Hundegebell von weit her riss sie aus den Gedanken. Erschrocken hetzte sie weiter, den Mond im Blick, dessen Licht sich durch die Kronen zwängte. Ein ums andere Mal blieb sie stehen und lauschte, ihre Augen wanderten in alle Richtungen. Hinter jedem Busch vermutete sie einen Posten, dessen Köter sie gleich anfallen würde. Dann hörte sie Stimmen und Geräusche, die sie nicht zuordnen konnte, worauf sie noch schneller rannte und stolperte und in immer kürzeren Abständen wieder stehen blieb. Das Herz pochte so heftig, dass sie es an jeder Stelle des Körpers spürte. Am liebsten wollte sie auf den Boden fallen, einschlafen und nie mehr aufwachen.

Ohnmächtige Wut stieg in ihr hoch. Die Hände zu Fäusten geballt, fragte sie sich wie im Krampf: „Warum steh ich hier? Warum nur, warum, warum?"

Die Stille ringsum brachte sie zur Vernunft. Das Hundegebell war verstummt. Die Stimmen und Geräusche hatten sich entfernt. Nun wollte sie wieder weiterleben. Ja, sie wollte leben. Diese Worte sagte sie sich unablässig vor, sie gaben ihr neuen Mut.

Es wurde dunkler. Die Stämme standen enger zusammen, dorniges Gestrüpp versperrte den Weg. Der Waldsaum? Bald musste die Straße kommen, die sie neulich überquert hatten, danach die Äcker mit den Hecken und Feldgehölzen. Den Schutz des Waldes zu verlassen wagte sie nicht, nachdem sie die geschotterte Fahrbahn erkannt hatte. Am Stamm einer knorrigen Eiche verlor Valentina den Halt, kraftlos sank sie auf den moosigen Boden. Erschöpft schlief sie ein.

Die Räder eines Kuhgespannes und eine hohe, laute Stimme weckten sie unsanft. Benommen rieb sich Valentina die Augen. Es war bereits taghell. Sie starrte auf den Wagen, der voll beladen mit frischem Gras dort vorbeifuhr. Er wurde von einer gut genährten, braun-rot gescheckten Kuh gezogen. Ein älterer, hagerer Mann mit einem langen Bart, der den Mund komplett verdeckte, saß auf dem Kutschbock. Hinter ihm lag eine stämmige Frau mit einem giftgrünen Kopftuch. Der Mann redete ununterbrochen und gestikulierte mit den Armen, sie nickte nur und gähnte.

Die Gelegenheit! Valentina zögerte.

Nein! Als sie zum Sprung über den Graben ansetzte, erkannte sie im letzten Moment einen olivgrünen Laster, der mit Soldaten auf der Plattform den Berg heraufkam. Vornweg fuhr ein Kradfahrer, der sich mehrmals umdrehte.

Blitzschnell zwängte sie sich zurück in die Hecke. Sie rührte sich erst wieder, als der Militärlaster das Gespann überholt hatte und nur noch eine schwarze Rauchwolke hinterließ. Zu spät! Das Fuhrwerk konnte und wollte sie nicht mehr erreichen.

Sie hatte Hunger und Durst. Die Gefahr, von der Wachmannschaft entdeckt zu werden, war allgegenwärtig. Gewiss suchte man bereits nach ihr. Auf das offene Feld zu laufen war zu gefährlich, also wartete sie ab.

„… dann ich sehen deine Vater und Mutter. Und ich laufen und beten … und jetzt hier."

Martin war ergriffen. Mit einem Holzstück kratzte er Striche in den Sand. Beide schwiegen.

Mit jämmerlichem Gekreisch und heftigem Flügelschlag stürzte sich das Huhn vom Ast, landete unsanft auf der Wiese, überschlug sich und rannte gackernd davon.

„Siehst", meinte Martin zu Valentina, „die braucht schon noch einige Flugstunden."

Im Hintergrund rief die Bäuerin: „Martin, Martin, wo bist denn wieder?"

Anfangs rührte sich der Bub nicht, dann stand er auf und

streckte sich. Er klopfte sich den Staub vom Hosenboden und sagte: „Schad, wenn du bald nicht mehr da bist."

Valentina erschrak. „Wie du meinen?"

Martin war schon unterwegs, er drehte sich kurz um. „Na ja, wenn der Krieg vorbei ist, wirst doch wieder nach Haus wolln, oder?"

„Nach Haus ..." Ein wehmütiger Seufzer kam über ihre Lippen. „Ist schon so lange her." Behäbig streckte sie die Beine von sich und nickte kurz darauf ein.

Während sich das Kleid wieder eng an den Bauch schmiegte, kehrten langsam die Hühner zurück und badeten in den Sandlöchern vor ihren Füßen.

Valentina bemerkte nicht, dass sich die Sonne hinter eine Wolkenwand verzog, dass es kühler wurde, und sie hörte auch nicht die Stimmen der Männer, die sich hinter dem Zaun angeregt unterhielten, denn sie schlief nun tief und fest.

„Brauchst es wirklich nicht mehr?", fragte Denzler den alten Müllerbauern. An der Scheunenwand lehnte ein eisenbereiftes Holzrad, von Gestrüpp umwuchert.

„Nimms ruhig", sagte der knorrige Bauer. „Seit mein Bub gfalln ist, liegt mir nichts mehr dran. Nimm das Rad. Ich hab keine Verwendung mehr dafür. Mein alter Bindermäher ist eh kaputt und zum Richtn hab ich kein Geld. Nimms ruhig, das alte Rad. Wirst es schon brauchn können."

Denzler reichte ihm einen Geldschein, doch der schmächtige weißhaarige Mann winkte ab. „Will kein Geld für das alte Zeug. Kanns nicht mehr brauchn. Steht nur im Weg rum."

Denzler steckte das Geld wieder ein. Scheinheilig fragte er: „Lässt dich gar nimmer sehn, ins Wirtshaus gehst gar nimmer? Wie gehts dir denn?"

Der alte Müller verzog das Gesicht. „Na ja, man lebt halt so dahin, was willst denn sonst machn?"

Denzler rollte das Rad ein Stückchen, aufmerksam betrachtete er die Speichen. „Sind morsch. Macht mir viel Arbeit, es zu richtn. Na ja .... Also Ade und Dankschön einstweilen."

Der Bauer plagte sich, die wuchtige Nabe brachte das Rad in ein Ungleichgewicht. Bereits am Maschendrahtzaun machte er eine Pause.

Neugierig studierte er das Nachbargrundstück, die vielen Obstbäume, den Stadel, den Hühnerstall und den ansehnlichen Holzstoß, der gewiss das Doppelte des eigenen maß. Als er die schlafende Magd erblickte, rieb er sich ungläubig die Augen. Er starrte ein zweites Mal auf den ausgestreckten Körper, dessen Bauch sich so ungewöhnlich wölbte. Zwar bei Weitem nicht so sehr wie der seiner Margarete, als sie sich damals in anderen Umständen befand, aber immerhin ...

Eine böse Ahnung überkam Denzler. Mit neuem Schwung rollte er das Rad bis zur Hofeinfahrt, dann ging es nur noch bergab.

Valentina spürte auch die ersten Regentropfen nicht, sie rollte sich auf die Seite und schlief weiter. Schlimme Träume suchten sie heim, Träume, die sie zurück ins Lager führten, in die Zeit nach ihrer Flucht ...

Ludmilla

Steigleder tropfte der Schweiß von der Stirn, er konnte kaum reden, so sehr regte er sich auf.

Bär kochte vor Wut und ließ ihn strammstehen. „Bis morgen früh hast Zeit, du Taugenichts. Findest das Luder nicht, hat das Vaterland für dich eine bessere Verwendung, dämlicher Hund!“

Die ganze Nacht suchten Hundeführer und ein Teil der Wachmannschaft im Wald, im Flachsfeld, in den Hecken. Den Hof der Bäuerin stellten sie auf den Kopf, durchwühlten die Ställe, das Haus, den Heuboden, stießen mit Gabeln in den Heustock, schimpften, drohten, fluchten, berieten und fürchteten sich vor Bärs Jähzorn. Bevor die Morgendämmerung einsetzte, entdeckten sie die zusammengetretenen Brennnesseln am Weiher, durchsuchten die gesamte Böschung und gaben auf.

Der Appellplatz vor der Frauenbaracke war trotz des Verdunkelungsverbotes hell beleuchtet, als der Suchtrupp zurückkehrte. Nackt standen die Frauen im Hof, Kleidung und Schuhe lagen auf einem Haufen. Ludmilla fehlte, sie war beim Verhör. Die Große mit der Zahnlücke hatte sie verraten. Bär drohte, alle Erntehelferinnen in den Karzer zu stecken, sie aufzuknüpfen, sollte niemand etwas von der Flüchtigen wissen. Ludmilla war ihre beste Freundin.

Zuerst hatten Kapos die Frau durchsucht und das bisschen Hab und Gut in der Baracke gefilzt. Dann führten sie Ludmilla ins Sanitätszimmer und rissen ihr die Kleider vom Leib. Im Saum fanden sie einige zusammengerollte Geldscheine.

Bär trat mit versteinertem Gesicht ein. Sein Atem ging schnell.

„Wie kommt die verdammte Sau zu so viel Geld?“, brüllte er und gab Nastasia ein Zeichen.

Die Aufseherin holte kräftig aus und schlug der gebückten Frau mit dem Ochsenziemer über den Rücken. Anfangs zählte Ludmilla mit, später schrie sie nur noch. Bär stemmte die Hände in die Hüften und machte die Beine breit. Seine Schirmmütze hing ihm tief ins Gesicht.

„Wo ist sie untergetaucht? Du weißt es doch genau? Ihr seid doch immer zusammengesteckt?“

Nastasia übersetzte. Ludmilla wimmerte. Immer wieder schüttelte sie den Kopf. Bär gab ein Zeichen, abermals schlug die Aufseherin zu.

„Was ist mit dem Geld? Wo hast du das Geld her? Ihr Drecksweiber braucht kein Geld zu haben. Wo hast du es her?“ Ludmilla fing an zu reden. Die Aufseherin übersetzte.

„Von Valentina hab ich es. Sie hat es mir gegeben. Es ist von Valentina, von Valentina.“

Bärs Gesicht entspannte sich. „Na, es geht doch. Warum hat sies dir gegeben? Wen wolltet ihr bestechen?“

„Niemand. Sie hat es gehabt. In ihrem Schuh hat sie es gehabt. Sie war doch Schuhmacherin. Da hatte sie es versteckt.“

„Und warum hat sies dir gegeben, warum braucht sie es nicht selbst? Die ist doch nicht blöd, oder?“

Ludmilla richtete sich wieder auf, der Rücken brannte wie Feuer, aber der schlimmste Schmerz hatte nachgelassen. „Ich weiß es nicht, sie hat es mir nicht gesagt.“

Bär nickte zu Nastasia.

„Nicht schlagen“, flehte Ludmilla. „Bitte, nicht mehr schlagen, ich sag doch alles, was ich weiß.“

Der Kommandant setzte sich auf den Stuhl, das eine Bein legte er auf das andere. „Na los, bin ganz Ohr …“

Bis zum Morgengrauen dauerte das Verhör.

Als Bär die beiden Lastwagen hörte, die vor dem äußeren Zaun hielten, sprang er vom Stuhl und eilte ans Fenster. Zu Nastasia sagte er: „Lass morgen früh den Doktor drüberschauen. Soll ihr Schnaps zu saufen geben, dann steckt sie in den Karzer. Morgen Abend wird sie aufgeknüpft."

Im Wachhof brüllte er zu den Leuten, die müde von der Pritsche stiegen: „Wo ist dieser Bauernlümmel, dieser Sauhund?"

Steigleder kam im Laufschritt und stieß die Hacken zusammen. Den Arm hob er zum Gruß. „Heil Hitler, Untersturmführer."

Bär schob die Mütze nach hinten, dem Posten sah er tief in die Augen. Steigleder blickte auf den Boden, Hände und Beine zitterten. Bär sprach leise und langsam. „Das hat ein Nachspiel, Posten. Das Vaterland braucht keine Versager."

Dann ging er zu Wagner, der seinen Hund in den Zwinger führte. „Lasst später, wenn es hell ist, die Hitlerjugend antanzen, die sollen den Wald und jedes Gehöft aufs Genaueste durchsuchen. Ihr geht dann noch mal mit den Hunden. Und findet mir dieses Weib, Wagner. Ist mir was wert."

Bär lag noch im Bett und schlief, als früh am Morgen der Doktor ins Sanitätszimmer kam. Die Uniformjacke legte er über den Stuhl, die Mütze auf den Tisch. Er streifte die verschwitzten dunkelblonden Haare nach hinten und rieb sich an der Nase. Auf seiner rundlichen Stirn bildeten sich Falten. Der schmalschultrige Fünfzigjährige schüttelte den Kopf, als er Ludmillas Rücken betrachtete.

„Das ist ja wie im Schlachthaus", brummte er. „So kann das nicht weitergehen, die werden ja zusammengehauen, dass ich mit dem Flicken nicht mehr nachkomm." Er machte sich Notizen in sein Buch, steckte es in die hintere Hosentasche und ging nachdenklich hinaus.

Noch am selben Tag eilte der Doktor hinunter ins Langenzenner Krankenrevier nahe der Kirche. Sein Blick war ernst, als er in seiner Stube den Telefonhörer in der Hand hielt und die Nummer seines Vorgesetzten wählte. Eindringlich beschwerte er sich über den Lagerkommandanten und seine Exzesse im Lager.

Unterdessen führte Nastasia Ludmilla zum Karzer, einem fensterlosen, drei Mal fünf Meter großen Raum von der Form eines Backofens, zwischen den Latrinen des Männerlagers und der Frauenbaracke gelegen. Sie gingen an den Sträflingen vorbei, die noch immer auf dem Appellplatz verharrten, von denen einige bereits wankten, in die Knie sackten und von den Aufseherinnen wieder hochgeprügelt wurden.

Nastasia fesselte Ludmilla die Hände am Rücken, sie öffnete das Vorhängeschloss einer massiven Holztür und stieß die Frau in das schulterhohe Verlies. Nur flüchtig erkannte Ludmilla einige armlose Wesen, die näher kamen. Die Tür fiel ins Schloss, sofort war es stockdunkel.

Stinkende Leiber umringten Ludmilla, die sie ins Innere drängten. Sie stolperte über röchelnde Gestalten, die bereits am Boden lagen und nach Luft schnappten. Gestalten, die keine Kraft mehr fanden, sich an die Tür zu kämpfen – dorthin, wo durch einige Bretterritzen das bisschen Luft strömte, die dieses Verlies speiste. Der Gestank und die Ausdünstungen machten auch Ludmilla panisch.

Die Tür ging auf. Schüsseln mit Suppe wurden auf den Boden gestellt. Die Hinteren drängten heran, doch die Vorderen stemmten ihre Körper dagegen. Sie knieten vor den Schüsseln und fraßen wie Schweine aus dem Barren. Später öffnete sich erneut die Tür. Funktionshäftlinge zerrten die Toten hinaus und verlängerten den Halbtoten das Leben um ein paar Atemzüge frischer Luft.

Ludmilla schnaufte schwer, als man sie am Abend holte und ins Sanitätszimmer schaffte. Die Aufseherin schloss die Handschellen auf und brachte ihr eine belegte Semmel und eine Kanne Tee. Dann führten sie Ludmilla in ein Dienstzimmer und boten ihr einen Stuhl an. Ein Beamter schob einen Zettel über den Tisch.

„Unterschreiben", sagte er freundlich, drückte ihr einen Federhalter in die Hand und deutete mit dem Zeigefinger auf die leere Stelle unter dem Text.

Ludmilla zuckte mit den Schultern. Fragend sah sie den Mann an. Er beugte sich über den Tisch und simulierte eine Unterschrift an der gewünschten Stelle. Als sie ihn erneut anblickte, nickte er ihr freundlich zu. Ludmilla unterschrieb.

Die Aufseherin schob die Verurteilte vor die Baracke, legte ihr die Handfesseln wieder an und führte sie in den vorderen Hof des Männerlagers.

Bär stand abseits, die Hände am Rücken gekreuzt. Die Zunge arbeitete im Mund. Zwischen den Schneidezähnen streifte der Fingernagel des Zeigefingers eine Fleischfaser heraus. Bär spuckte aus, dann spuckte er ein zweites Mal ein Stückchen weiter und schätzte die Entfernung.

Die Aufseherin führte Ludmilla einige Stufen hoch auf ein Podest mit einer Falltür. Hinter ihrem Rücken befand sich ein senkrecht im Boden verankerter wuchtiger Balken mit einem weit vorragenden Querbalken an der Spitze, verstrebt durch im Dreieckverbund angeschraubte Bohlen.

Ein Schwarm Spatzen flog kreischend davon und setzte sich auf den Zaun nebenan. Zwei Funktionshäftlinge traten vor. Ludmilla legten sie einen dicken Strick um den Hals, der am oberen Querbalken durch eine Laufrolle führte. Langsam zogen sie die Schlinge zu, bis sie die Haut berührte. Ihre Augen blickten fragend zu Bär.

Der Kommandant schüttelte den Kopf. „Zieht sie hoch“, sagte er. „Saboteure sterben langsam, Fluchthelfer noch langsamer.“

Nastasia übersetzte. Das Seil spannte sich, es ächzte, als es über die Laufrolle glitt. Und die Spatzen auf dem Zaun sahen neugierig zu.

Gleichzeitig ging die Sonne am glutroten Horizont unter. Auf beiden Seiten der Halbkugel bildeten sich zwischen Schleierwolken kleine Haloringe mit den Farben des Regenbogens, die spärlich leuchteten, bis sie schließlich die Nacht verschluckte.

Im kleinen Bauernhof im Langenzenner Ortskern brüllten die Kühe. Sie verlangten nach Futter, die Euter drückten, aber es ließ sich kein Mensch im Stall blicken. Nur der alte Vater putzte das Fell.

Laute Stimmen drangen vom Haus herüber. Steigleders Frau schimpfte. Sie wollte sich kaum beruhigen.

„Was hast bloß gmacht, du Trottel, du elender Trottel! Was hast bloß gmacht? Wie kann man bloß so dumm sein? Und wir dürfns ausbadn.“

Hektisch rannte die rothaarige stattliche Frau mit der blauen Schürze und den zu einem Dutt gebundenen Haaren von einem Zimmer ins andere und wusste in keinem, was sie wollte.

Der kleine Bub brüllte in der Küche, obwohl ihn die Großmutter auf dem Schoß hatte. Das ältere Mädchen wich dem Vater nicht von der Seite.

„Du Trottel, du elendiger!“ Die Rothaarige warf eine lange Unterhose und zwei Paar Strümpfe neben Steigleders Tornister. Außer sich huschte sie ins nächste Zimmer. „Nimmst deine Wollfäustlinge mit?“, fauchte sie herüber. Steigleder gab keine Antwort. „Ich hab dich was gfragt!“, schrie sie noch lauter.

Das Mädchen klammerte sich an Steigleders Bein. Als die Mutter die Stiege hoch in den Dachboden lief, fragte sie den Vater: „Musst lang fortbleibn, Papa?“

Der Vater zuckte mit den Schultern. Seine Augen wurden feucht. „Ich denk nicht“, sagte er mit tränenerstickter Stimme. „Der Krieg ist doch bald vorbei.“

Steigleder steckte die lange Unterhose, die Strümpfe und die Wollfäustlinge in den Tornister, dann bückte er sich und drückte das Kind fest an sich. Er spürte seine Wärme, gleichzeitig lief es ihm eiskalt den Rücken hinunter.

Er ging in die Küche zu seiner Mutter, sah sie kurz an und stellte fest, dass sie alt geworden war, faltig, weißhaarig, und dass ihre sehnigen Hände zitterten. Ihm wurde bewusst, dass er sie lange nicht mehr angesehen hatte. Und er fragte sich, seit wann sie alt, faltig und weißhaarig war und seit wann ihre Hände zitterten.

Der kleine Bub lutschte nun am Daumen. Als ihn der Vater am Bauch kitzelte, zog er eine Grimasse. Dann zwickte er Vaters Nase, drückte sie fest zusammen und freute sich, dass die Nase sich verformte.

Steigleder nahm den Tornister und ging hinaus in den Hof. Er stellte den Behälter auf den Boden, lief über das Kopfsteinpflaster und öffnete den Riegel der zweigeteilten Stalltür. Die Kühe blickten auf, sie sahen ihn erwartungsvoll an. Lästige Mücken setzten sich auf seine schweißnasse Stirn. Er verscheuchte sie mit der Hand. Steigleder ging zum Vater, der sich nicht umdrehte und weiter das Putzzeug am Kuhrücken hin und her gleiten ließ. Beide schwiegen.

Dann ging der bucklige alte Mann mit dem schmalen Gesicht auf den Sohn zu, den Blick auf den Boden gerichtet. Sein

Atem ging rasselnd. Er schluckte, fasste sich an das unrasierte Kinn. Ganz leise sagte er: „Bub, hast schon richtig gmacht. Bin stolz drauf, dassd kein so ein Sauhund bist wie die Nazi. Ich denk, der Herrgott wird ein Aug auf dich habn."

Steigleder reichte ihm die Hand und er spürte die sehnigen Finger, die noch immer so viel Kraft ausstrahlten. Dann drehte er sich um und ging zurück in den Hof.

„Bub", rief ihm der Vater nach, „musst nicht vorn stehn, wenns kracht. Das Scheißvaterland ists nicht wert. Hast verstandn?"

Steigleder nickte. Bevor er auf die Straße trat, schaute er zurück. Mutter und die beiden Kinder standen im Hof, Vater lehnte an der unteren Stalltür, den Striegel fest in der Hand. Als seine Frau durch die Haustür kam, drehte er sich um und ging.

Der Verdacht

Ende März war der Acker so weit abgetrocknet, dass ihn der Bauer gut bearbeiten konnte. Adam lud die drei Eggenfelder und den Holzbalken mit den Zugketten auf den Gummiwagen, transportierte ihn ans Feld, hängte das Bodenbearbeitungsgerät ans Zugmaul und fuhr einige Meter in den Acker.

Er stieg ab, um die Erde zu kontrollieren. Als er merkte, dass der Boden unter den Füßen federte, dass er nicht klumpte und in viele kleine Brösel zerfiel, legte er den großen Gang ein. Adam eggte das Land, seine feine Nase nahm den Duft der Erde auf und sog ihn ein. Er nahm seinen Strohhut ab und streifte mit den Fingern durch das Haar. Ein feines Lächeln stand in seinem Gesicht.

Spätnachmittags, als der bearbeitete Boden von der warmen Märzenluft genügend abgetrocknet war, hängte er die Sämaschine an den Lanz, füllte Hafer in den Saatkasten und säte ihn aus, bis es dämmerte. Hans, der ihn ablösen wollte, schickte er wieder heim. Erst wenn der Bauer alt und gebrechlich sein würde und der Hof übergeben war, sollte der Bub die schönste Arbeit im Jahr machen.

Zwei Wochen später, als die ersten Pflänzchen durchs Erdreich blitzten, schob die Bäuerin den Milchwagen, beladen mit Kleesamen und einer Streuwanne, ans Feld. Sie schnallte sich den Behälter um die Schulter, nahm ein Händchen vom feinen Samen und warf ihn mit Schwung durch die geöffneten Finger auf die Erde. Nach jedem vierten Schritt fasste sie nach, warf aus und achtete auf den gleichen Abstand der Schritte und die gleiche Menge Samen in der geschlossenen Hand.

Sie war so vertieft in ihre Arbeit, dass sie das nahende

Brummen überhörte. Als der Tiefflieger über sie hinwegdonnerte, eine Schleife zog und noch mal auf sie zukam, warf sie trotzig den Kleesamen auf die Erde. Nur kurz blickte sie auf. Marie erkannte einen Piloten in der Kanzel. Die Maschine flog auf den Wald zu, Marie schaffte weiter. Bis zum Abend wollte sie fertig sein, denn die Sonne hatte sich längst hinter einem dichten grauen Schleier versteckt.

Als Marie den Denzlerbauern am Fahrrad erkannte, machte sie kleinere Schritte. Der Denzlerbauer jedoch trat weniger stark in die Pedale und die beiden trafen sich am Feldrand, während der Himmel sich noch mehr verdunkelte und die Bäuerin besorgt nach oben blickte.

„Grüß dich Gott, Marie. Tust gewiss schon den Klee säen?"

Ungeduldig schüttete die Bäuerin frischen Samen in den Behälter. Dann zog sie den Knoten ihrer Schürze fester, denn er war aufgegangen und die Bändel schleiften auf der Erde. Kurz angebunden sagte sie: „Mir pressierts, bald regnets, dann wäschts den Samen gleich ein."

Denzler schaute zum Himmel. „Na ja, dauert schon noch ein wenig – aber Mut hast schon, dassd bei den Tieffliegern einfach weiterarbeitst. Hab dich schon gsehn. Weißt, in Horbach habns erst eine Bäuerin, eine ganz junge, erschossn."

„Mir tuns nix", meinte Marie schroff, dann taxierte sie wieder die Wolken.

Denzler aber stieg ab und lehnte sein Damenrad an einen Holunderbusch. „Warum lässt dir denn nicht von der hübschen Magd helfn? Dann bist doch viel schneller fertig."

„Die Magd hat eine andere Arbeit."

Denzler grinste, sein Ton wurde hoch und schrill. „Die hat sich ein schönes Bäuchlein angfressn, oder geht der gar wieder weg?"

Marie überlegte. Dass Valentina zugelegt hatte, fiel ihr

schon lange auf, bisweilen freute sie sich, dass ihr das Essen so schmeckte, sie war doch nur ein Häuflein Elend gewesen, als sie zu ihnen kam.

Denzler faltete die Hände und rieb die Daumen aneinander. Die schmale Unterlippe schob sich unter die obere Zahnreihe, seine listigen Augen funkelten. Mahnend winkte er mit dem Zeigefinger. „Wird halt der Bauer fleißig gwesn sein, aber der ist doch auch nur ein Mensch, oder?"

Blut schoss der Bäuerin in den Kopf. Jetzt hatte sie begriffen.

„Muss weitermachn", fauchte sie, nahm die Streuwanne, legte den Gurt um und warf den Samen auf die Erde. Nun flog er doppelt so weit und die Schritte wurden doppelt so schnell, sodass mitten am Feld der Samen zur Neige ging. Der Himmel wurde dunkel. Wind kam auf.

Zornig rannte sie an den Feldrand, holte neuen Samen und schnallte sich das Wännchen wieder um. Als sie die letzte Bahn aussäte, fielen dicke Tropfen in den Behälter und die winzigen braunen Knöllchen verklumpten. Marie warf die Klumpen gegen den aufbrausenden Wind, dann drehte sie sich um, lief rückwärts und warf den Samen mit dem Wind. Der Regen wurde stärker, die Erde klebte an ihren Schuhen und machte sie schwer. Dann hörte sie auf.

Am Feldrand setzte sich Marie unter den schützenden Holunderbusch, legte den Kopf auf die angewinkelten Knie und weinte bitterlich. Ihre müden Augen sahen die Regentropfen auf der Erde aufschlagen. Sie wusste, dass sie den Samen in die Hohlräume schwemmten, dass er dort feucht blieb, Wurzeln bildete und dass bald ein frisches Pflänzchen austreiben würde, aber es war ihr egal. Sie sah die Tropfen, nicht aber, was sie bewirkten. Sie war müde und verbraucht, ihre Gedanken waren leer, ihre Augen blind. Doch sie musste zurück.

Den Milchwagen ließ sie stehen. Marie mied die Straße. Umständlich stolperte sie durch den Wiesengrund, hüpfte über den Bach und erreichte das Gehöft über die Äcker durch den hinteren Garten.

Die Mägde hatten schon gefüttert und mit dem Melken angefangen. Martin, Hans und Kaspar misteten den Ochsenstall und den Saustall. Adam gabelte Mist auf den Stapel. „Bist fertig gwordn?“, fragte er neugierig.

Die Bäuerin ging an ihm vorbei, als wäre er Luft. Im Stall musterte sie Valentinas Bauch. Ungläubig schüttelte sie den Kopf. Da hatte sie selbst drei Buben ausgetragen, aber nichts bemerkt.

Die Kuh trampelte aufgeregt, als Marie die Zitzen zusammenpresste und Milch in den Eimer spritzte. Sie drückte so fest, dass das Tier nach ihr schlug und sie am Schienbein traf. Der plötzliche Schmerz steigerte ihre Wut und machte die Umstehenden ratlos. Nur Valentina hatte einen furchtbaren Verdacht. Wusste Marie von der Schwangerschaft?

Beim Abendessen wurde geschwiegen. Marie räumte hastig den Tisch ab, dann ging sie in ihr Bett.

Valentina zitterte am ganzen Leib. Sie saß auf der Bettkante und grübelte, während Adam in der Wirtsstube die Karten mischte.

„Deine Bäuerin ist schön leichtsinnig“, klärte ihn Denzler auf. „Der Tiefflieger ist zweimal über sie drüber und sie macht weiter, als wenn nichts gwesn wär.“

Adam ging ein Licht auf. War sie deshalb so giftig? „Manchmal ist sie schon leichtsinnig“, sagte der Bauer.

„Wenn deine Magd am Acker gstandn hätt und ich dazu“, meinte Denzler, „da wär ich um mein Leben grannt und mit der Magd unter den Hollerbusch gschlüpft.“

„Und dann?“, fragte Großmann verschmitzt.

Denzler zuckte mit den Schultern. Heimlich deutete er zu Adam.

Denzlers Schwager, Großmann und Denzler sahen einander an, pressten die Lippen zusammen und verbargen ihr Grinsen. Adam überhörte das Großmaul, irgendwann bot sich schon die richtige Gelegenheit, es ihm zu geben.

Er spielte über Kreuz mit Denzlers Schwager. Grün Sau, Eichel Unter, Herz Sau, drei kleine Trümpfe und zwei Nixer steckten aufgereiht in seiner Hand. Großmann spritzte, Adam setzte dagegen und gewann. Denzler verzog das Gesicht. Zehn Pfennig wechselten die Tischseite.

Adam sagte zu Denzler: „Siehst, mit dem Kopf gwinnt man, nicht mit dem Maul. So ists beim Kartenspielen, so wirds auch beim Krieg sein."

Großmann sah ihn böse an. „Der Krieg ist noch lang nicht verlorn, der Adolf denkt sich gewiss was Gscheites aus. Weißt – das Rad dreht sich immer noch so herum und nicht anders."

Denzler mischte sich ein. „Wenn die Wunderwaffe funktioniert, gehts den Tommys schlecht. Der Hitler baut eine Bombe mit einem Düsenwerk, eine V2-Bombe. Eine, die auf einmal alles kaputt macht."

Adam kratzte sich am Kinn, die Karten lagen ungemischt am Tisch.

„Was ist ein Düsenwerk?", fragte der Schwager.

Denzler wurde kleinlaut und zuckte mit der Schulter: „Weiß ich auch nicht genau. Es fliegt sauschnell, habns im Volksempfänger gsagt."

„Ich denk, der Krieg ist verlorn", meldete sich Adam zu Wort, „auch mit Düsenwerken. Und es wird Zeit, dass er aufhört. Wies neulich die Stadt zusammengschlagn habn, sind sogar in Egersdorf Bomben runter."

Denzlers Schwager nickte. „Bald sind die Städte hin, dann kommen die Dörfer dran."

Großmann wurde wütend. „Vor ein paar Jahren hast dein Maul nicht so weit aufgrissn."

Eine Weile schwiegen die Bauern und blickten auf die Tischplatte, dann fing Adam noch einmal an: „Wie neulich die Bomber nach Nürnberg rein sind, hat mein Jüngster ..."

„Bald Zweitjüngster ...", unterbrach ihn Denzler. Die anderen lachten schelmisch.

Adam begriff nicht. „... hat mein Jüngster zugschaut. Da warns grad beim Konfirmandenunterricht, wie die Bomber drübergflogn sind. Der Apotheker Leinberger ist auf der Straße rumghüpft wie ein Junger und hat zum Himmel gzeigt. ‚Schaut', hat er grufn, ‚dort fliegt unsere stolze deutsche Luftwaffe.' Und dann ist er der Erste gwesn, der in Keller gsprungn ist, als die Bomben in Egersdorf eingschlagn habn."

Die Karten lagen noch immer ungemischt am Tisch. Die Wirtin, die auf der Ofenbank gesessen hatte, füllte die Krüge auf.

Denzlers Schwager meinte: „In Langenzenn habns neulich auf die Waggon draufgschmiert: ‚Köpfe müssen rollen nach dem Krieg.'"

„Und was stand zuvor drauf?"

Der Schwager überlegte. „‚Räder müssen rollen für den Sieg.'" Betretenes Schweigen.

Großmann nahm den Stoß Karten in die Hand, mischte und teilte aus.

Adam steckte die acht Karten auf. Griesgrämig sortierte er sie. „Wenn die Amis kommen, gehts den Bonzen schlecht, die werden sich alle noch umschaun."

Großmann widersprach ihm: „Die sind noch längst nicht da. Hörst es nicht rumpln, rüber nach Neustadt. Das sind unsre Geschütze, unsre Wehrmacht ist das. Die haun die Amis schon wieder raus aus dem Land."

Besorgt kratzte Denzler an seinen Augenbrauen. „Wär vielleicht gscheiter, wenn wir die Fahnen und das ganze braune Zeug versteckn tätn, oder?"

Der Schwager stimmte zu und hob den Finger: „Aber auch die Gewehre und die Uniformen."

Adam unterbrach ihn: „Die Weiber kannst gleich mit versteckn. Von den Schwarzen hört man gar nichts Gutes."

Um Mitternacht zählten sie das Geld in den Schüsselchen und steckten es in die Hosentaschen. „Wirtin, zahln." Der Schwager zückte den Geldbeutel, auch die anderen legten die Münzen auf den Tisch. Schweigend gingen sie hinaus und verteilten sich in alle Richtungen. Die frische Luft kühlte die Gemüter.

Unter Valentinas Fenster blieb Adam stehen und blickte sich um. Die schwarz-weiße Katze kam nicht. Durch den Hintereingang schlich er sich ins Haus, streifte die Hose ab, stieg ins Bett. Lange lag er wach unter seinem Bettzeug. Nach einer Weile bemerkte Adam den leeren Platz neben sich. Aufgewühlt ging er in die Küche und schaltete das Licht ein.

Unter einer dicken Wolldecke lag die Bäuerin auf der Bank. Ihre geöffneten Augen starrten ins Leere. Die Haare waren ungekämmt und standen nach allen Seiten.

„Was hast denn?", fragte er mit milder Stimme.

Marie antwortete nicht. Ihre Augen blieben starr.

„Ists wegen den Tieffliegern heut Mittag?" Keine Antwort. Adam wurde ungeduldig. „Du kannst doch nicht einfach gar nichts sagn. Liegst rum wie eine Leiche und keiner weiß, warum."

„Ich schon", sagte sie geknickt, dann drehte sie den Kopf zur Seite.

Wut keimte in ihm auf. „Kann keiner was dafür, wenn du dich nicht versteckst, wenn die Flieger kommen. Kann keiner was dafür."

Und weil sie nicht reagierte, steigerte sich die Wut. „Du meinst, dir können sie nichts, weil du die Heubeckbäuerin bist. Meinst, kannst immer mit dem Kopf durch die Wand. Nein, nein!" Adam war außer sich. Er wurde laut, und je lauter er wurde, desto mehr vergrub sie den Kopf in der Decke, nur die nackten Füße ragten hervor.

Adam lief in die gute Stube und kramte einen Brief aus dem Schreibfach. Dann ging er wieder in die Küche und warf ihn auf den Tisch.

„Da. Wenn der Rudi den nicht abgfangn hätt in der Partei, wärst heut in Dachau und ich dazu. Wie kannst denn bloß so was schreibn? Dass die Buben in die Kirch solln, anstatt die unsinnigen Übungen zu machn, und dass sie mit dem elendigen Krieg aufhörn solln. Du spinnst doch. So was zu schreibn. Die schnipsn einmal mit dem Finger und dann bist weg. Dann kannst bockn und glotzn, wenns dich holn. Hörst mir überhaupt zu?"

Marie rührte sich nicht.

Als der Bauer sie weinen hörte, ließ er seine Frau in Ruhe und ging zurück ins Bett.

In dieser stockfinsteren Märzennacht schliefen Großmutter, Kaspar, Martin und Hans, Anita und die Saarländer Familie tief und fest. Bäuerin, Bauer und Valentina aber wachten bis zum Morgen.

Die Amis kommen

Valentina plagte sich, als sie den Rübenkorb die Kellertreppe hochschleppte. Adam stand zufällig am Eingang des Gewölbes und nahm ihn ihr ab. Sie bedankte sich. Er lächelte und war glücklich, dass sie lächelte und ihm nicht aus dem Weg ging wie so oft in letzter Zeit.

Als er die Rüben in die Stopfmaschine schüttete und ihr den leeren Korb in die Hand drückte, damit sie die Rübenschnitzel an der Rutsche auffangen sollte, fiel sein Blick auf die Rundung ihres Bauches, die sich über den Korbrand schob. Verwirrt blickte der Bauer ein zweites und ein drittes Mal auf die Stelle.

Jetzt fing er an zu verstehen. Diese Wölbung kam nicht vom vielen Essen. Diese Wölbung war eine langsam wachsende und schnell verschwindende Angelegenheit ... und nur so lange verborgen geblieben, weil Valentina stets in Maries viel zu großen Kleidern steckte.

Adam stand da wie gerädert, planlos und erschrocken zugleich. Den Magen zog es ihm zusammen. Er fühlte, dass er etwas verloren hatte, das er nie besessen hatte. Obwohl er Valentina in seinen Träumen so oft geschwängert hatte, blieb ihm die Rundung ihres Bauches ein unerklärliches Rätsel. Die Tränen konnte er noch unterdrücken. Schnell ging er in den Stall und gabelte wie besessen den Mist in die Schubkarre.

Plötzlich stand ein schmächtiger Mann in einer verrußten Feuerwehruniform und hohen Lederschuhen mit aufklaffenden Sohlen auf der Türschwelle. Obwohl Schweißperlen auf seiner Stirn standen, nahm er den Helm nicht ab. Er war der Feuerwehrkommandant.

„Heil Hitler“, grüßte er schneidig. Die Bäuerin, Franz und

die beiden Mägde nahm er kaum wahr. Seine Aufmerksamkeit galt dem Bauern. Sein Blick war ernst, die Augenbrauen hatte er tief heruntergezogen.

„Adam, wir brauchen einen Bulldog für die Spritze."

Adam gabelte noch immer Mist auf die Schubkarre. Er arbeitete weiter, während er sprach: „Der Lanz ist kaputt."

Der Kommandant sah ihn ungläubig an. „Was fehlt ihm denn?"

„Der ist neulich halb verbrannt, weißt nicht mehr?"

Die Frauen hatten aufgehört zu melken und lauschten.

Die Stimme des Kommandanten bebte. „Hat doch nur der Vorderreifen gebrannt."

Der Bauer fuhr die Schubkarre auf den Misthaufen und leerte sie aus. Der Kommandant folgte ihm. Adam fuhr zurück in den Stall. Der Mann kam wieder hinterher. Dass die Frauen ihn beobachteten und die Bäuerin leise schimpfte, war ihm unangenehm.

Adam stützte sich auf die Gabel. „Bin grad noch heimkommen, lang wärs nimmer gangen mit dem Reifen."

Der Mann schob seinen Helm zurück und kratzte sich an der Stirn. Er redete nun langsam und deutlich. „Hab dich beim Säen gsehn, da war der Reifen den ganzen Tag nicht kaputt."

„Das war am Feld, auf der Straße täts ihn zerreißn und einen neuen krieg ich nicht."

Nun streckte der Kommandant die Brust heraus und schlug die Hacken zusammen. „Heißt das, dassd nicht magst?"

„Jawoll."

„Dann befehl ich dir im Namen der Ehre und des Vaterlandes, dass du fahrn musst."

„Das Vaterland kann mich mal … wenn mein Bulldog freckt; ich habs nimmer zählt, wie oft ich gfahrn bin, und jetzt ists genug. Der Bulldog ist kaputt, aus, basta."

Der Kommandant machte einige Schritte zur Tür. Ein letztes Mal drehte er sich um, dabei drohte er mit dem Zeigefinger.

„Adam, das wirst noch bitter bereun, Heil Hitler." Die Kühe zuckten zusammen, als die Tür in die Angeln schlug.

Dann wurde es wieder still im Stall, die Eheleute wechselten kein Wort, die Dienstboten schlossen sich ihnen an. Jeder machte seine Arbeit und ging dem anderen aus dem Weg.

Adam lief in die Scheune und setzte sich auf den Bulldogsitz. Den Feuerwehrkommandanten hatte er längst vergessen. Als ihm die Tränen an den Backen herunterliefen, als er zu schluchzen begann, ging er die Treppe hoch und versteckte sich im Heuboden. Um Valentina machte er fortan einen weiten Bogen. Er würdigte sie keines Blickes mehr. Seine Frau ließ er schmollen.

Tagelang tobte dieser stille Krieg und strapazierte das Leben am Hof. Marie machte ihre Arbeit ohne Freude und auch Martin öffnete sie sich nicht. Sie blieb verschlossen.

Als Franz sie in der Futterkammer fragte: „Bäuerin nix lachen, nix sprechen, Augen immer traurig", lehnte sie sich an die Wand und weinte.

Auch Großmutter machte sich Sorgen. Sie dachte, Marie wäre schwer krank. Andauernd redete sie auf Adam ein, er möge den Doktor holen.

Adam wurde wütend, hielt er doch den Kummer kaum mehr aus. Stundenlang saß er im Gasthaus und erzählte der Wirtin Belangloses.

Obwohl nun das ganze Dorf von Valentinas Schwangerschaft wusste, wagte keiner ein offenes Wort, auch die Wirtin nicht. Die Leute tuschelten, sie freuten sich, dass es nun die Großen, die Begüterten, denen das Glück beistand, die ihre Ernte trocken heimbrachten, deren Kinder nicht alt genug für den Krieg waren, die den anderen anscheinend immer einen Schritt voraus waren, erwischt hatte. Sie waren schadenfroh und wenn sie am Hof vorbeikamen, gingen sie langsam. Ihre gierigen Augen suchten nach der Magd. Sahen sie sie über den Hof gehen oder im Garten das Beet umstechen oder auf der Wiese die verfaulten Blätter zusammenrechen, durchsuchten die Augen der Leute das weit geschnittene Kleid und maßen den vermeintlichen Bauch. Sie zogen Valentina aus bis auf die Haut, sie bestimmten den Monat der Geburt und das Geschlecht des Kindes und die Augen sahen schnell weg, wurden sie dabei ertappt.

Valentina war verzweifelt und ratlos. Beim Einebnen der Maulwurfshaufen auf der Wiese wollte sie Klarheit. „Marie“, sagte sie zur Bäuerin, die den Rechen unermüdlich schwang. „Ich, ich …“

Marie sah sie kurz an, verzog das Gesicht und schaffte weiter. Sie wirkte gequält und unnahbar.

„Bäuerin, möchte nur sagen …“

Marie streckte ihren Körper und blickte auf. Ihre Augen waren glasig und sahen durch sie hindurch. Ihre Stimme klang barsch. „Will gar nichts hören. Ist so, wies ist. Der Herrgott wird schon wissen, was er den Menschen aufbürdet.“ Der Rechen fuhr scharf durch die gekrümelten Haufen. Seine Zähne rissen Grasbüschel aus der Erde.

Valentina schwieg. Hände und Waden zitterten. Die Ungewissheit nagte an der Seele.

Zum Mittagessen gingen sie durch den Bachgrund nach Hause. Früher liefen sie nebeneinander und redeten, nun hetzte Valentina der Bäuerin hinterher und konnte kaum mithalten. Je näher sie ans Dorf kamen, desto größer wurden die Schritte.

Martin kam in ihre Kammer. „Du, Irmgard“, rief er aufgeregt, „die Amis, die Amis sind schon in Neustadt, bald werdns da sein, die Amis.“ Seine Augen funkelten.

Valentina saß geknickt auf dem Stuhl, das eine Bein schräg angezogen, das andere ausgestreckt, ihr Rücken war gekrümmt, die Augen gerötet.

„Was ist?“, fragte Martin erschrocken, die Hände in den Hosentaschen vergraben.

Valentina sah kurz auf. „Ach nix, Martin. Nur kleine Schmerz. Bald wieder weg.“ Sie versuchte zu lächeln, doch die Lippen verkrampften.

„Soll ich Mutter holn?“

„Nein, nein, nix Mutter.“

„Ist vielleicht besser, die ist eh recht komisch gwordn. Denk, der Krieg macht sie kaputt. Weißt, Hans habns auch zum Volkssturm holn wolln, aber dann habns ihn glassn, weil er noch zu jung ist. Und die HJ verschanzt sich mit der SS in der Burg. Wolln die Amis raushaun aus dem Land, dass die Neger unseren Frauen nix machn, hat der Fähnleinführer gsagt.“

Im Dorf gruben die Leute Löcher und hoben Bretter aus den Fehlböden. Sie nahmen Hitlerbilder von den Wänden, rissen Parteiabzeichen von den Jacken, suchten Dokumente, Hakenkreuzfahnen, Auszeichnungen, Gewehre, Uniformen und steckten Schinken, Bratwürste, Brotlaibe, Kartoffeln und Eier in Kisten, die sie vergruben oder in irgendwelchen Hohlräumen versteckten. Sie schürten Feuer und nährten die Flammen mit Hitlers „Mein Kampf“, mit Parteizeitungen und brauner Lektüre.

Denzler lernte Englisch. Der Schwager hatte ihm ein kleines Wörterbuch besorgt. „Willcoming in Gonnersdorf, i am no Nazi, i am a old farmer at my farm, i have five cow, two big and not revolver and not munition." Diesen Satz lernte er auswendig. Seine Frau fragte ihn immer wieder ab.

Die Kriegsgefangenen aus dem Rossendorfer Lager wurden nicht mehr auf die Höfe gelassen, sie standen vor dem Transport nach Süden. Drei Tage versteckte sich Franz im Heuboden. Die Bäuerin redete mit Engelszungen auf ihn ein, im Versteck auszuharren, rückte doch das Donnern der Geschütze immer näher.

„Der ist ausgrissn", sagte der Bauer dem Landsturmposten, „Georg, der kommt schon wieder, brauchst nix unternehmen."

Zweimal kam der Posten vergeblich. Am dritten Tag kamen mehrere Posten und durchstöberten den Hof. „Wo ist der Lump, der damische?", brüllte der Anführer.

Franz bekam furchtbare Angst, verließ das Versteck und stellte sich. Die Bäuerin weinte. Auch Adam kämpfte mit den Tränen.

Zum Abschied sagte Franz: „Du wissen – ich leben, ich schreiben. Ich nix schreiben, ich nix mehr leben."

Zur Mittagszeit dröhnten Motoren. Kübelwagen fuhren den Dorfberg herunter. Nach ihnen strömten deutsche Soldaten ins Dorf und verteilten sich in den Höfen. Angeführt von Offizieren, suchten sie Nachtquartiere für die hundert Mann starke Einheit, bevor sie am nächsten Morgen, von Amerikanern getrieben, nach Süden ziehen wollten. Zerlumpt und hungrig breiteten sich die Männer in Scheunen und Heuböden aus.

Valentina schnitt Heu in der Graskammer. Danach wollte sie in den Hof. Als sie die Soldaten mit ihren Uniformen erblickte, gefror ihr das Blut. Entsetzt schlug sie die Tür zu, lief hinter die Schneidemaschine und vergrub sich im Heu. Das Versteck war ihr zu windig. In Panik geraten, hetzte sie die

Leiter hoch in den Heuboden. Stimmen kamen näher. Sie drehte wieder um und hangelte sich zurück in die Graskammer. Die letzten beiden Sprossen ließ sie aus. Sie sprang auf den Boden, rutschte weg und fiel über den blechernen Eimer, der, mit Rübenschnitzeln gefüllt, neben der Leiter stand. Ihr wurde speiübel.

Sie setzte sich auf den Hintern und rieb mit den Händen über das schmerzende Schienbein. Langsam ließ der Schmerz nach. Dann strich sie über ihren Bauch. Valentina schloss die Augen, ihr Atem ging schnell, das Herz begann zu rasen. War mit ihrem Kind alles in Ordnung?

„Soldaten!“, seufzte sie, als sie wieder Stimmen hörte. Lieber würde sie sterben, als ins Lager zurückzugehen. Sie rappelte sich hoch und sah aus dem Fenster. Der ganze Hof stand nun voll mit Kübelwagen. Überall huschten Leute mit Uniformen umher.

Valentina schlich sich durch den Stall an den hinteren Hauseingang und stolperte die Treppe hoch in ihre Kammer. Sie riss sich die Kleider vom Leib und betrachtete ihren Bauch.

Sie zog sich wieder an und wollte sich im Spitzboden verstecken, wo der Bauer den Hafer lagerte.

Martin hatte Valentina auf der Treppe gesehen und war ihr gefolgt. Sie lief ihm in die Arme. „Martin“, flüsterte sie, „was Posten wollen?“

„Sind Soldaten“, sagte der Bub. „Haun vor den Amis ab. Gleich morgen früh gehn sie weiter, hab ich ghört.“

„Nix Posten von Lager?“

Der Bub lachte. „So viele, nur wegen dir? Da musst aber ganz schön was ausgfressn habn.“

Valentina verzog den Mund zu einem kleinen Lächeln. Es lockerte ihre Anspannung sofort. Kaum war Martin weg, kamen die Sorgen zurück. Behutsam ertastete sie jede Stelle ihres

Bauches und fühlte nach, ob sich nicht etwas bewegte. Dann ging sie in ihre Kammer, legte sich ins Bett und hoffte.

Unterdessen brachte Marie den Soldaten frische Milch, die im Überfluss vorhanden war. Das Milchauto holte die Kannen längst nicht mehr. Die Bäuerin gab sie schon seit einigen Tagen den Hamsterern, die immer zahlreicher kamen, oder verbutterte den Rest. Die Magermilch fütterte sie den Kälbern.

Großmutter schürte den Kessel und kochte Kartoffeln. Die Eier hatten die Soldaten schon geplündert. Die Führungsleute saßen abseits. Sie machten einen finsteren Eindruck, die Soldaten jedoch waren dankbar, als ihnen Marie die zweite Kanne Milch brachte.

Ein junger Bursche war mit den Nerven am Ende und wollte sehnlichst heim. Die Bäuerin hatte ein offenes Ohr. Junge Männer saßen um sie herum und beichteten ihre Sorgen, dabei schmatzten sie wie die Säue. Viele hatten sich noch nie rasiert.

Am nächsten Morgen kam der Offizier in den Stall, ein schmächtiger Bursche mit einer verknitterten Kappe und einer verwahrlosten Uniform. Das eiserne Kreuz hing unter der Brusttasche. Die Pistole baumelte am Riemen, der um die Taille geschlungen war.

„Heil Hitler, Bauer. Dir gehören doch der Bulldog und der Wagen?“

Adam nickte.

„Du kommst mit, wir brauchen einen Fahrer.“

„Ja, aber …“

Der Mann zog die Pistole aus der Tasche. „In fünf Minuten bist draußen, nimm dir was zum Anziehen mit. Bist vielleicht länger fort.“

Adam gehorchte. Marie stopfte Strümpfe, Hemd und Hose

in einen Kartoffelsack. Sie drückte ihm das Bündel in die Hand und ging zurück in den Stall, ohne ihn anzusehen.

Als Adam in die Scheune kam, war der Wagen beladen mit Panzerfäusten, MGs und Munitionskisten. Soldaten saßen auf den Bordwänden. Der Offizier machte es sich am Beifahrersitz bequem, die Pistole in der Hand.

„Wo soll ich hinfahren?", fragte Adam.

Der Soldat schwenkte den Kopf in Richtung Cadolzburg.

Denzler stand an der Hofeinfahrt und sah dem Fahrzeug nach, ebenso den vielen Soldaten, die aus den Höfen kamen und hinterhermarschierten.

Der Offizier diktierte dem Bauern den Weg, sonst sprach er kein Wort. Nervös spielte er mit der Pistole. Die Sonne versteckte sich hinter dichten Wolkenbänken, aber es war mild. Adam ging vom Gas, er schwitzte unter dem dicken Mantel. Die Blase drückte.

Der Offizier rammte Adam den Ellenbogen in die Seite und schrie ihn an: „Bist verrückt? Hier wird nicht gehalten!"

Adam startete durch. Die Menschen, die er auf den Äckern sah, die Unkraut jäteten, Futter holten für die Kühe oder den Mist auf den Kartoffeläckern verteilten, nahm er kaum wahr. Ein flaues Gefühl lag dem Bauern in der Magengrube. Der Offizier neben ihm war ein Hundertprozentiger, der seine Leute bis zum letzten Atemzug kämpfen ließ. Er und sein Bulldog steckten nun mittendrin.

„Ich muss zum Löschen in die Stadt", klagte er dem Leutnant.

Der Offizier grinste. „Brauchst nix mehr löschen, Bauer. Ist längst alles verbrannt."

Adam gab nicht nach. „Ich werd bestraft, wenn ich nicht komm, erst heut früh war der Kommandant da."

Der Mann hielt dem Bauern die Pistole an die Schläfe und

sagte: „Hast es noch nicht kapiert? Du bleibst bei uns. Wir dienen dem Vaterland. Es ist unsere Pflicht und Ehre. Verstanden!"

Adam schwieg und überlegte.

Auf einer Wiese vor Buchschwabach machten sie halt. Einige Kübelwagen fuhren in die Ortschaft, die anderen parkten auf der Straße. Die Soldaten sammelten sich. Ein Kradfahrer brachte dem Offizier neue Instruktionen, eilig brauste er wieder davon.

Adam stellte den Bulldog ab und leerte seine Blase. Die Männer waren aufgeregt, sie diskutierten. Der Offizier sprach ein Machtwort, dann schwiegen sie.

Ein Kübelwagen kam zurück. Der Fahrer brachte eine Kanne Diesel. „Da, hab ich vom Bauern. Wirst es brauchen."

Adam füllte den Treibstoff in den Tank. Als ihn niemand beobachtete, zog er einen Siebzehner-Schlüssel aus dem Werkzeugkasten und lockerte die Lüftungsschraube an der Einspritzpumpe.

„Weiter, Männer", rief der Offizier. „Bauer, lass deinen Karren an."

Adam steckte das Lenkrad auf das Schwungrad und drehte. Der Motor startete durch, dann starb er ab. „Kieseldonnerwetter." Adam kurbelte weiter. Der Motor ging an, starb ab. Schweiß lief Adam von der Stirn. Er fluchte und schimpfte.

Der Offizier wurde ungeduldig. „Was ist los, Bauer?"

Adam atmete schwer. „Ich weiß nicht. Sonst geht er immer."

Der Soldat ging auf die andere Seite. Misstrauisch kontrollierte er den Dieselhahn. Adam kurbelte weiter, bis er nicht mehr konnte, dann jammerte er: „Der ist kaputt. Der Scheißdiesel war schlecht. Der Lanz läuft bloß mit gutem Diesel."

„Kannst ihn reparieren?"

Der Bauer schüttelte den Kopf. „Brauch neue Kolbenringe. Hab schon mal schlechten Diesel rein. Da war er auch hin."

„Hängt den Wagen ab", befahl der Offizier den Leuten, dann fuhr er mit dem Kübelwagen ins Dorf. Nach einer halben Stunde tuckerte ein Hanomag die Straße herauf. Soldaten hängten den Gummiwagen ans Zugmaul. Der alte Bauer, der ihn lenkte, war leichenblass. Er machte ein ernstes Gesicht und der Offizier am Beifahrersitz fuchtelte mit seiner Pistole. Ohne ein Wort zu verlieren, machten sich die Leute auf den Weg nach Süden. Nun folgten sie dem Hanomag.

Adam versteckte sich im nahen Wald. Es dämmerte bereits, da zog er die Schraube an, startete den Motor und fuhr ganz langsam nach Hause, meist ohne Licht. Um Mitternacht herum versteckte er den Bulldog in einer uneinsehbaren Fichtenschonung im eigenen Wald, lockerte wieder die Schraube und ging den letzten Kilometer zu Fuß heim.

Marie atmete auf, als sie Adam hörte, aber sobald er durch die Tür trat, stellte sie sich schlafend.

Valentina ging es schlecht, schon zwei Tage arbeitete sie nur das Nötigste. Die Bäuerin schickte sie zurück ins Bett. Sie bekam Fieber. Ihr wurde übel. Immer wieder packte sie der Schüttelfrost.

Marie sorgte sich und ließ Martin am Morgen des 17. April den Doktor holen. „Sag ihm, Bub, er soll gleich kommen, es ist was Schlimmes mit der Magd. Und lauf durch den Wald, wenn Flieger angreifn."

Es war früher Nachmittag, als der Doktor mit dem Fahrrad den Dorfberg herunterfuhr. Er war aufgeregt, denn das Grollen der Geschütze klang schon nah. Längst vermutete er die Amerikaner in Langenzenn. Sogar die Wäscheklammern hatte er vergessen.

Er war kaum im Haus, als sich flüchtende Volkssturmsoldaten in einigen Scheunen verschanzten, bereit, auf die Angreifer zu schießen und auf Dorfbewohner, die weiße Fahnen aus den Fenstern hängen wollten, wie es auf den abgeworfenen Flugblättern der Amerikaner stand.

Als sich nach einer gewissen Zeit kein Einheimischer aus dem Haus gewagt hatte, um das Dorf an die Amerikaner zu übergeben, prasselte ein Kugelhagel über die Ortschaft herein. Mit Panzern in der Vorhut zogen Soldaten gebückt von Haus zu Haus, rissen die Türen auf und trieben die Menschen ins Freie. Die Volkssturmsoldaten waren über die Felder in den Wald geflohen.

Eine große Scheune und ein Stadel fingen Feuer. Als sie keinen Widerstand mehr fürchteten, ließen die Amerikaner die Leute löschen.

Adam zog die alte Handspritze aus dem Milchhaus und speiste die Schläuche mit Wasser aus der Milchkühlung. Schnell ging der Vorrat zur Neige. Adam öffnete die Jauchgrube. Die Leute schöpften die braune Brühe in Eimer und reichten sie von Hand zu Hand, um die angrenzenden Gebäude zu schützen.

Der Rauch und das nahe Feuer machten die Kühe, Pferde und Schweine panisch. Sie brüllten und zerrten an den Ketten, rissen sich los, sprangen über Absperrungen und waren nicht mehr zu bändigen. Daraufhin lösten die Helfer die Ketten und öffneten die Tore, um die wild gewordenen Tiere ins Freie zu lassen.

Die Amerikaner wachten an jeder Einfahrt, vor jeder Haustür und jeder Stalltür. Sie blieben gelassen, obwohl es überall grunzte, wieherte, brüllte und hektische Menschen mit Eimern, Gabeln und Schaufeln umherirrten. Bis an die Zähne bewaffnet folgten sie dem Treiben, lässig, mit kauenden Kiefern.

Adam fiel ihnen auf. Anstelle seines versteckten Helmes hatte er den seines Vaters auf dem Kopf, eine Pickelhaube aus der Kaiserzeit mit silbrig glänzender Spitze. Zwei Farbige fesselten Adam und sperrten ihn in Froschauers Garten zu deutschen Kriegsgefangenen. Die Soldaten freuten sich, weil sie offenbar einen ganz besonderen Fang gemacht hatten. „A very beautiful Nazi, a special one."

Streng bewacht, sah Adam die Scheunen niederbrennen und den Dachstuhl zusammenstürzen. Es war ein Glück, dass die Bauern die Heuvorräte in den Dachböden längst verfüttert hatten.

Der Doktor, der nicht mehr in der Blüte seiner Jahre stand, dessen Weisheit aber die Dummheit längst übertraf, machte ein besorgtes Gesicht, als er Valentina sah. Seine Stimme klang warm und vertraulich. „Hab mir damals schon gedacht, dass sich da was entwickelt. Waren die Leut gut zu dir?", fragte er beiläufig.

Valentina sah ihn an. Sie sprach leise. „Sehr, sehr gut."

„Schön, dann wollen wir mal sehen. Kannst dir noch denken, wann es passiert ist? Der Bauch ist nicht besonders dick."

Valentina schüttelte den Kopf. „September nach Langenzenn kommen, da Kind schon fertig."

Der Doktor blickte auf. „Was, ist nicht hier passiert?"

Valentina sah ihn entsetzt an. „Warum, was denken von mir?"

Verlegen kratzte sich der Mann am Kinn und sagte: „Entschuldige, ich bring da was durcheinander." Beide schwiegen.

Der Arzt stellte seine Tasche auf den Stuhl und zog ein trichterförmiges Rohr heraus, mit dem er den Bauch an allen erdenklichen Stellen abhörte. Die Stirn zog Falten, sein Blick verfinsterte sich.

Valentina richtete sich auf, aber der Doktor drückte sie sanft zurück. „Was ist?", fragte sie. „Lebt es? Können was hören?"

Der Mann zuckte mit den Schultern. „Bin mir nicht sicher. Hast deine Schwangerschaft lange verborgen, gell? Der Bauch ist ziemlich klein geblieben. Ich denk da fast an eine Mangelgeburt."

Valentina schöpfte Hoffnung.

Mit den Händen tastete er den Bauch ab und fragte: „Wann hast denn das letzte Mal was gespürt?"

„Ich nix mehr wissen."

Sein Blick verfinsterte sich weiter. „Seit wann hast Fieber?"

Valentina zuckte mit den Schultern.

Er setzte das Hörrohr noch mal an, er lauschte, fühlte, tastete und seufzte: „Gute Frau. Ich kann nichts hören. Ich hab keine große Hoffnung. Ist dir irgendwas passiert?"

Valentina schluchzte. „Bin von Leiter runter auf Eimer geflogen … als die Soldaten kommen."

Der Arzt legte das Hörrohr in die Tasche und stellte sie auf den Boden. Müde sackte er auf den Stuhl. „Gute Frau. Ich weiß, es ist schlimm, aber jetzt musst du tapfer sein. Du bist ja noch jung, kannst noch viele Kinder kriegen."

Valentinas Lippen zitterten. „Ist es tot?"

Der Arzt nickte. „Ich glaub schon. Und es muss schnell raus, verstehst? Hast viel durchgemacht, gell?" Seine Augen wurden wässrig. „Ich hab Rizinusöl dabei. Wenn du ein Glas voll trinkst, gehts ziemlich schnell, dann hast es hinter dir."

Valentina nickte. Weil sie kein Glas hatte, trank sie von der Flasche. Sie verzog das Gesicht, so scheußlich schmeckte die Flüssigkeit.

„Wie lange?", fragte sie, den Geschmack noch immer im Mund.

„Wenn du Glück hast, zwei Stunden."

„Bleiben Doktor hier?"

Er nahm ihre Hand, drückte sie und er spürte ihren Herzschlag. Nachdenklich ging er zum Fenster und sah durch die schmutzige Scheibe. Dann legte er die offene Hand ans Kinn und setzte sich wieder. „Werd sowieso bleiben müssen, junge Frau. Das Dorf ist voll mit Amerikanern. Hätte gar nicht kommen dürfen."

Im Stall rasselten die Ketten, Kühe brüllten. Der Doktor erwachte aus seinem Schlummer. Die Haustür wurde geöffnet und gleich wieder zugeschlagen. Eine Frauenstimme kreischte, jemand rannte die Stufen hoch. Die Magd. Valentina erkannte ihre Stimme. Schwere Schritte folgten ihr. Wieder öffnete sich eine Tür. Ein Stuhl flog um. Eine fremde Männerstimme drohte, dann endeten die Schreie. Die Tür fiel ins Schloss. Stille.

Valentinas Kammertür wurde aufgerissen. Zwei Männer, ein rothaariger schmächtiger Kerl mit einem Schiffchen auf dem Kopf, in Tarnuniform, und ein großer Farbiger mit riesigen Händen und funkelnden Augen, stürzten herein. Sie legten das Gewehr an.

„Hands up."

Aufgeregt schwenkte der Weiße die Waffe und wiederholte: „Hands up, come on."

Als ihm der Doktor folgte und Valentina sich stöhnend aufrichtete, beruhigten sich die beiden.

„Zeig deinen Bauch", sprach der Arzt zu Valentina. Er nickte dem Weißen zu und deutete auf seine Tasche. Der Amerikaner begriff, zog sie heran und leerte den Inhalt auf den Tisch. Verbandsmaterial, Hörrohr und allerhand Kleinzeug purzelten auf die Platte.

Der Weiße lächelte. „You're a doctor?"

Der alte Mann nickte und zeichnete mit der Hand einen gewölbten Bauch. Er deutete zu Valentina. „Russki, Komplikation, verstehen?"

Der Weiße nickte. Seinen Begleiter zog er zur Tür. Er griff in die Uniformtasche und warf ein Päckchen Kaugummi zu Valentina. „Viel Glück", wünschte er mit starkem Akzent.

Als die Schritte der beiden Soldaten im Hausflur verstummten, rückte der Doktor den Stuhl an die Bettkante. Ein tiefer Seufzer entrang sich ihm, während er sich setzte. Dann griff er wieder nach Valentinas Arm, um ihren Puls zu fühlen. Er versuchte, die Sekunden zu zählen, aber er war zu durcheinander. Nach einer Weile glitten seine Finger nach vorn und hielten ihre feuchte Hand.

Die Zeit wollte nicht vergehen. Valentina starrte ans Fenster, an die Decke, sie schloss die Augen, sie öffnete sie, weil sie sich fürchtete. Für kurze Zeit versank sie in einen unruhigen Halbschlaf. Schweißgebadet erwachte sie wieder. Der Doktor ließ ihre Hand los, nahm das Bettlaken und trocknete den Schweiß auf ihrer Stirn.

„Komme gleich wieder", sagte er leise und öffnete die Tür. Vorsichtig trat er in den Flur.

Valentina hörte laute Stimmen, die Tür schloss sich. Das Knacken eines Gewehrkolbens. Wieder Stimmen. Laute Stiefel polterten die Treppe hinab. Stille.

Valentina zitterte nun am ganzen Leib. Ihre unruhigen Augen blickten zum Türgriff und blieben an ihm kleben. Im Darm begann es zu rumoren. Valentina versuchte aufzustehen. Die Geräusche draußen ließen nach. Erleichtert fiel sie zurück ins Bett. Der Türgriff bewegte sich nach unten. Valentina hörte auf zu atmen. Der Doktor kam herein, mit einer Waschschüssel in der Hand. Der rothaarige GI hinter ihm schloss leise die Tür.

„So“, meinte der Arzt, völlig außer Atem. „Ein wenig Wasser und Seife brauchen wir dann schon. Lang wirds ja wohl nicht mehr dauern.“

Valentina nickte.

„Hast Angst, gell?“

Wieder nickte die Frau.

„Wird schon gut, Mädel. Haben schon viele aushalten müssen. Weißt“, meinte er schließlich, „wenn das Kindermachen auch so wehtun würde wie das Kinderkriegen, gäbs nicht ein einziges Kind auf dieser Welt. Da kenn ich die Mannsbilder viel zu gut.“

„Ist große Schmerz?“

Der alte Mann zuckte mit den Schultern. „Wenns normal ist, glaub ich, ists ein schöner Schmerz.“

„Und wenn nicht normal?“

„Gehts auch vorbei, kannst mir glauben.“

Nun schwiegen die beiden wieder. Der Doktor ging zum Fenster und blickte hinaus. Nach einer Weile begann er, in der Stube auf und ab zu gehen, zur Tür, zum Fenster und wieder zurück. Sieben Schritte, Drehung. Sieben Schritte, Drehung …

Ihr unregelmäßiges Atmen brachte ihn aus dem Rhythmus. Es ging los. Valentina setzte sich auf und presste die Lippen aufeinander. Sie begann zu stöhnen.

Die Wehen ließen kurz nach. Schweißgebadet sackte sie zurück. Die Augen waren glasig, der Atem schnell und durchdringend. Schon nach kurzer Zeit folgte der nächste Schub. Der Doktor drückte auf ihren Bauch. Ein heftiger Schrei. Die Scheidenöffnung klaffte auseinander. Mit einem Schwall Fruchtwasser kam ein kleines unbehaartes Köpfchen zum Vorschein. Immer weiter presste der Körper die Frucht aus dem Leib. Lautlos glitt sie auf das mit Blut und Kot getränkte

Laken. Die Nachgeburt rutschte hinterher, der Doktor durchtrennte die Nabelschnur.

Valentina richtete sich auf. Ihre zittrigen Hände griffen nach dem leblosen Körper und zogen ihn an die Brust. Die Haut war warm, aber gräulich und fahl, stumpf wie ein Stück Kernseife. Das Köpfchen sackte zur Seite. Mund und Nase waren gut zu erkennen, die Augen fest verschlossen, verschmiert mit Schleim und Blut. Ein süßlicher Duft streifte Valentinas Nase. Sie streckte die Arme. Ihre Augen blickten auf das Geschlecht. Ein Mädchen. Valentina wollte aufschreien. Sie schloss die Augen. Ihre Hände verkrampften, aber sie ließen nicht los.

Sanft nahm ihr der Doktor das Kind ab. Valentinas Arme sackten zurück auf das Bett. Langsam wanderten sie hoch und bedeckten die Augen. Lautes Schluchzen durchdrang die gespenstische Stille.

Nachdenklich hielt der Doktor den kleinen Leichnam in den Händen. Schließlich wickelte er ihn in ein weißes Betttuch und legte ihn auf den Boden.

„So, Mädel“, sagte er. „Jetzt hast es hinter dir. Jetzt kannst wieder vorwärtsschauen.“

Der Mann streifte die schmutzigen Hände am Hosenbein ab, dann holte er die Waschschüssel, stellte sie auf den Stuhl und wusch Valentinas Unterleib mit einem Handtuch. Schließlich faltete er das verschmutzte Betttuch zusammen und legte es neben den Leichnam.

„So, jetzt kommst schon zurecht, Frau.“ Er nahm ihre Hand und drückte fest zu. „Ich wünsch dir alles Gute, Mädel. Und glaub mir, alles wird gut.“

Die leisen Worte Valentinas konnte er nicht verstehen, aber er ahnte, was sie meinte, als er ihre bebenden Lippen sah. Er bückte sich, klemmte die beiden Betttücher unter die Arme. Ohne sich umzudrehen, ging er hinaus.

Marie hatte endlich einen Offizier gefunden, der ihre Sprache verstand. Mühsam konnte sie ihn überzeugen, dass Adams Helm aus der Kaiserzeit stammte und mit den Nazis absolut nichts zu tun hatte. Der Mann glaubte ihr. Adam wurde noch am selben Abend wieder laufen gelassen.

Die Führungsleute und ein Teil der einfachen Soldaten beschlagnahmten das Haus und machten es sich in den Zimmern bequem. Die Familie, die Saarländer und die verstörte Magd zogen ins Strohlager über dem Ochsenstall. Auch Valentina vertrieben sie aus ihrer Kammer und schickten sie zu den anderen.

Der rothaarige Soldat lud das Fahrrad des Arztes auf seinen Jeep und fuhr den Mann nach Hause. Das tote Kind hatte der Doktor der Bäuerin gegeben, die es in der Werkstatt unter die Werkbank legte.

Valentina weinte fürchterlich, als sie sich die Stiege ins Strohlager hochschleppte. Die Saarländer saßen ratlos im Stroh und begriffen nicht. Die anderen, auch Großmutter, schafften noch im Stall oder halfen, die umherirrenden Tiere einzufangen.

Es dämmerte bereits, als Martin atemlos die Stiege hochrannte. „Die Burg, die Burg“, rief er entsetzt, „die Burg brennt, die Burg habns anzündet!“

Auch Adam, Hans und Kaspar kamen ins Strohlager, flink kletterten sie die schmale Hühnerleiter hinauf zum Spitzboden. Durch das kleine Fensterchen sahen sie den Feuerschein zwischen den Bäumen auf der Anhöhe. Wie gebannt starrten sie zur Cadolzburg und beobachteten die lodernden Flammen, die immer gewaltiger in den Himmel schossen.

„Das hats jetzt noch braucht“, murmelte Adam betroffen. Die Gänsehaut auf seinem Körper ließ ihn frösteln.

Später brachte Großmutter gedämpfte Kartoffeln, dazu

tranken sie Milch. Im Halbkreis kauerten die Menschen schweigend auf dem Stroh. Die Luft roch nach verbranntem Holz und nach Jauche.

Marie schaute zu Valentina. Das Gesicht der jungen Frau war verquollen, die Wangen waren gerötet, die Augen glasig und ohne Leben. Sie lag am Boden wie ein Häufchen Elend. Ebenso die Magd, die sich ins hinterste Eck verkrochen hatte und wimmerte.

Adam und die Buben saßen unbeholfen auf der anderen Seite und schwiegen. Adams Gesicht war noch immer schwarz vom Ruß, die Augen tränten. Was mit Valentina geschehen war, wollte er nicht begreifen, zu durcheinander und zu kaputt war er.

Martin ging zu Valentina, doch er war ratlos und wusste nichts zu sagen. Marie aber legte sich neben sie und nahm ihre Hand.

„Deinem Kind", flüsterte sie Valentina ins Ohr, „gebn wir morgen ein hübsches Grab neben dem großen Baum hinter der Scheune. Wirst sehn. Die Zeit wird die Wunden heiln, auch wenns jetzt furchtbar wehtut."

Valentina nickte ganz leicht und schloss die Augen. Marie blieb noch eine Weile bei ihr, dann ging sie zu der Magd und kümmerte sich um die verstörte Frau. Unter ihnen im Stall klapperten die Ketten der Ochsen.

Am nächsten Morgen nach der Stallarbeit redete die Bäuerin mit dem Offizier. Dann führte sie Valentina in den Garten.

„Valentina!" Deutlich betonte sie ihren richtigen Namen. „Such dir die Stelle aus, wo dus habn willst."

Die junge Frau überlegte nicht lange. Sie deutete auf den Lindenbaum. Gleichzeitig blickte sie hinauf zur Scheunenwand, dorthin, wo einige Steine fehlten. Schweißperlen standen auf ihrer Stirn. Ihr Körper wankte. Sie lehnte sich an den

Stamm und sagte: „Ich kommen, ich fast sterben, dann ich sehen durch diese Loch …“ Valentinas Zeigefinger streckte sich und deutete an die kleine Öffnung. „… ich sehen Licht und ich leben. Ja, ich leben.“

Marie führte die Frau zurück in den Strohboden. Eine Weile blieb sie bei ihr. Valentinas Gesicht war weiß wie Kalk, der Körper schweißgebadet.

Wieder redete Marie mit dem Offizier und machte ihm deutlich, dass diese Frau schwer krank war. Der Amerikaner hatte ein offenes Ohr. Sofort arrangierte er für den Nachmittag Valentinas Transport in ein amerikanisches Lazarett. Marie war dreifache Mutter. Sie wusste, es konnte nur das Wochenbettfieber sein.

Während Adam und die Buben beim Aufräumen halfen und mit dem Lanz die verbrannten Balken aus den zusammengestürzten Gebäuden zogen, versteckten sich die Saarländerinnen und die Magd im Spitzboden über dem Strohlager vor gewalttätigen Soldaten.

Marie holte eine Schaufel und grub neben der Linde ein rechteckiges Loch. Sie sparte an der Größe, denn der Boden war durchzogen von dichtem Wurzelwerk. Der schwarze Posten mit den schneeweißen Zähnen beobachtete sie argwöhnisch.

Es war angenehm warm an diesem Frühlingstag. Die Sonne drängte sich zwischen Wolkenlücken und zeigte ihre Kraft. Eine leichte Brise trocknete der Bäuerin den Schweiß auf der Stirn. Schwalben brüteten bereits unter der Dachrinne. Eine Amsel sang hoch über ihr auf einem ausladenden Ast. Die Bäuerin suchte eine Weile, bis sie den Vogel entdeckte. Dann lehnte sie die Schaufel an die Sandsteinfassade und holte Valentina, die sich kaum noch auf den Beinen halten konnte. Den Farbigen beachtete sie nicht.

Valentina lehnte sich an den Stamm, während Marie in die Werkstatt eilte. Sie kam mit dem eingewickelten Leichnam zurück und legte ihn in die Grube. Valentina faltete die Hände. Ihre Augen waren auf den Boden gerichtet.

Die Bäuerin fing an zu beten. „Lieber Herr im Himmel, vergib uns unsere Schuld, wie auch wir unseren Schuldigern vergeben … Und nimm die Seele dieses Kindleins bei dir auf und beschütze seine Mutter auf all ihren Wegen. Amen."

Valentinas Lippen bewegten sich. Sie kämpfte um ihr Gleichgewicht. Langsam ließ sie sich am Stamm entlang auf den Boden gleiten. Die Tränen, die sie mühsam zurückgehalten hatte, liefen ihr über die Wangen. Sie waren gesättigt mit Erinnerungen.

Marie füllte die Grube mit Erde auf, dann half sie Valentina aufzustehen und führte sie zurück in den Strohboden. Dabei erzählte sie ihr vom Lazarett und vom freundlichen Offizier, der seine Hilfe zugesichert hatte.

Entschlossen holte sie unter strenger Beobachtung amerikanischer Posten im Haus ein paar Kleider, frische Wäsche und ein Paar Schuhe, die sie in einen Kartoffelsack stopfte. Valentina saß zusammengesunken neben dem Strohabwurfschacht, als Marie vom Eingang aus nach ihr rief.

Die Saarländer wagten sich aus dem Versteck. Sie gaben Valentina die Hand. Großmutter kämpfte mit den Tränen – es waren die ersten, die Valentina an ihr sah. Anita wollte ihren Schlupfwinkel um keinen Preis verlassen.

Unten im Hof wartete bereits der Jeep, am Steuer der Offizier. Die Kappe tief ins Gesicht gezogen, hatte er seine dunkle Brille aufgesetzt, obwohl die Sonne sich hinter einer dunklen Wolke verbarg. Seine Kiefer mahlten den Kaugummi, sie bewegten sich auf und ab wie die einer Kuh, die das Futter zum zweiten Mal kaute.

Bevor Valentina in das Fahrzeug stieg, reichte sie der Bäuerin ein goldenes Kettchen. „Ist für Martin, für kleine Mann mit große Herz." Ein Lächeln huschte über ihre blutleeren Lippen. Ihre Blicke trafen sich und die Hände wollten nicht loslassen. Dann stieg Valentina in den Jeep.

Der Motor dröhnte, als er auf die Straße bog. Die Sonne kam hinter der Wolke hervor und spiegelte sich in den Tränen der Bäuerin. Die schwarz-weiße Katze legte sich zwischen ihre Füße. Mit ihrem buschigen Schwanz strich sie um Maries Bein und schnurrte.

September 2010

Als Valentina in die Gesichter der Leute sah, die im Halbkreis um sie standen – in die Gesichter derer, die sie zu diesem verhassten Ort begleitet hatten und die nun mit Bangen ihre Reaktion erwarteten –, lächelte sie.

„Ich habe nicht vergessen. Die Peitschenhiebe sind noch immer in meinem Hirn. In meinen Träumen. Sie suchen mich heim, auch nach so langer Zeit. Aber die Leute, die mir in der schlimmen Zeit halfen, sind ganz fest hier drinnen." Die Hand streifte über die linke Brust. „Sie alle, wie Sie hier stehen, haben mir mit Ihrer Einladung eine große Freude bereitet."

Die Gesichter der Umstehenden hellten sich auf.

Die Mitglieder des Arbeitskreises kümmerten sich um Valentina, sie wurde in Schulen eingeladen, die Schüler lauschten ihren Erzählungen. Man zeigte ihr die Stadt, den sogenannten Russenfriedhof, das imposante Kloster, den idyllischen Ortskern, die modernen Ziegelfabriken und das Rathaus. Am Sonntag feierten die evangelische Pfarrerin und der katholische Priester einen ökumenischen Gottesdienst. Valentina bezogen sie in ihre Predigt mit ein.

Aber erst am vorletzten Tag ihrer Reise, an einem milden, sonnigen Herbsttag, fasste sie die Hand des Mannes, der sie vom Hotel abholte und zu einer Veranstaltung bringen sollte.

„Mein lieber Herr", meinte die Frau charmant. „Haben wir noch Zeit?"

„Freilich."

„Ich hab noch eine ganz große Bitte ..."

Der Rentner öffnete die Tür seines Cabrios, startete den Motor und fuhr die breite Straße hoch nach Horbach. Dann bogen sie ab nach Rossendorf. Im Schritttempo rollte das Auto über die frisch geteerte Straße nach Gonnersdorf.

„Wo soll ich hin?“, fragte der Fahrer.

Valentina schüttelte nur den Kopf. Ihre Augen blickten unruhig umher, die Lippen zitterten ein wenig.

„Soll ich halten?“

Valentina gab keine Antwort. Langsam fuhren sie den Dorfberg hoch, an der alten Kastanie vorbei zum Ortsausgang. Nach einigen Hundert Metern lotste sie den Pkw auf einen Feldweg, bis zu einer Eiche.

„Da haben wir nach Äbiernbobbäli gegraben“, sagte sie.

Der Rentner lächelte, dann legte er den Rückwärtsgang ein und steuerte das Fahrzeug zurück zur Straße. In Schrittgeschwindigkeit passierten sie zum zweiten Mal die alte Kastanie. Fliesen und Putz überdeckten die Sandsteinfassaden der Häuser und Gehöfte. Bäume, Sträucher und Blumen zierten das Dorf noch immer.

Das Milchhaus. Die Rampe war abgerissen, der Innenraum zu einem Wartehäuschen umgebaut.

Valentina sah auf die andere Seite, sie blickte auf das Haus, in dem sie mehr als ein halbes Jahr verbracht hatte. Sie erkannte die Spitze des Lindenbaumes, der hinter dem mächtigen Scheunendach hervorlugte – dort, wo sich das Grab ihres Kindes befand.

Plötzlich riss sie den Kopf herum. Ein grauhaariger alter Mann saß auf einer roten Bank. Der Kragen seines karierten Baumwollhemdes stand offen. Ein goldenes Kettchen schmiegte sich an die behaarte Brust. Die Füße weit von sich gestreckt, hielt er eine aufgeschlagene Zeitung in der Hand. Neben ihm lag eine schwarz-weiße Katze. Der Greis ließ die Zeitung sinken, als er das Auto bemerkte. Valentinas Augen trafen auf die Augen des alten Mannes. Ihre Blicke klebten aneinander, bis vom Fahrzeug aus nur noch die geflieste Gartenmauer zu sehen war.

„Halt!“, rief sie erschrocken.

Der Fahrer bremste, sie besann sich. „Bitte weiterfahren“, sagte sie mit zittriger Stimme.

Der Chauffeur spürte die Unruhe in ihr, das innere Beben und die Kraft, mit der sie ihre Gefühle zu unterdrücken versuchte. Ein scheuer Blick bestätigte seinen Eindruck. Ihre Wangen glänzten feucht. Dann gab er Gas und die letzten Strahlen der untergehenden Sonne trockneten Valentinas Tränen. Nur eine kleine Röte blieb zurück.

Was ist Wirklichkeit? Was ist Fiktion?

Langenzenn. Das sogenannte Arbeitserziehungslager, das sich vom Herbst 1943 bis April 1945 in Langenzenn befand, wurde gleich nach dem Krieg abgerissen. Die Materialien dienten dem Wiederaufbau. Außer einigen Plänen existieren nur noch die Erinnerungen von Zeitzeugen.

Die Anordnung der Baracken, die Lage von Schlaf-, Sanitär- und Arbeitsbereichen, die Aufteilung der Verwaltungsbauten und der Wachmannschaftsunterkünfte im Außenbereich – all das lässt sich noch nachvollziehen. Aus Befragungen vieler Zeugen und Recherchen in Büchern und anderen schriftlichen Quellen entstand ein lebendiges Bild über das Leben im Lager, wie im Buch beschrieben. Der Lageralltag ist rekonstruiert, die Gräueltaten sind belegt.

In Valentinas Leidensweg spiegeln sich die Erlebnisse vieler Valentinas, Ludmillas und wie sie alle heißen mögen. Ihre Flucht nach Gonnersdorf hätte nur nach einem Arbeitseinsatz stattfinden können. Direkt aus dem Lager zu fliehen glückte nachweislich nur wenigen Männern, ihre erneute Verhaftung folgte stets nach kurzer Zeit.

Gonnersdorf, ein Kleinod im fränkischen Raum, geprägt von bäuerlicher Struktur. Die Familien lebten von ihren Erzeugnissen. Das Leben bei ihnen war einfach, die Arbeit reichlich und hart. Viele Betriebe litten unter Arbeitskräftemangel. Bauern, ihre Söhne, Knechte und Tagelöhner schickte man in den Krieg. Die Arbeit lastete auf den Frauen.

Valentina lebt in der Ukraine. Anlässlich einer Zeitzeugensuche, abgedruckt in den „Nürnberger Nachrichten“, meldete sie sich mit einem Brief in perfektem Deutsch. Es folgten zwei ausführliche Telefongespräche mit dem Autor. Verschiedene Episoden ihrer Erzählungen liegen der Geschichte bis zum Verteilerlager Neumarkt zugrunde. Die Handlung im Einzelnen, das Versteck am Bauernhof, die Schwangerschaft, Personen und Namen verdanken sich der schriftstellerischen Freiheit des Autors.

Marie, die unerschrockene, sture, bisweilen naive Bäuerin ist keine Erfindung, sondern die Großmutter des Autors. Auch wenn die Haupthandlung des Buches fiktiv ausgestaltet wurde – fast alle anderen Episoden haben sich so abgespielt: die Sache mit Franz, der Feuerwehreinsatz, der Protestbrief, die Schikane der Söhne bei der HJ … Ihr Handeln, ihre Hilfsbereitschaft, ihr Glaube, ihre Kraft prägten ihren Lebenslauf, ebenso ihre Blindheit gegenüber den Gefühlen des Gatten. Erfunden sind jedoch ihr Name und die Leibesfülle.

Adam, der aufbrausende, gutmütige Rohling, brauchte seine beherrschende Ehefrau. Tiefen Gefühlen wäre er womöglich gar nicht abgeneigt gewesen. Das einfache Weltbild, dem er anhing, die bäuerliche Isoliertheit auf althergebrachtem Stand, sein Bauernstolz hätten es aber nie so weit kommen lassen, dass er eine andere Frau begehrte. Ansonsten ist seine Beschreibung, bis auf die Liebesgeschichte, weitgehend authentisch.

Hans, Kaspar und Martin. Ihre Erinnerungen prägen das Buch im Besonderen. Sie spiegeln die Lebensabläufe, das Zeitgeschehen, die besonderen Umstände, die Stimmungen, die ein Nachgeborener nie ganz erfassen kann. Der bäuerliche Teil an diesem Werk soll dem Mittleren, dem Martin, gewidmet sein, auch wenn er als alter Mann auf seiner behaarten Brust niemals ein goldenes Kettchen tragen würde.

Großmutter und Anita gehörten zum Inventar eines Bauernhofes in damaliger Zeit, ebenso die Kuh, der Volksempfänger und die schwarz-weiße Katze.

Denzler, Froschauer, Großmann, Müller, Heubeck und all die anderen Einwohner waren Teil einer Zweckgemeinschaft, die sich Dorf nannte. Hilfsbereitschaft und Mitleid prägten ihr enges Zusammenleben, ebenso Schadenfreude, Neid und Häme.

Im Gegensatz zu manch anderen Dörfern gingen die Leute hier gut mit Kriegsgefangenen und Zwangsarbeitern um. Trotz Missgunst und anderer menschlicher Schwachheiten achteten die Bewohner einander. Es gab weder Verrat noch Denunzierung. Haus, Stall, Scheune, Garten, Hofbaum, Gasthaus und Milchhaus waren die Hülle des Dorfes, die Bewohner seine Seele.

Franz war der eigentliche Anstoß für dieses Buch. François Simonet hieß der französische Kriegsgefangene aus der Bretagne. Die Erinnerung an diesen feinen Menschen hielten die Großeltern und der Vater des Autors hoch. Seine Geschichte war Bestandteil vieler Erzählungen am gemeinsamen Esstisch, die auch die jüngere Generation verinnerlichte. Nur noch wenige Tage, wie im Roman beschrieben, trennten ihn von der Freiheit. Nachforschungen brachten erst Jahrzehnte später die bittere Wahrheit ans Licht. Der französische Kriegsgefangene François Simonet wurde bei einem Fluchtversuch im Süden Deutschlands erschossen. Briefe der Großeltern an seine Mutter blieben stets unbeantwortet.

Die Saarländer gingen kurz nach dem Krieg zurück in ihre Heimat. Eine Tochter meldete sich erst letzthin.

Die Aufseher und Funktionäre im Lager verkörpern typische Verhaltensweisen. Ihre Namen sind erfunden:

Wagner und Weber waren die Handlanger der Mächtigen, die das Fähnlein stets nach dem Wind drehten, charakterschwach, steuerbar durch Parolen, dumm. Heute feiern solche Typen den Todestag des Führers und sehnen sich nach dem Tausendjährigen Reich.

Simon war der klassische Mitläufer, korrekt in seinen Handlungen, gewissenhaft, zuverlässig. Wurde ihm befohlen, folgte er uneingeschränkt. Aber er drückte gelegentlich ein Auge zu, wenn ihm dadurch kein Nachteil entstand.

Steigleder hasste das Lager genauso wie den Krieg. Er verweigerte nicht, weswegen er sich schämte, aber er half, das Elend zu lindern, so gut es ihm möglich war. Und er war nicht der Einzige.

Kriminalsekretär Mägerlein wurde nach dem Krieg zu einer anderthalbjährigen Haftstrafe verurteilt.

Untersturmführer Bär und sein unmittelbarer Vorgesetzter an der Gestapoleitstelle wurden aufgrund der Missstände im Lager, über die mehr und mehr an die Öffentlichkeit drang, am 5. September 1944 verhaftet. Vielleicht bereiteten sich ihre Ankläger bereits auf eine Kapitulation vor und suchten nach Wegen, die eigene Haut zu retten. Bär tauchte nach dem Krieg unter und arbeitete in einem anderen Ort. Später wurde er jedoch erneut verhaftet und musste eine mehrjährige Haftstrafe verbüßen.

Fritz Stiegler
Cadolzburg, September 2011

Danke

Valentina Kimlik, Emile Lenoir, Władysław Kostrzeński, Helmut Mahr, Jan Burdinski, Susanne Will, Almut Gronauer, Martin Stiegler, Joachim Mensdorf, Angela Unterburger, Birgit Mair, Helmut Krämer, Kaspar Stiegler, Sieglinde Stiegler, Reinhold Hitschfel, Kurt Sellner, Thomas Stiegler, Günther Öllerich, Jette Schmidt, Marga Stiegler, Ludwig Besendörfer, Dr. Karin Link, Konrad Nickel, Elisabeth Röck und vielen anderen Helfern.

Vielen Dank an Marion Voigt für das hervorragende Erstlektorat und Eva-Maria Busch für das Endlektorat.

Quellen

Władysław Kostrzeński, *Meine Flucht,* hrsg. v. Joachim Mensdorf/Peter Koppenhöfer, Mannheim 2010

Herbert May (Hrsg.), *Zwangsarbeit im ländlichen Franken 1939–1945,* Bad Windsheim 2008

Birgit Mair, *Überlebensberichte von Josef Jakubowicz,* Nürnberg 2006

Josef Gelin, *Nürnberg 1943–1945. Erlebnisse eines französischen Arbeiterpriesters,* Nürnberg 1995

Charlotte Hofmann-Hege

Alles kann ein Herz ertragen

Die weite Lebensreise der Elisabeth Thiessen

192 Seiten, Taschenbuch
ISBN 978-3-7655-3963-3

Elisabeth, 15 Jahre alt, ein unbeschwertes, fröhliches Mädchen, reist im Frühjahr 1912 als Haushaltshilfe mit der Familie ihres Onkels nach Russland. „Es ist ein wunderbares Land", schreibt sie in ihrem ersten Brief nach Hause, nicht ahnend, dass sie ihre Heimat erst nach 55 Jahren wiedersehen sollte. Unverschuldet gerät sie in die Mühle der europäischen Zeitereignisse, die sie u. a. über 30 Jahre in sibirischer Verbannung festhalten.

„Nach dem Tod meiner Cousine Elisabeth Thiessen wurde ich gebeten, ihr außergewöhnliches Schicksal festzuhalten. Ich erhielt eine Schachtel voller vergilbter Notizbücher mit tagebuchartigen Einträgen. Je mehr ich mich in dieses Leben hineinliebte, desto betroffener machte es mich, denn es steht stellvertretend für Millionen."

Charlotte Hofmann-Hege

BRUNNEN VERLAG GIESSEN
www.brunnen-verlag.de

Danny Smith

Raoul Wallenberg – der Mann der 100.000 Juden rettete

224 Seiten, Taschenbuch
ISBN 978-3-7655-4167-4

Schon als junger Mann war Raoul Wallenberg ein Held, den ein Mythos umgab. Der Sohn einer prominenten schwedischen Bankiersfamilie besaß einen schwedischen Diplomatenpass, amerikanisches Geld, Mut, Unverfrorenheit und eine große Liebe zu Menschen. Damit schaffte er es, in Budapest 1944-45 etwa 100.000 Juden zu retten. Sein Trick war unter anderem ein „Schwedischer Schutzpass". Alle Juden, die in dessen Besitz kamen, waren vor dem Holocaust geschützt. Gegen Ende des Krieges musste Wallenberg untertauchen, nachdem mehrfach Anschläge auf ihn verübt worden waren und eine hohe Summe auf seinen Kopf ausgesetzt war.

1945 wurde er mit gerade einmal 32 Jahren von den Sowjets als vermeintlicher Spion verhaftet und in die Sowjetunion gebracht. Dort hat er entgegen anderslautender offizieller Behauptungen der Sowjets noch viele Jahre in Gefangenschaft gelebt – ungebrochen. Sein Todesdatum ist im Westen bisher unbekannt. Am 4. August 2012 ist sein 100. Geburtstag.